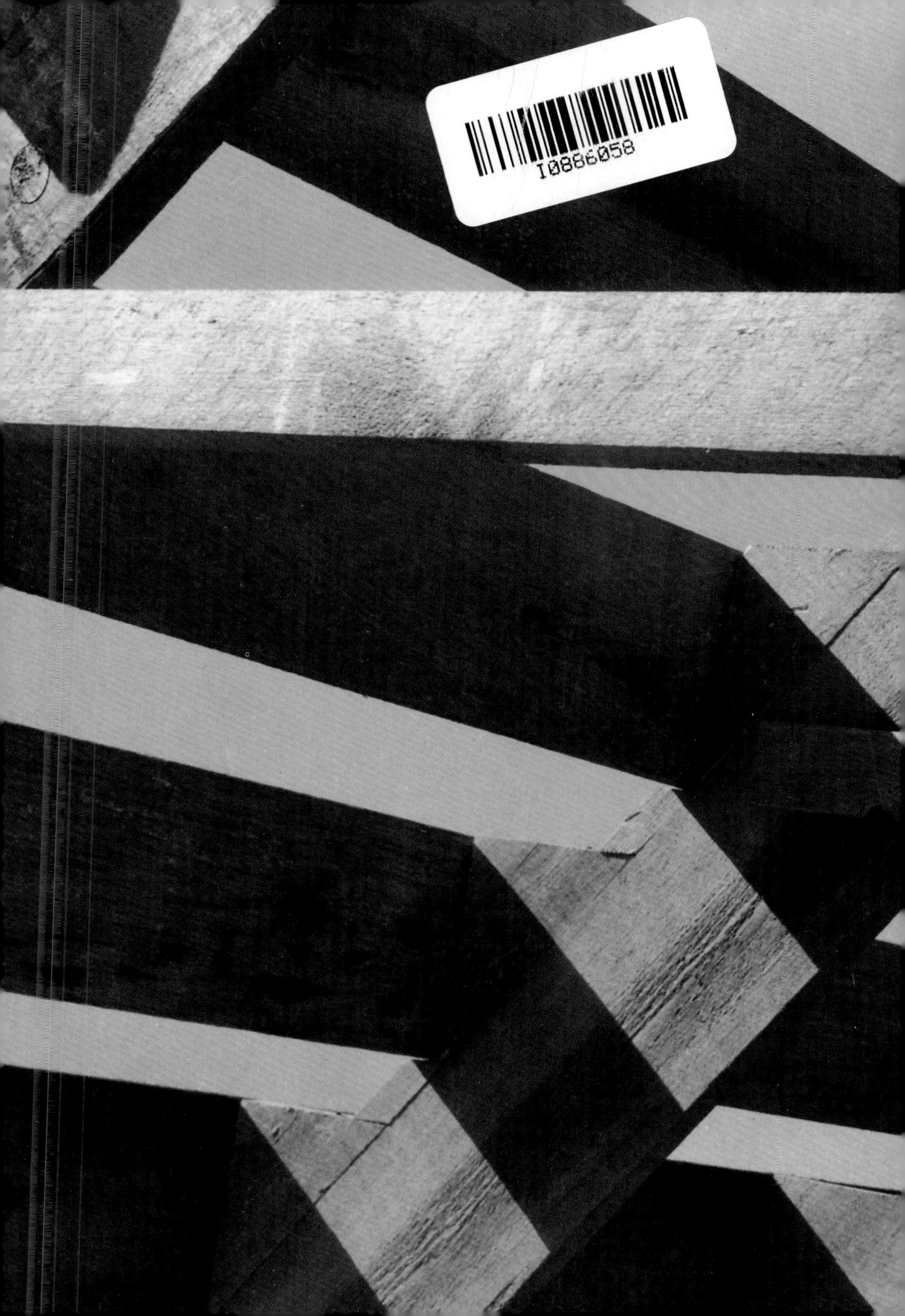

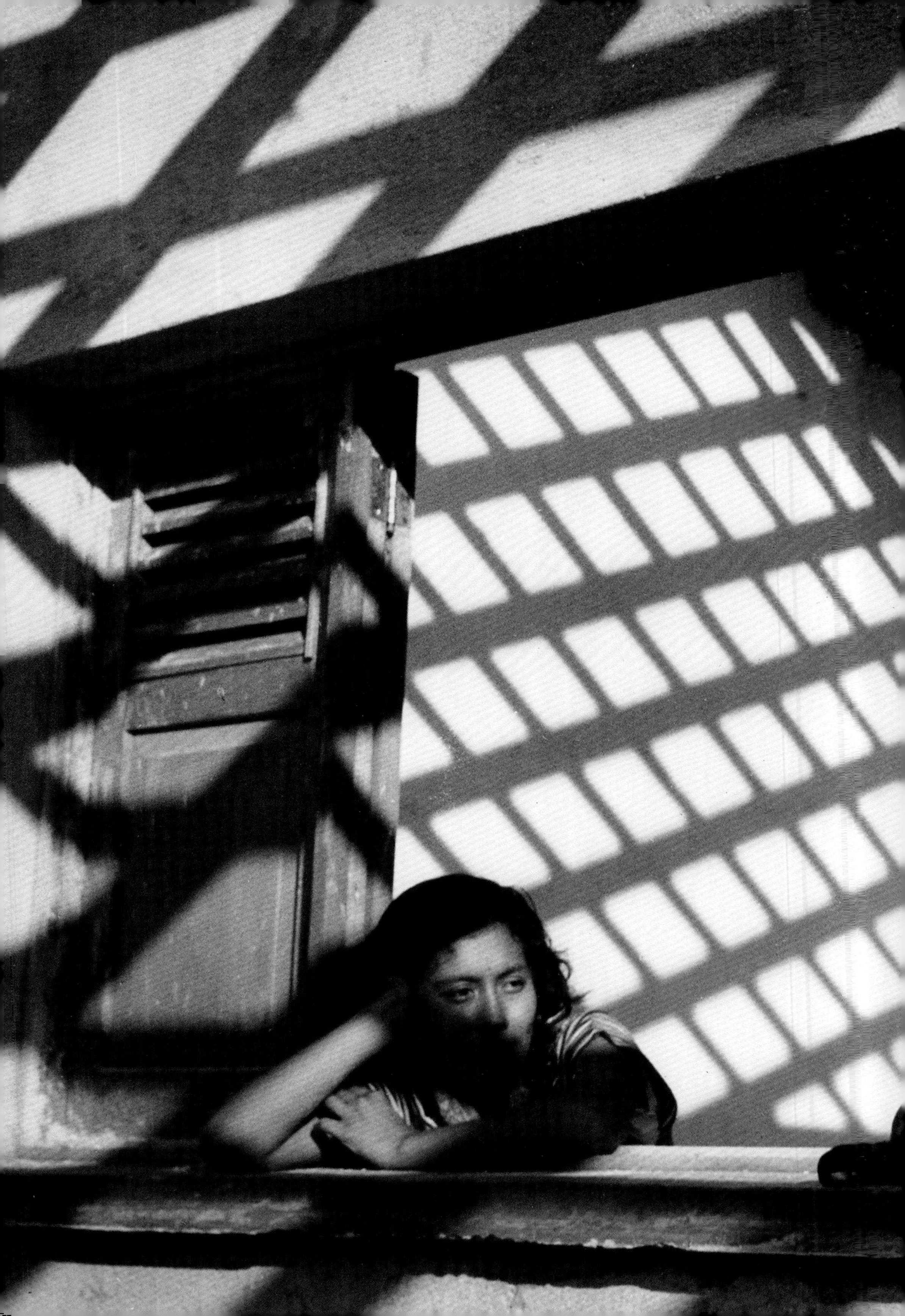

INSTANTE / REVELACIÓN

MOMENTS IN MEXICAN PHOTOGRAPHY

Julieta Pestarino

J. Paul Getty Museum
Los Angeles

CONTENTS

ÍNDICE

FOREWORD

Instante/revelación: Moments in Mexican Photography builds upon the Getty Museum's longstanding commitment to collecting and exhibiting Mexican photography while celebrating the valuable gifts of two of our most generous donors. Over the past twenty-five years, the Los Angeles–based collectors Daniel Greenberg and Susan Steinhauser have made enormous contributions to the Getty Museum's collection of photographs. Their many gifts include important groups by a range of makers, from Manuel Álvarez Bravo, Mario Giacomelli, and Graciela Iturbide to Abelardo Morell, Eliot Porter, and Minor White. All of these acquisitions have inspired monographic exhibitions at the Museum. Since Dan's passing in 2021, Susan has continued to make donations in both of their names.

More recently Susan has donated nearly five hundred works by Mexican photographers. These transformative gifts provide the foundation for the exhibition *Instante/revelación*, which brings together work by thirteen photographers from Mexico, including some of the most renowned practitioners of the twentieth century: Lola Álvarez Bravo, Manuel Álvarez Bravo, Graciela Iturbide, Rodrigo Moya, Pablo Ortiz Monasterio, and Mariana Yampolsky. *Instante/revelación*—both the exhibition and its accompanying catalogue—celebrates these photographers' individual achievements within the broader cultural and artistic context that emphasizes their collective contribution to Mexican photography. Connected by their personal and professional relationships and shared inspiration, these artists built their practices on collaboration, exchange, and mutual learning. Together, the selected photographs tell a fascinating and moving narrative, chronicling the everyday lives of Mexico's people, the country's changing rural and urban landscapes, and significant events that have shaped its recent history.

Julieta Pestarino, assistant curator in the Department of Photographs, is to be commended for conceptualizing and organizing this exhibition and publication. In the spirit of the project, she collaborated with many other departments in the Getty Museum, including Publications, to celebrate this very significant body of work for Mexican—and, more broadly, Latin American—photography. And, of course, our deepest debt and gratitude are to Dan Greenberg and Susan Steinhauser, whose donations have had an enduring impact on the Museum's ability to advance the study and appreciation of Mexican and Latin American photography.

Timothy Potts
Maria Hummer-Tuttle and Robert Tuttle Director, J. Paul Getty Museum

PRÓLOGO

Instante/revelación: Moments in Mexican Photography se fundamenta en el compromiso de larga data del J. Paul Getty Museum en coleccionar y exhibir fotografías mexicanas, a la vez que celebra las valiosas contribuciones realizadas por dos de nuestros donantes más generosos. Durante los últimos veinticinco años, los coleccionistas Daniel Greenberg y Susan Steinhauser, residentes en Los Ángeles, han realizado enormes aportes a la colección de fotografías del Getty Museum. Entre sus numerosos donativos se encuentran importantes grupos de fotografías de diversos autores, desde Manuel Álvarez Bravo, Mario Giacomelli y Graciela Iturbide, hasta Abelardo Morell, Eliot Porter y Minor White. Todas estas donaciones han inspirado exposiciones monográficas en el museo. Desde el fallecimiento de Dan en 2021, Susan continúa donando fotografías en nombre de ambos.

Más recientemente, Susan ha donado casi quinientas obras de fotógrafos mexicanos. Estas transformadoras incorporaciones a la colección del museo constituyen la base de la exposición *Instante/revelación*, que reúne el trabajo de trece fotógrafos mexicanos, entre los que se encuentran algunos de los más renombrados del siglo XX, como Lola Álvarez Bravo, Manuel Álvarez Bravo, Graciela Iturbide, Rodrigo Moya, Pablo Ortiz Monasterio y Mariana Yampolsky. *Instante/revelación*, tanto la exposición como el catálogo que la acompaña, celebra los logros individuales de estos fotógrafos dentro de un contexto cultural y artístico más amplio que destaca su contribución colectiva a la fotografía mexicana. Las fotografías de estos artistas, conectados por sus relaciones personales y profesionales y por una inspiración compartida, se basan en la colaboración, el intercambio y el aprendizaje mutuo. En conjunto, las imágenes seleccionadas cuentan una historia fascinante y conmovedora, que narra la vida cotidiana de los mexicanos, cambios en los paisajes rurales y urbanos del país y acontecimientos significativos que han marcado su historia reciente.

Julieta Pestarino, curadora asistente del Departamento de Fotografías, merece ser elogiada por conceptualizar y organizar esta exposición y publicación. En consonancia con el espíritu del proyecto, colaboró con muchos otros departamentos del Getty Museum, incluido el de Publicaciones, con el objetivo de profundizar en este conjunto de obras tan significativo tanto para la fotografía mexicana como para la latinoamericana en general. Por supuesto, nuestra más profunda deuda y gratitud son para Dan Greenberg y Susan Steinhauser, cuyas donaciones han tenido un impacto duradero en la capacidad del museo para promover el estudio y la apreciación de la fotografía mexicana y de América Latina.

Timothy Potts
Maria Hummer-Tuttle and Robert Tuttle Director, J. Paul Getty Museum

INTRODUCTION

In 1982 the renowned Mexican poet Octavio Paz recalled a revelation he had in his youth upon encountering some photographs in a local journal. It was because of these images, he wrote, that he first understood how modernist poetry worked:

> I owe to photography one of my first experiences in art. ... I was a high school student, and among my favorite reading at the time was the magazine *Contemporáneos*. ... One afternoon, leafing through number 33 [fig. 1] ... I discovered ... the reproductions of three photographs by Manuel Álvarez Bravo. ... I felt a strange bewilderment, followed by the joy that accompanies understanding, no matter how incomplete it is. ... They were a sort of illustration or visual confirmation of the verbal experience I was encountering every day in my reading of modern poets.[1]

By means of those subtle monochrome photographs—cropped details of everyday objects such as a plant, a tree, and curtains (figs. 2, 3)—Paz, who went on to become one of the most important figures in Latin American literature,[2] experienced a revelation through vision, condensed in an instant, after which everything acquired a new meaning. Hence the title of the book in which his recollection appears: *Instante y revelación* (Instant and revelation), which combines photographs by Manuel Álvarez Bravo with short poems by Paz. The last word of the title offers a lyrical twist: In Spanish, *revelar* is also used to refer to the process of developing film.

This fluidity between media—between literature and photography, between words and light—constitutes one of the defining characteristics of art made in the twentieth century. This is particularly true in Mexico, where photographers worked in close collaboration with muralist painters, postrevolutionary writers, avant-garde filmmakers, and even with anthropologists, who researched and reassessed forms of local artistic expression. It is in this spirit of fluidity and collaboration that the concepts of instant and revelation, taken from literature, are used as a lens through which to contemplate the photographs included in this book.

Drawing from photographs donated to the J. Paul Getty Museum by the collectors Daniel Greenberg and Susan Steinhauser, the present volume looks at works by thirteen of Mexico's most canonical photographers: Manuel Álvarez Bravo, Lola Álvarez Bravo, Manuel Carrillo, Antonio Reynoso, Héctor García, Mariana Yampolsky, Rodrigo Moya, Pedro Meyer, Graciela Iturbide, Yolanda Andrade, Pablo Ortiz Monasterio, Flor Garduño, and Cecilia Salcedo Méndez. All of the photographs were taken over a span of nearly one hundred years, from the end of the 1920s

INTRODUCCIÓN

En 1982 el reconocido poeta mexicano Octavio Paz explicó que durante su temprana juventud tuvo una importante revelación al encontrarse con ciertas fotografías publicadas en una revista local. Fue gracias a esas imágenes, asegura, que comprendió por primera vez los mecanismos de la poesía moderna:

> Le debo a la fotografía una de mis primeras experiencias artísticas [...]. Era estudiante de bachillerato y una de mis lecturas favoritas era la revista *Contemporáneos* [...]. Una tarde, hojeando el número 33 [fig. 1] [...] descubrí unas reproducciones de tres fotos de Manuel Álvarez Bravo [...]. Sentí una turbación extraña, seguida de esa alegría que acompaña a la comprensión, por más incompleta que ésta sea. [...] Fueron una suerte de confirmación o ilustración visual de la experiencia verbal a la que me enfrentaba diariamente mis lecturas de los poetas modernos.[1]

A través de aquellas sutiles fotos monocromáticas —detalles recortados de objetos cotidianos como una planta, un árbol y unas cortinas (figs. 2, 3)— Paz, quien se convertiría años más tarde en una de las figuras más importantes de la literatura latinoamericana,[2] experimentó una revelación visual y literaria tras la cual todo adquirió un nuevo significado. De allí el título del libro en que el autor explica su recuerdo, *Instante y revelación*, el cual combina fotografías de Manuel Álvarez Bravo junto a poemas breves de Paz. Las dos palabras del título refieren a conceptos que, en español, se encuentran fuertemente ligados con la fotografía. En especial el término *revelar* apela a un doble sentido, ya que también se utiliza para nombrar al proceso de revelado de la película fotográfica.

Esta conexión entre medios —entre literatura y fotografía, entre palabras y luz— constituye una de las características definitorias del arte del siglo XX. Esto es especialmente cierto en México, donde los fotógrafos trabajaron en estrecha colaboración con pintores muralistas, escritores posrevolucionarios, cineastas de vanguardia e incluso antropólogos, quienes investigaban y revaloraban diversas formas locales de expresión artística. Es en este espíritu de fluidez y colaboración que los conceptos de *instante* y *revelación*, extraídos de la literatura, se utilizan en este libro como un lente a través del cual contemplar las fotos aquí incluidas.

A partir de fotografías donadas al J. Paul Getty Museum por los coleccionistas Daniel Greenberg y Susan Steinhauser, este libro abarca obras de trece de los fotógrafos mexicanos más canónicos: Manuel

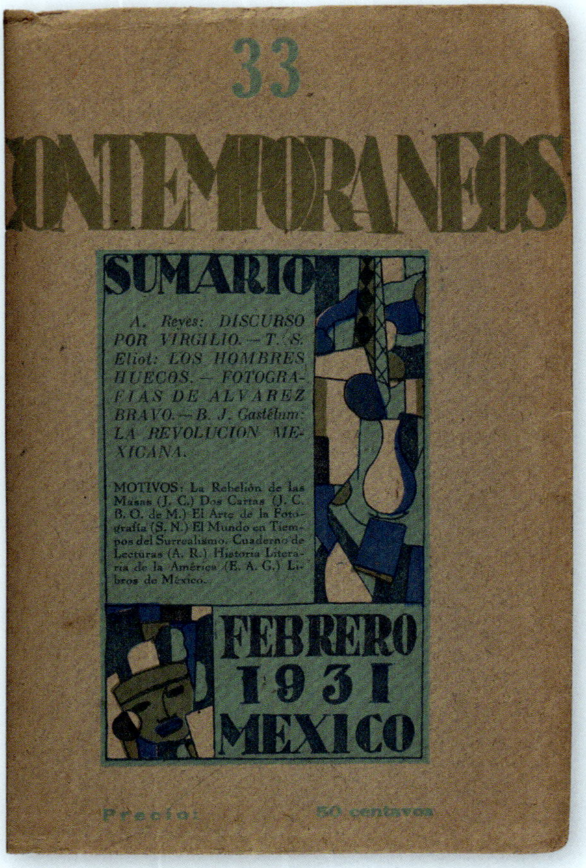

FIGURE 1
Contemporáneos 33 (Feb. 1931), cover/portada

to the mid-2010s, and all, in one way or another, address topics and concepts relevant to Mexico, a country with a rich history and multiple cultural memories. A statement made by the well-known painter Diego Rivera about Manuel Álvarez Bravo's photographs might well be applied to all of the images reproduced here: They are Mexican "by origin, form, and content."[3]

As the thematically organized plate sections in this book show, twentieth-century Mexican photographers were deeply influenced by each other as well as by artists in other disciplines and by the changing landscape around them. When viewing these photographs together—not as independent works but as part of a collective narrative with a shared context—recurring motifs, strategies, and ways of looking emerge, revealing a complex tapestry of cultural and artistic dialogue in Mexican photographic history.

Products of their time, the photographs gathered here offer an excellent overview of the transformations that have occurred in Mexico and its photographic scene over the last century. Beginning in the late

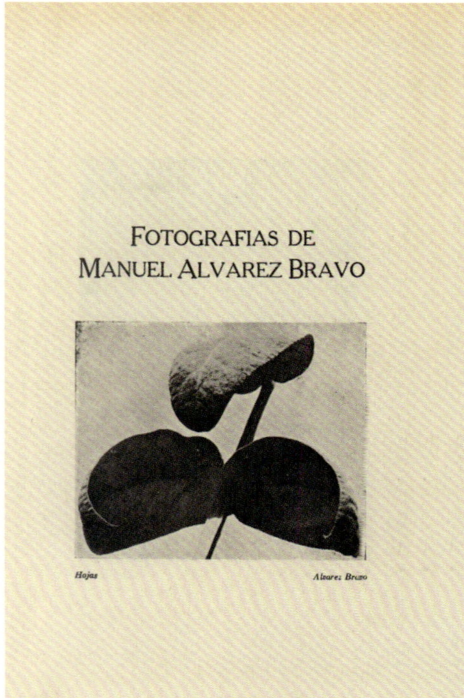

FOTOGRAFIAS DE
MANUEL ALVAREZ BRAVO

Hojas *Alvarez Bravo*

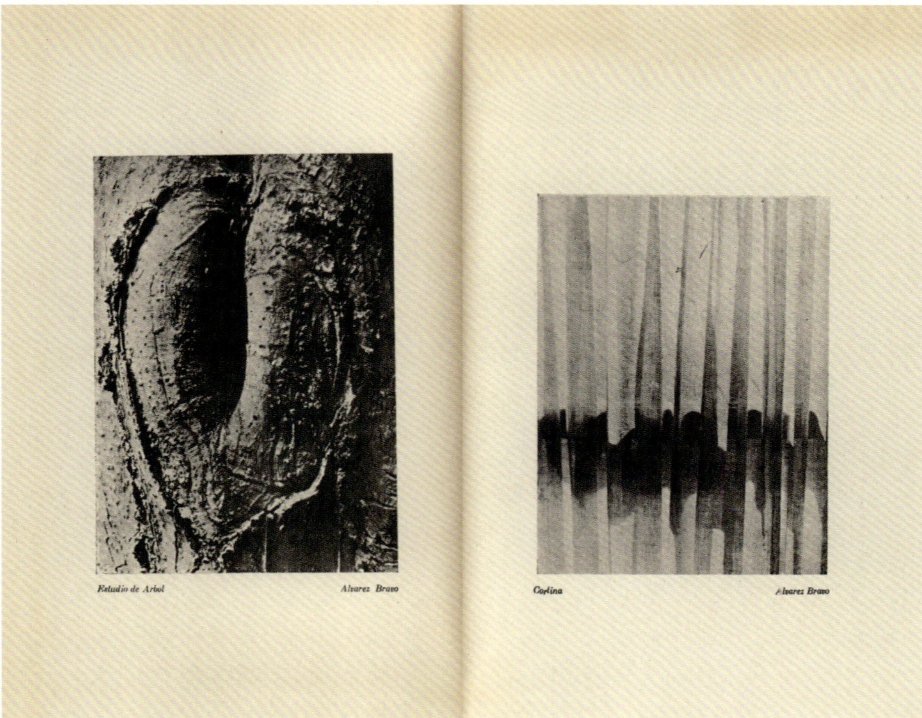

Estudio de Arbol *Alvarez Bravo*

Cortina *Alvarez Bravo*

FIGURES 2–3

"Fotografías de Manuel Álvarez Bravo" (Photographs of Manuel Álvarez Bravo): *Hojas* (*Leaves*), *Estudio de arbol* (*Study of a Tree*), *Cortina* (*Curtain*), *Contemporáneos* 33 (Feb. 1931)

1920s, the country established itself as a hub of Latin American and global modernism thanks to the expectations of change and modernization brought about by the Mexican Revolution (1910–20). Its new stature was enhanced by the richness of its local traditions and the confluence of prominent artists and intellectuals who visited from abroad, especially during the 1930s.[4] It is precisely at this point that this book begins, starting with photographs taken by a young Manuel Álvarez Bravo, who can truly be regarded as an artist born of the revolution.

In the ensuing decades, these conditions produced what is now considered one of the finest chapters in Mexican photography, a comprehensive practice involving various means of production and dissemination. Scholars have identified several distinguishing characteristics of Mexican photography during the first half of the twentieth century that can be extended to many of the examples in this publication: the collaborative character derived from the photographers' relationships with other artists and intellectuals; the interchange and feedback with other artistic genres, such as painting, film, and publishing; and the link between artistic production and political context.[5] These factors contributed to the diverse range and dynamic nature of the photographic production in Mexico.

Most of the photographers presented in this volume have multiple ties to one another. They are all Mexican, either by birth or choice, and they all pursued their careers in Mexico.[6] In some cases, they were close friends; in others, professional colleagues, collaborators on projects, couples, or, quite commonly, *maestro* (teacher) and student. It is possible, for example, to trace several lines through Manuel Álvarez Bravo. The artist was married to Dolores Martínez de Anda, later known as Lola Álvarez Bravo, between 1925 and 1934. He was also Antonio Reynoso's instructor in photography at the Academy of San Carlos, with the two subsequently becoming close friends; many years later Reynoso became godfather to Álvarez Bravo's youngest daughter.[7] Manuel Álvarez Bravo likewise taught Héctor García and Graciela Iturbide.[8] He assumed the role of personal mentor in particular to Iturbide, whom he liked to call his *achichincle* (lackey).[9] Flor Garduño also worked in his studio at the beginning of her career.

This collaborative exchange continued beyond Manuel Álvarez Bravo. As yet another example, Yolanda Andrade learned to edit her photographs from Mariana Yampolsky, who in turn had started her foray into photography by taking classes with Lola Álvarez Bravo.[10] Pablo Ortiz Monasterio, Pedro Meyer, and Iturbide collaborated on several projects, as did Rodrigo Moya, Reynoso, and García. The latter three were colleagues who worked as photojournalists for the same newspapers and magazines.[11] The intertwining biographies of these artists illustrate how photography in Mexico has been shaped in community.

Print media, in particular, offered a crucial platform for photographers' professional development in this country. Widely circulated magazines,

Álvarez Bravo, Lola Álvarez Bravo, Manuel Carrillo, Antonio Reynoso, Héctor García, Mariana Yampolsky, Rodrigo Moya, Pedro Meyer, Graciela Iturbide, Yolanda Andrade, Pablo Ortiz Monasterio, Flor Garduño y Cecilia Salcedo Méndez. Las fotografías fueron tomadas a lo largo de casi cien años, desde finales de la década de 1920 hasta mediados de la década de 2010, y todas, de una forma u otra, abordan temas y conceptos relevantes para México, un país caracterizado por múltiples capas de historia y memorias culturales. En este sentido, las imágenes aquí reproducidas son, según las palabras del reconocido pintor Diego Rivera sobre las fotografías de Manuel Álvarez Bravo, mexicanas "por causa, forma y contenido."[3]

Como muestran las secciones temáticas de este libro, los fotógrafos mexicanos del siglo XX se influyeron profundamente entre sí, trabajaron en estrecho vínculo con artistas de otras disciplinas y se vieron inspirados por el dinámico contexto social que los rodeaba. Al mirar estas fotografías en conjunto —no como obras independientes, sino como parte de una narrativa colectiva dentro de un contexto compartido— surgen motivos recurrentes, estrategias y formas de mirar que revelan un complejo entramado de diálogo cultural y artístico en la historia de la fotografía mexicana.

Hijas de su época, las fotografías aquí reunidas ofrecen una excelente ventana a las transformaciones producidas en México y en su escena fotográfica durante el último siglo. A partir de finales de la década de 1920, el país se consolidó como centro del modernismo latinoamericano y mundial gracias a las expectativas de cambio y modernización que trajo la Revolución Mexicana (1910–1920). Este particular panorama estuvo reforzado por la diversidad y riqueza de las tradiciones locales, articulado con la visita de renombrados artistas e intelectuales extranjeros que pasaron por allí, especialmente durante los años 30.[4] Es precisamente en aquel momento en donde se sitúa el comienzo de este libro, a partir de ciertas fotografías tomadas por un joven Manuel Álvarez Bravo, quien puede ser caracterizado como un artista fruto de la revolución.

Esta escena generó durante las décadas siguientes lo que se considera uno de los capítulos más destacados de la fotografía mexicana, una práctica compleja que articuló tanto maneras innovadoras para la producción de fotografías como también diversos medios para su difusión. Algunos investigadores han identificado varias características distintivas de la fotografía mexicana durante la primera mitad del siglo XX que pueden extenderse a muchas de las obras de esta publicación: el modo colaborativo derivado de las relaciones de los fotógrafos con otros artistas e intelectuales; el intercambio y la retroalimentación con otros géneros artísticos, como la pintura, el cine y la edición; y el vínculo entre la producción artística y el contexto político.[5] La combinación de todos estos factores contribuyó a la diversidad y al dinamismo de la

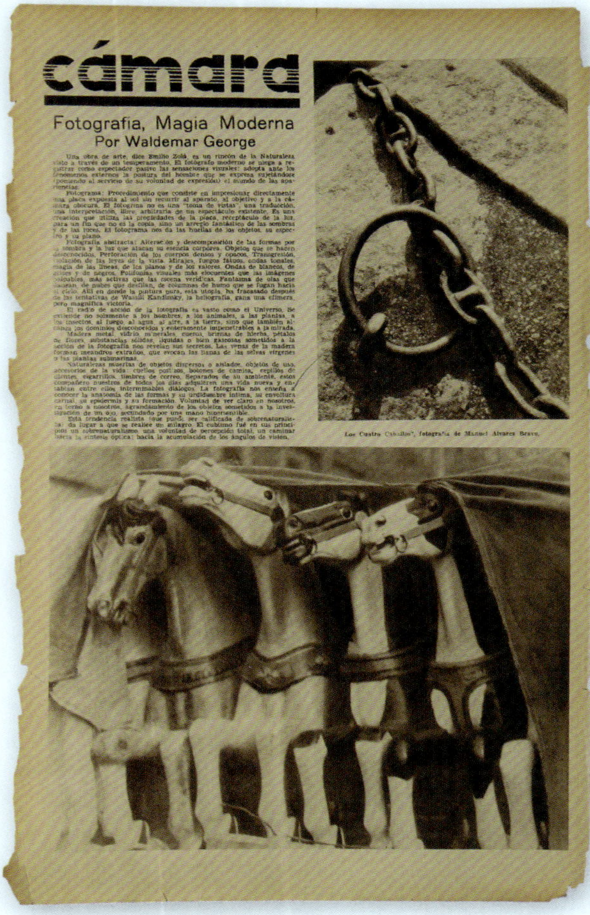

cámara

Fotografía, Magia Moderna

Por Waldemar George

"Los Cuatro Caballos", fotografía de Manuel Alvarez Bravo.

FIGURE 4

Waldemar George, "Cámara: Fotografía, magia moderna" (Camera: Photography, modern magic), *Imagen*, no. 2 (Jun. 30, 1933). Bottom/abajo: Manuel Álvarez Bravo, *Los obstáculos* (*The Obstacles*; plate/lámina 56)

newspapers, and cultural publications played a significant role by providing many with their primary source of employment. Manuel Álvarez Bravo, for example, worked as a photographer for several Mexican magazines from the beginning of his career. Among the photographs included in this book are some he published in local magazines in the early 1930s, such as *The Obstacles* (plate 56), which appeared in a 1933 issue of the weekly *Imagen* (under the title *The Four Horses*; fig. 4).[12] That same year he also published in a different issue of *Imagen* his photograph *Optical Parable* (plate 48) in its original orientation, which allows us to read the storefront's sign. In 1935 Álvarez Bravo participated in exhibitions in Mexico City and New York, where the image was shown flipped (plate 49). According to the artist, this new version arose accidentally while he was working in his lab, but the optical effect of the inverted letters intrigued him. Since then, the flipped version has become one of his most widely circulated images.

producción fotográfica en México. La mayoría de los fotógrafos presentados en este volumen establecieron múltiples vínculos entre sí. Todos son mexicanos, ya sea por nacimiento o adopción, y todos desarrollaron su carrera íntegramente en México.[6] En algunos casos, eran amigos íntimos; en otros, colegas profesionales, colaboradores en proyectos conjuntos, parejas o, muy a menudo, maestros y alumnos. Es posible, por ejemplo, trazar varias líneas a partir de Manuel Álvarez Bravo. El artista estuvo casado con Dolores Martínez de Anda, más tarde conocida como Lola Álvarez Bravo, entre 1925 y 1934. También fue profesor de fotografía de Antonio Reynoso en la Academia de San Carlos, lo que dio inicio a una gran amistad; años más tarde, Reynoso sería el padrino de la hija menor de Álvarez Bravo.[7] Manuel también fue profesor de Héctor García y Graciela Iturbide.[8] De hecho, con Iturbide asumió el papel de mentor personal; le gustaba llamarla su *achichincle* (asistente).[9] Por otra parte, Flor Garduño también trabajó en su estudio como asistente de laboratorio al comienzo de su carrera fotográfica.

Este intercambio colaborativo continuó más allá de Don Manuel. Yolanda Andrade, por ejemplo, aprendió a editar sus fotos con Mariana Yampolsky, quien a su vez había iniciado su camino en la fotografía tomando clases con Lola Álvarez Bravo.[10] Pablo Ortiz Monasterio, Pedro Meyer e Iturbide colaboraron en varios proyectos conjuntos, al igual que Rodrigo Moya, Reynoso y García, fotoperiodistas que trabajaron para los mismos periódicos y revistas.[11] Las biografías entrelazadas de estos fotógrafos ilustran cómo la fotografía en México ha tomado forma en comunidad.

Los medios impresos, en particular, ofrecieron una plataforma crucial para el desarrollo profesional de los fotógrafos en este país. Las revistas, los periódicos y las publicaciones culturales de gran tirada desempeñaron un papel fundamental al proporcionar a muchos de ellos su principal fuente de empleo. Manuel Álvarez Bravo, por ejemplo, trabajó como fotógrafo para varias revistas mexicanas desde el comienzo de su carrera. Entre las fotografías comprendidas en este libro se encuentran algunas que fueron publicadas en medios locales a principios de la década de 1930, como *Los obstáculos* (lámina 56), incluida en 1933 en el segundo número de la revista semanal *Imagen* (bajo el título *Los cuatro caballos*; fig. 4).[12] Ese mismo año también publicó en otro número de *Imagen* su fotografía *Parábola óptica* (lámina 48) en su orientación original, lo que nos permite leer el letrero del escaparate. En 1935 Álvarez Bravo participó en exposiciones en Ciudad de México y Nueva York en las cuales la foto se mostró invertida (lámina 49). Según el artista, esta nueva versión surgió accidentalmente mientras trabajaba en su laboratorio, pero el efecto óptico de las letras invertidas le intrigó. Desde entonces, la versión invertida se ha convertido en una de sus imágenes más difundidas.

A partir de la década de 1950 comenzaron a aparecer con mayor frecuencia libros profusamente ilustrados con fotos, los cuales también

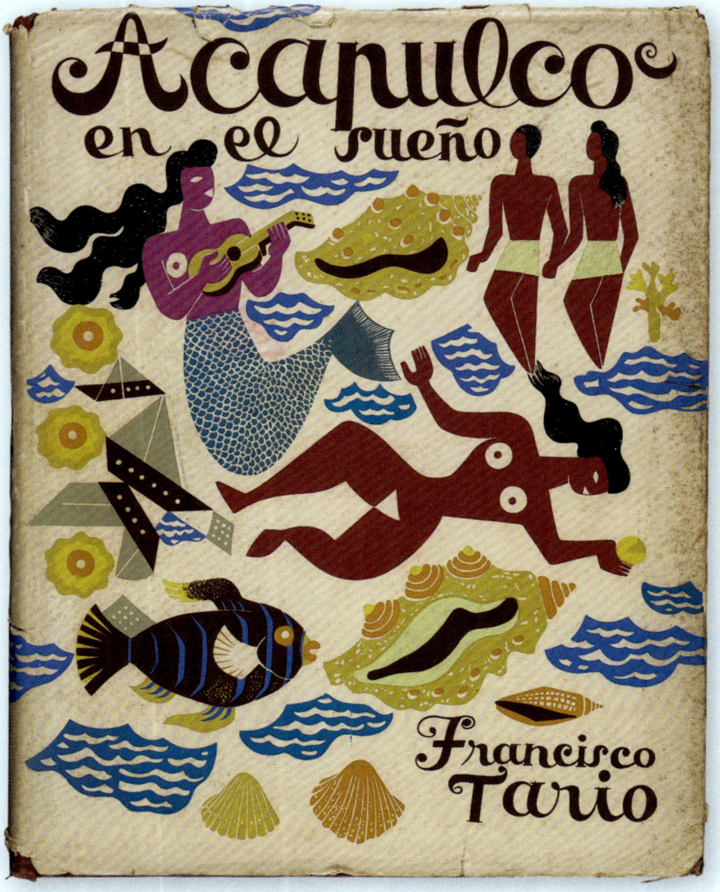

FIGURE 5
Francisco Tario (text/texto); Lola Álvarez Bravo (photography/fotografía), *Acapulco en el sueño* (Acapulco in dreams), 1951, cover/portada.
Cover art / arte de la portada: Carlos Mérida

Books profusely illustrated with photographs began to appear more frequently starting in the 1950s, also becoming important vehicles of dissemination. Such is the case with Francisco Tario's 1951 book *Acapulco en el sueño* (Acapulco in dreams; fig. 5), with photographs by Lola Álvarez Bravo (plates 79, 80), and Salvador Novo's 1967 book *New Mexican Grandeur* (fig. 6), featuring photographs by García (plates 114–16). Although this type of illustrated book enjoyed an important place in Mexico in these early decades, it was specifically from the 1980s onward that a dynamic scene of photobooks began to develop in the country, particularly prominent within the larger context of Latin America. Given the lack of a local market for photography, photobooks emerged as a valuable tool of circulation for photographers and their images, some of them accommodating work that would later be disseminated far beyond their pages. This is the case with Iturbide's *Angel Woman* (plate 72) and *Sahuaro* (plate 74), photographs created in 1979 in the Sonoran Desert as

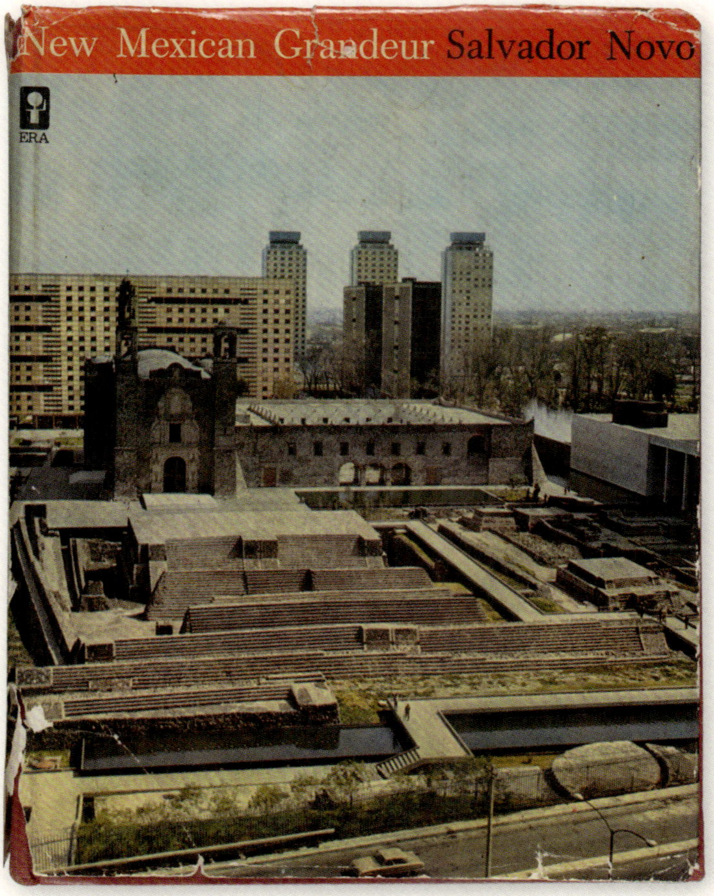

FIGURE 6

Salvador Novo (text/texto); Héctor García (photography/fotografía), *New Mexican Grandeur* (*Nueva grandeza mexicana*), 1967, cover/portada

se convirtieron en importantes vehículos de difusión. Tal es el caso del libro de Francisco Tario de 1951 *Acapulco en el sueño* (fig. 5), con fotografías de Lola Álvarez Bravo (láminas 79, 80), y el de Salvador Novo de 1967, *New Mexican Grandeur* (*Nueva grandeza mexicana*; fig. 6), con fotografías de García (láminas 114–16). Aunque estos libros ilustrados ocuparon un importante lugar en México durante varias décadas, a partir de los años 80 comenzó a desarrollarse una dinámica de creación de fotolibros que se destacó especialmente dentro del contexto de la fotografía latinoamericana. Dada la ausencia de un mercado local para la fotografía, este tipo de publicaciones surgió como un valioso instrumento de difusión para los fotógrafos y sus imágenes, acogiendo trabajos que en muchos casos se difundirían más allá de sus páginas. Es lo que sucedió con *Mujer ángel* (lámina 72) y *Sahuaro* (lámina 74), fotografías tomadas en 1979 por Iturbide en el desierto de Sonora como parte de un estudio etnográfico y fotográfico del pueblo seri y publica-

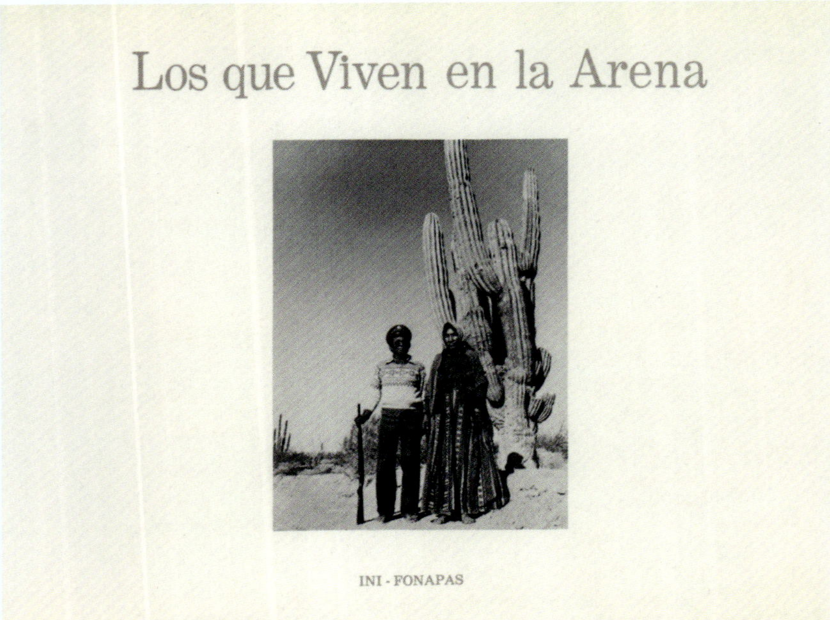

FIGURE 7
Luis Barjau (text/texto); Graciela Iturbide (photography/fotografía), *Los que viven en la arena* (Those who live in the sand), 1981, cover/portada

part of an ethnographic and photographic study of the Seri people and published in the 1981 book *Los que viven en la arena* (Those who live in the sand; fig. 7). Both proceeded to become two of Iturbide's most distinctive works. A similar origin was shared by Ortiz Monasterio's *Wind* (plate 137) and *Marine Icarus* (plate 138), taken during his commissioned work with the Huave people, who inhabit the Isthmus of Tehuantepec in the state of Oaxaca, and included in his 1981 book *Los pueblos del viento* (The people of the wind; fig. 8).[13]

Many of these photographers focused on creating images with a strong documentary element. This social interest manifested itself in various ways over the years and was associated with other related activities. Pedro Meyer, for example, worked intensively to create and support the institutional development of photography in Mexico.[14] Others, such as Yampolsky and Ortiz Monasterio, concentrated on editorial and photobook publishing projects.[15] As in other Latin American countries, Mexican photographers alternated between styles and uses of photographic practice as necessary, adapting them for commercial or artistic purposes. These practices coexisted and complemented each other. For this reason, their trajectories resist overly precise temporal or authorial demarcations. Many of the photographs have circulated seamlessly from magazine pages to collectible portfolios, from the streets of Mexico to the walls of museums around the world. In this way, the

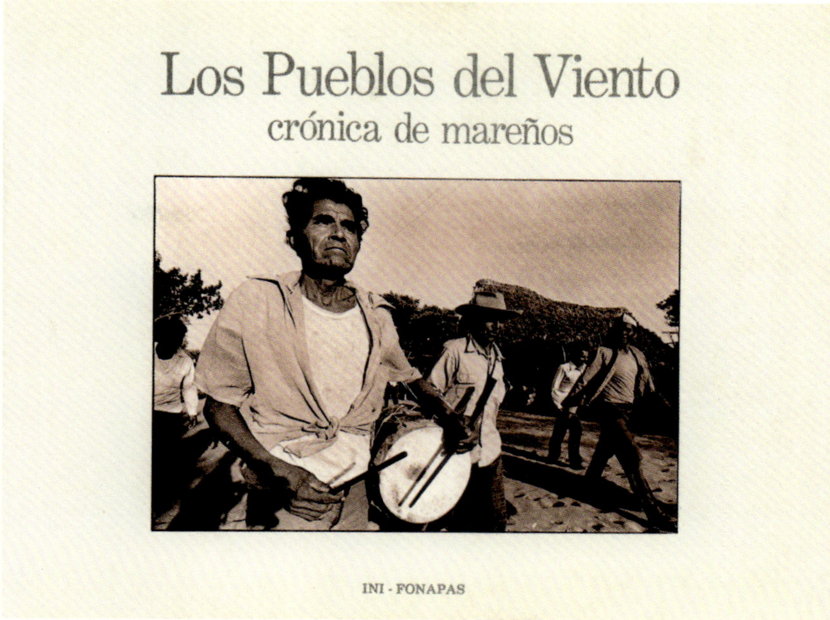

FIGURE 8
José Manuel Pintado (text/texto); Pablo Ortiz Monasterio (photography/fotografía), *Los pueblos del viento* (The people of the wind), 1981, cover/portada

das en el libro *Los que viven en la arena* (fig. 7) en 1981. Tiempo después, ambas fotos se convirtieron en dos de las obras más distintivas y con mayor divulgación de esta fotógrafa. Un origen similar comparten *Viento* (lámina 137) e *Ícaro marino* (lámina 138) de Ortiz Monasterio, tomadas durante su trabajo fotográfico con el pueblo huave, que habita el istmo de Tehuantepec en el estado de Oaxaca, e incluidas en su libro de 1981 *Los pueblos del viento* (fig. 8).[13]

Muchos de estos fotógrafos se centraron en crear imágenes con un fuerte componente documental. Este interés social se manifestó de diversas formas a lo largo de los años y se vio potenciado por otras actividades relacionadas. Pedro Meyer, por ejemplo, trabajó intensamente para crear y apoyar el desarrollo institucional de la fotografía en México.[14] Otros, como Yampolsky y Ortiz Monasterio, se enfocaron en proyectos editoriales y en la publicación de fotolibros.[15] Al igual que lo sucedido en el medio fotográfico de otros países de América Latina, los fotógrafos mexicanos alternaron entre estilos y usos de la práctica fotográfica según fuera necesario, con fines tanto comerciales como artísticos. Estas prácticas coexistieron y se complementaron entre sí. Por esta razón, sus trayectorias se resisten a demarcaciones temporales o autorales demasiado precisas. Muchas de estas fotografías han circulado sin contradicciones desde las páginas de revistas hasta los portafolios coleccionables, desde las calles de México hasta las paredes de grandes

work presented here ranges from ethnographic documentation to urban exploration, reflecting both the diversity of rural Mexico and the intensity of one of the largest capital cities in the Americas.

THE GREENBERG AND STEINHAUSER DONATIONS

This book and the exhibition it accompanies, *Instante/revelación: Moments in Mexican Photography*, draw from the extensive donation of works made by the philanthropists Daniel Greenberg and Susan Steinhauser to the Getty Museum. Husband and wife, Greenberg and Steinhauser began to collect photography in the 1990s. Focusing initially on twentieth-century artists from the United States, they soon expanded their interest to include photographers from Europe, Japan, and Mexico. Both were founding members of the Getty Museum Photographs Council and generously donated significant portions of their collection to the institution.[16]

The images featured in this book represent just a selection of the nearly five hundred Mexican photographs that Greenberg and Steinhauser gifted to the Getty Museum between 2000 and 2025.[17] Presenting photographs assembled by a collector poses unique curatorial challenges, introducing opportunities to consider the work in a new light. Looking at images that are not usually grouped together, recurring themes may emerge, revealing both expected and unexpected affinities, and offering a new perspective on the material. It is not a single national image that is revealed because every country is an "imagined community,"[18] and national identities and images are multifaceted concepts made of many different views and instants. The interpretation depends on who is doing the looking; photographers, collectors, curators, institutions, and viewers will reach different conclusions.

Daniel Greenberg and Susan Steinhauser chose these photographs with the goal of bringing them to new audiences. As Greenberg said in a 2014 interview, "The image drives our imagination and our desire to own the work. The work is destined, if we have done our job right, to take up permanent residence in public places, especially museums, where it can be enjoyed by many, and people can learn and be moved by it."[19] *Instante/revelación* offers an additional contribution to making this mission a reality, bringing to the public *instants* that *reveal* the many ways in which Mexico can be seen.

museos de todo el mundo. De este modo, el trabajo aquí presentado se mueve desde la documentación etnográfica hasta la exploración urbana, reflejando tanto la diversidad del México rural como la intensidad de una de las capitales más grandes de América.

LAS DONACIONES DE GREENBERG Y STEINHAUSER

Este libro y la exposición que lo acompaña, *Instante/revelación: Moments in Mexican Photography*, se basan en la extensa donación de obras realizada por los filántropos Daniel Greenberg y Susan Steinhauser al Getty Museum. El matrimonio comenzó a coleccionar fotografía en la década de 1990. Inicialmente se enfocaron en artistas estadounidenses del siglo XX, pero pronto ampliaron su interés para incluir fotógrafos de Europa, Japón y México. Ambos fueron miembros fundadores del Consejo de Fotografías del Getty Museum y donaron generosamente una importante parte de su colección a esta institución.[16]

Las imágenes incluidas en este libro representan solo una selección de las casi quinientas fotografías mexicanas que Greenberg y Steinhauser donaron al Getty Museum entre 2000 y 2025.[17] Presentar fotografías escogidas por un coleccionista plantea retos curatoriales únicos y ofrece la oportunidad de reconsiderar estas obras desde otra mirada. Al contemplar imágenes que muchas veces no suelen estar agrupadas pueden surgir temas recurrentes que revelen afinidades esperadas o inesperadas y que abran nuevas perspectivas sobre el material. El conjunto de fotos comprendido en este libro no responde a una única imagen nacional, ya que cada país es una "comunidad imaginada"[18] y las identidades nacionales son conceptos multifacéticos compuestos por diversos puntos de vista. La interpretación dependerá de quién lo observe; diversos fotógrafos, coleccionistas, curadores, instituciones y espectadores llegarán a conclusiones diferentes.

Daniel Greenberg y Susan Steinhauser seleccionaron estas fotografías con el objetivo de que sean mostradas a nuevos públicos. Como dijo Greenberg en una entrevista en 2014, "La imagen impulsa nuestra imaginación y nuestro deseo de poseer la obra. La obra está destinada, si hemos hecho bien nuestro trabajo, a residir permanentemente en lugares públicos, especialmente museos, donde pueda ser disfrutada por muchos, y la gente pueda aprender y emocionarse con ella."[19] *Instante/revelación* se erige como una contribución adicional para hacer realidad esta misión, acercando al público *instantes* que *revelan* las múltiples maneras en que puede ser visto México.

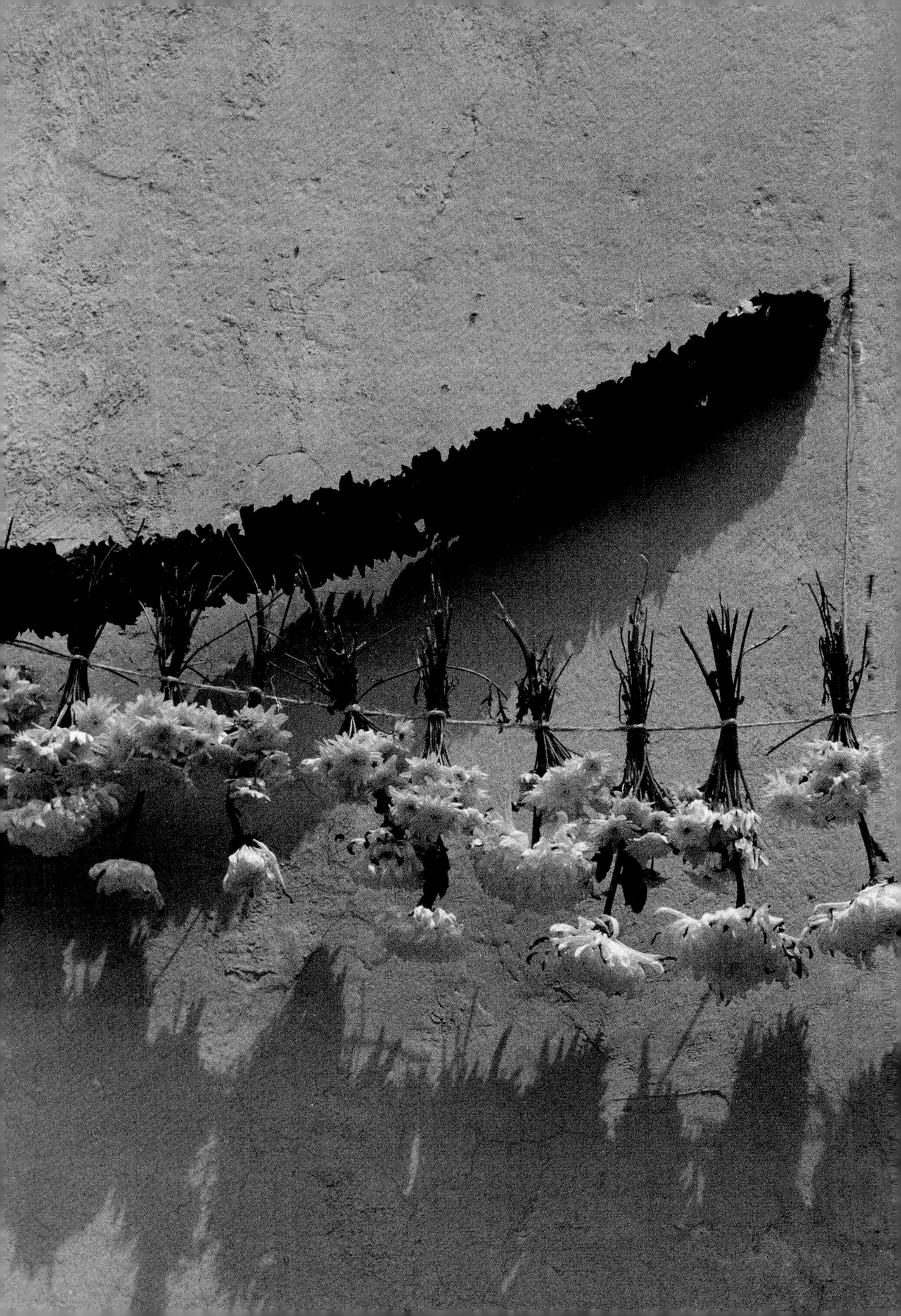

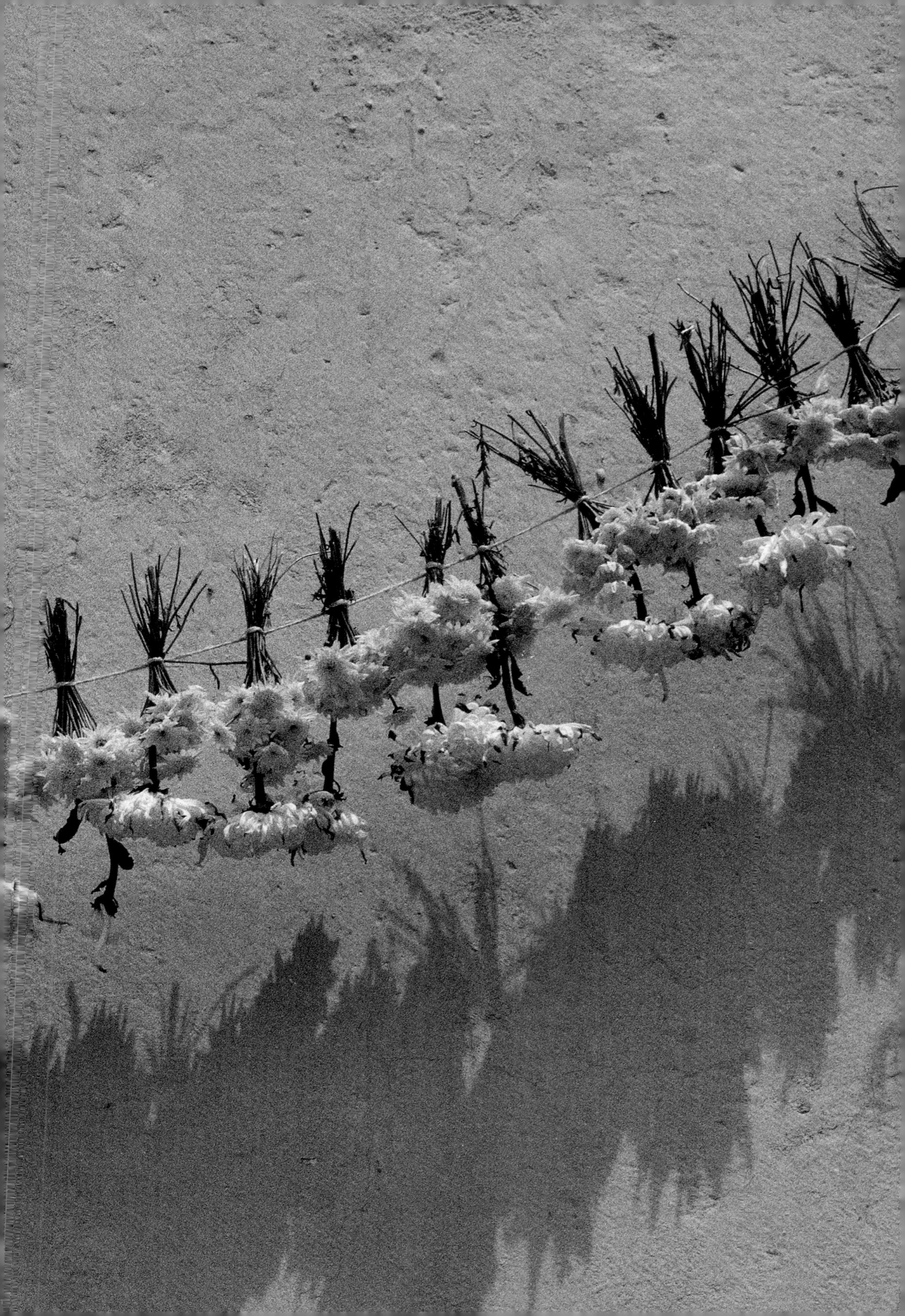

PLATES

NOTE TO THE READER

All of these images were taken by Mexican photographers and are from the collection of the J. Paul Getty Museum, Los Angeles, Gift of Daniel Greenberg and Susan Steinhauser.

The titles of the plate sections are taken from Octavio Paz's 1976 poem "Cara al tiempo" ("Facing Time").

LÁMINAS

NOTA AL LECTOR

Todas las imágenes aquí incluidas fueron realizadas por fotógrafos mexicanos y han sido donadas por Daniel Greenberg y Susan Steinhauser al J. Paul Getty Museum en Los Ángeles.

Los títulos de las siguientes secciones retoman frases del poema "Cara al tiempo," escrito por Octavio Paz en 1976.

IDENTICAL AND DIFFERENT

Octavio Paz proclaimed that Manuel Álvarez Bravo's photographs "without saying so, alluded to other realities and, without showing them, evoked other images. Each image summoned, and even produced, another image," thus weaving a network of visual relationships.[1] This observation provides a useful way of viewing all the photographs in this volume while also resonating with Paz's idea of instant and revelation. Links between the images, which were made by photographers who shared personal and professional ties and provided points of reference for one another, reveal themselves. For example, Pablo Ortiz Monasterio states that when he created his photograph *Juárez on Horseback* (plate 1), he was invoking Álvarez Bravo's *Little Horse from Quito* (plate 2), which also shows a small metal figurine of a horse perched on the hood of a car.[2] Something similar may have occurred when Graciela Iturbide took the photograph *Rosa* (plate 7) on the threshold of a door in Juchitán, Oaxaca; perhaps she was thinking of *The Fat Woman* (plate 8), taken by Antonio Reynoso nineteen years earlier.

The photographs in this section—some separated by only a few years, some by decades—reveal the coexistence or persistence of distinct subjects and themes, suggesting that in photography there are "ongoing moments" continued among its practitioners.[3] Young girls depicted as angels, women looking out of a train window or standing naked in a doorway, solitary dogs blending into their surroundings, funeral processions, the prominence of maguey in the Mexican landscape—visual motifs recur and coalesce, creating a dialogue between artists and generations that implies a series of invocations that are latent among the photographs.

LO IDÉNTICO Y LO DIFERENTE

Octavio Paz afirmó que las fotografías de Manuel Álvarez Bravo "sin decirlo, aludían a otras realidades y, sin mostrarlas, evocaban a otras imágenes. Cada imagen convocaba, e incluso producía, otra imagen," creándose así una red de relaciones visuales.[1] Esta observación constituye una útil manera de ver todas las fotografías de este volumen, al tiempo que resuena con la idea de Paz de instante y revelación. Las conexiones entre las imágenes, realizadas por fotógrafos que compartían vínculos personales y profesionales y se servían de referencia mutua, se revelan solas. Por ejemplo, Pablo Ortiz Monasterio asegura que cuando realizó su foto *Juárez a caballo* (lámina 1), invocaba mentalmente la imagen *Caballito de Quito* (lámina 2) de Álvarez Bravo, ya que ambas muestran una pequeña figura metálica de un caballo sobre la parte delantera de un auto.[2] Algo similar pudo haber ocurrido cuando Graciela Iturbide tomó la foto *Rosa* (lámina 7) en el umbral de una puerta en Juchitán, Oaxaca; tal vez estaba pensando en la fotografía *La gorda* (lámina 8), tomada por Antonio Reynoso diecinueve años antes.

Las fotografías de esta sección —distanciadas entre sí por pocos años o por varias décadas— revelan las pervivencias o convivencias de algunos tópicos y situaciones, sugiriendo la existencia de "momentos interminables" en el medio fotográfico que se reiteran entre sus practicantes.[3] Niñas vistas como ángeles, mujeres asomando por la ventana del tren o desnudas en el umbral de una puerta, perros solitarios mimetizados con el entorno, procesiones fúnebres, la preeminencia del maguey en el paisaje mexicano: los motivos visuales se repiten y se fusionan, creando un diálogo entre artistas y generaciones como una serie de invocaciones latentes entre las fotografías.

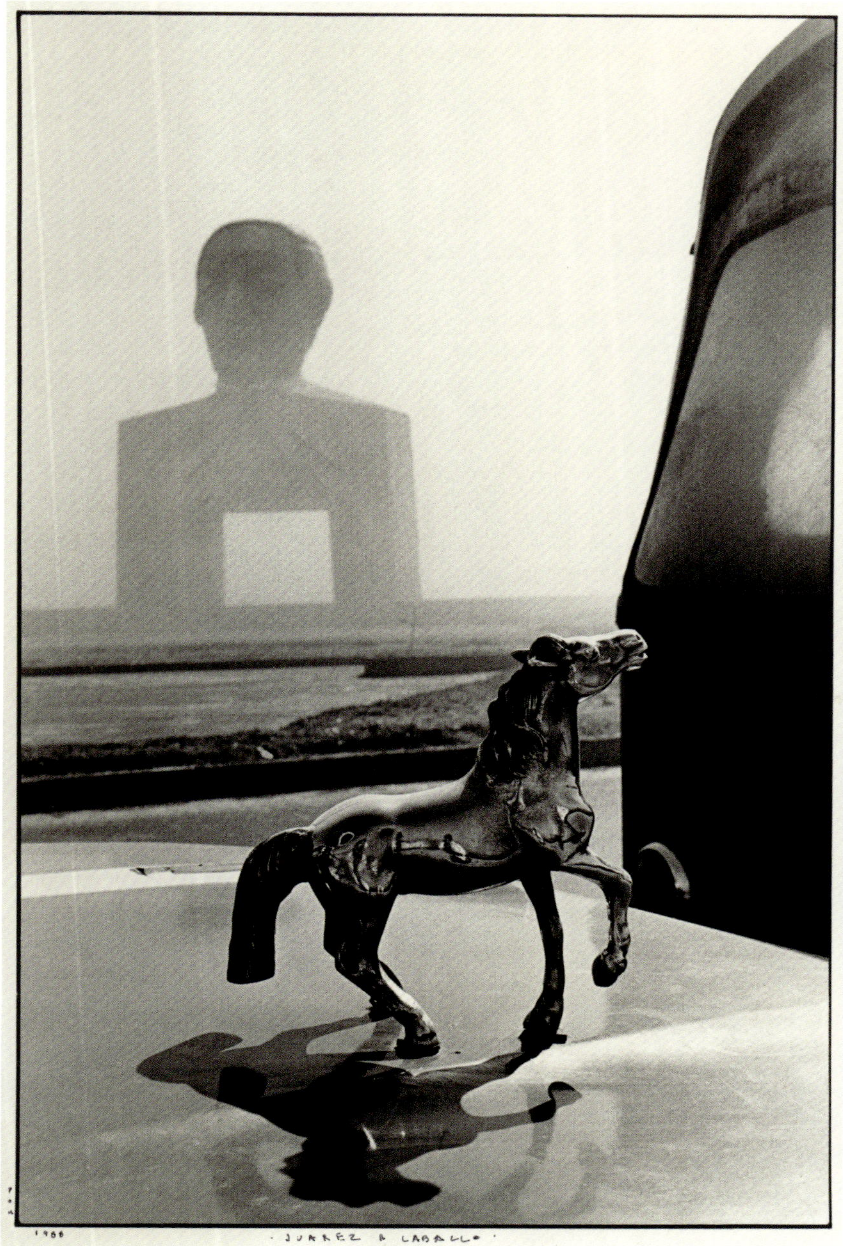

1

Pablo Ortiz Monasterio (1952–)

Juárez on Horseback	*Juárez a caballo*
1988	1988
Gelatin silver print	Gelatina de plata

46.1 × 31.1 cm (18⅛ × 12¼ in.)
2023.137.18

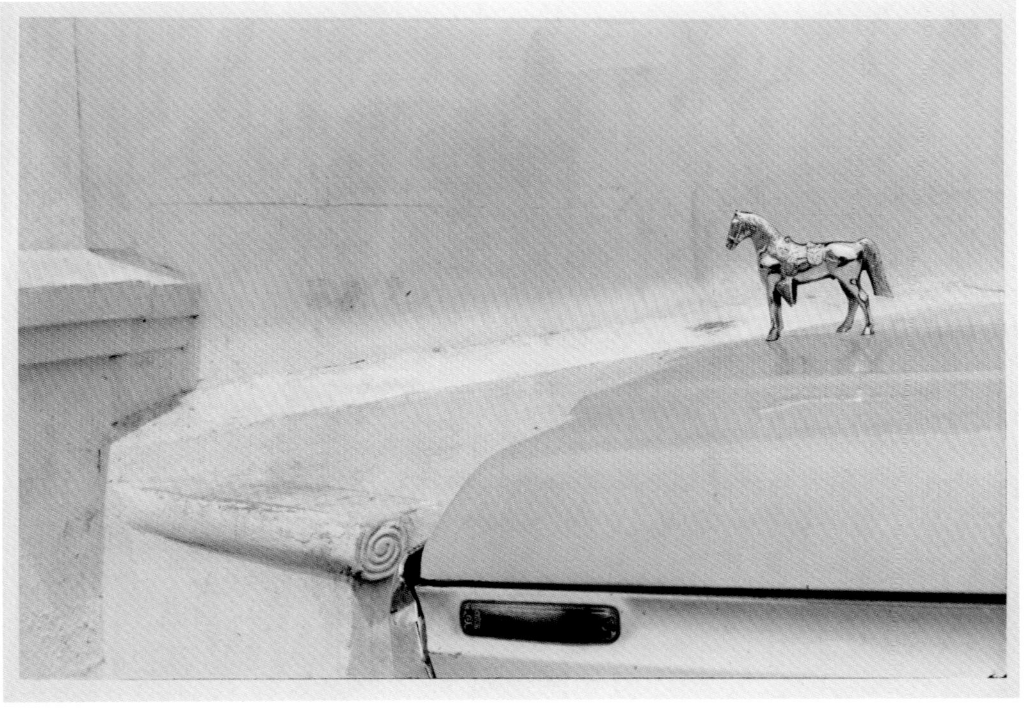

2

Manuel Álvarez Bravo (1902–2002)

Little Horse from Quito	*Caballito de Quito*
1984	1984
Gelatin silver print	Gelatina de plata

16.3 × 24.3 cm (6 7/16 × 9 9/16 in.)
2000.75.6

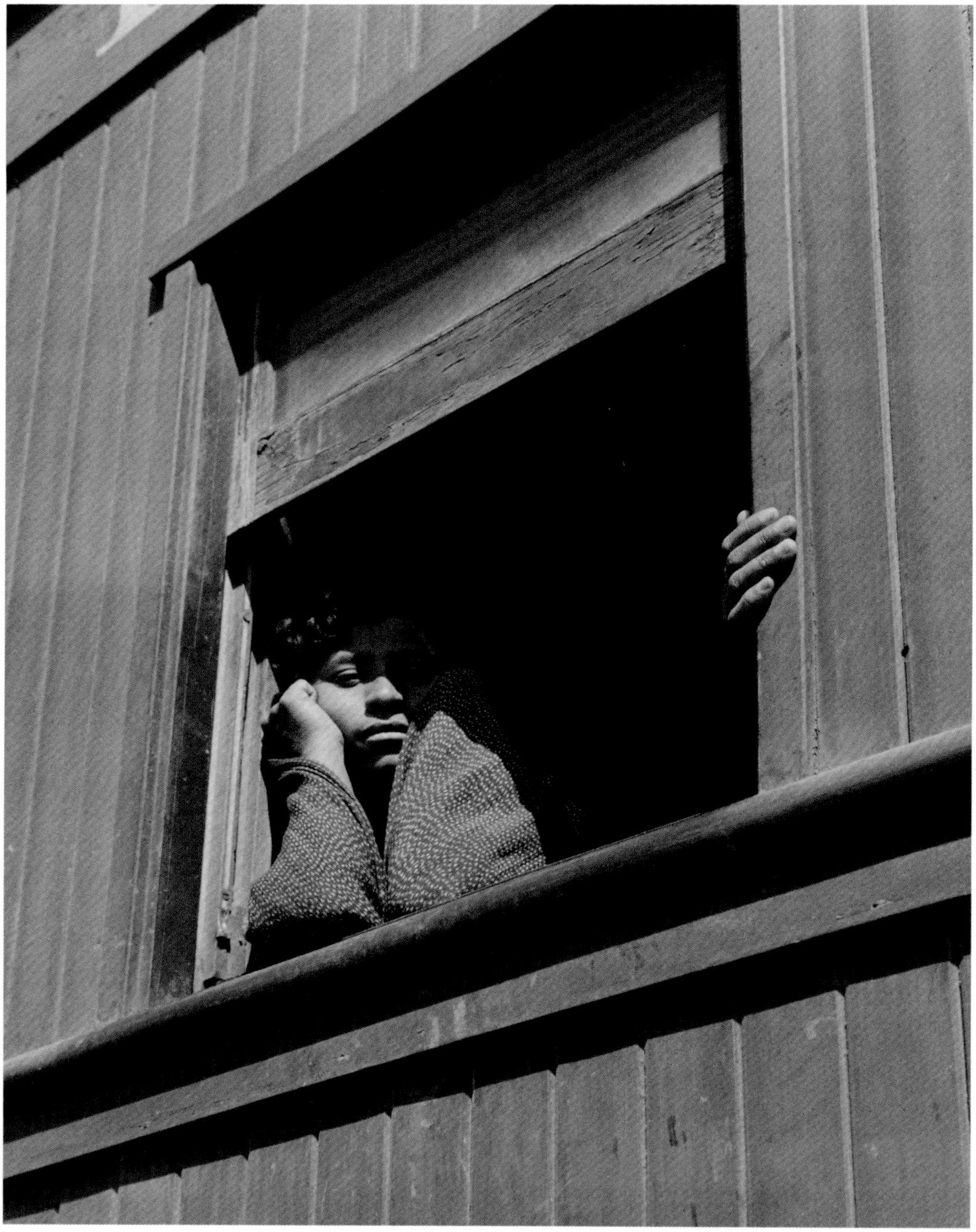

3

Manuel Álvarez Bravo (1902–2002)

The Girl on the Train or *The Stations*	*La muchacha del tren* o *Las estaciones*
Negative, 1940s; printed later	Negativo, 1940s; copia posterior
Gelatin silver print	Gelatina de plata

24.1 × 19.1 cm (9 ½ × 7 ½ in.)
2009.111.8

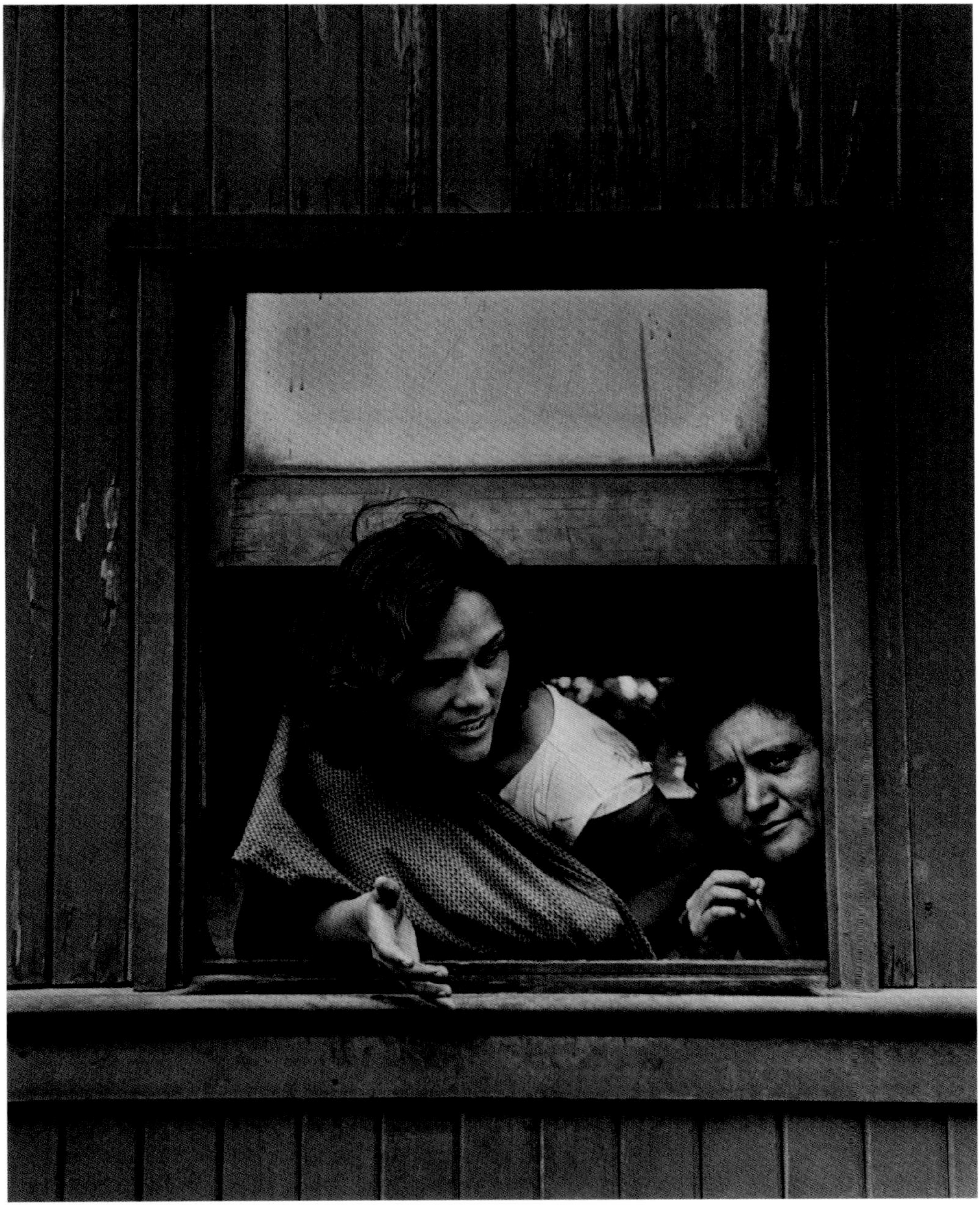

4

Rodrigo Moya (1934–2025)

The Girl, Old Railroad, Mexico–Cuautla	*La muchacha, ferrocarril viejo, México–Cuautla*
Negative, 1966; print, 2010	Negativo, 1966; copia, 2010
Gelatin silver print	Gelatina de plata

50.8 × 40.6 cm (20 × 16 in.)
2023.140.4

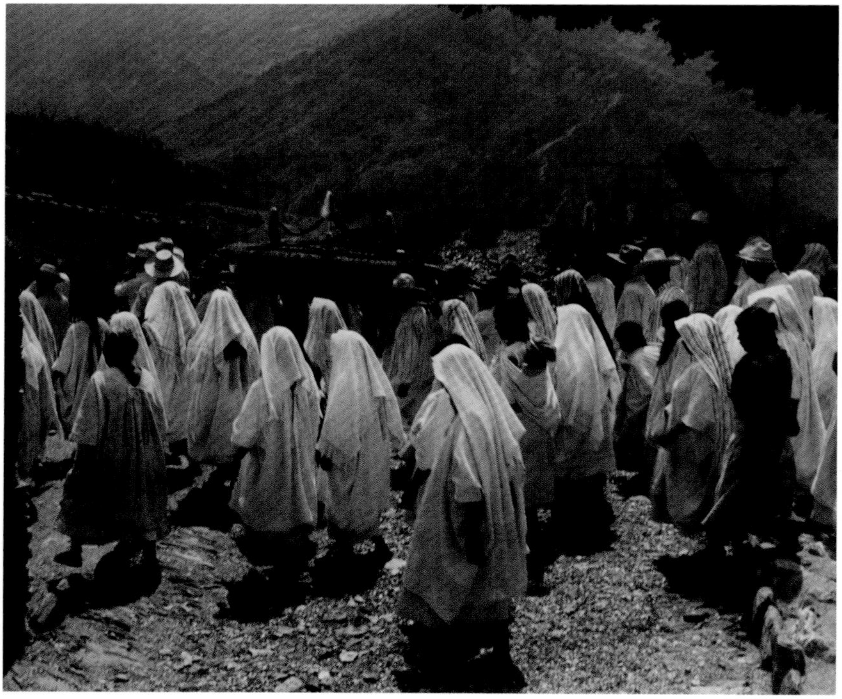

5

Lola Álvarez Bravo (1903–1993)

Burial in Yalalag	*Entierro en Yalalag*
1946	1946
Gelatin silver print	Gelatina de plata

19.4 × 23.3 cm (7⅝ × 9$^{3}/_{16}$ in.)
2023.127.13

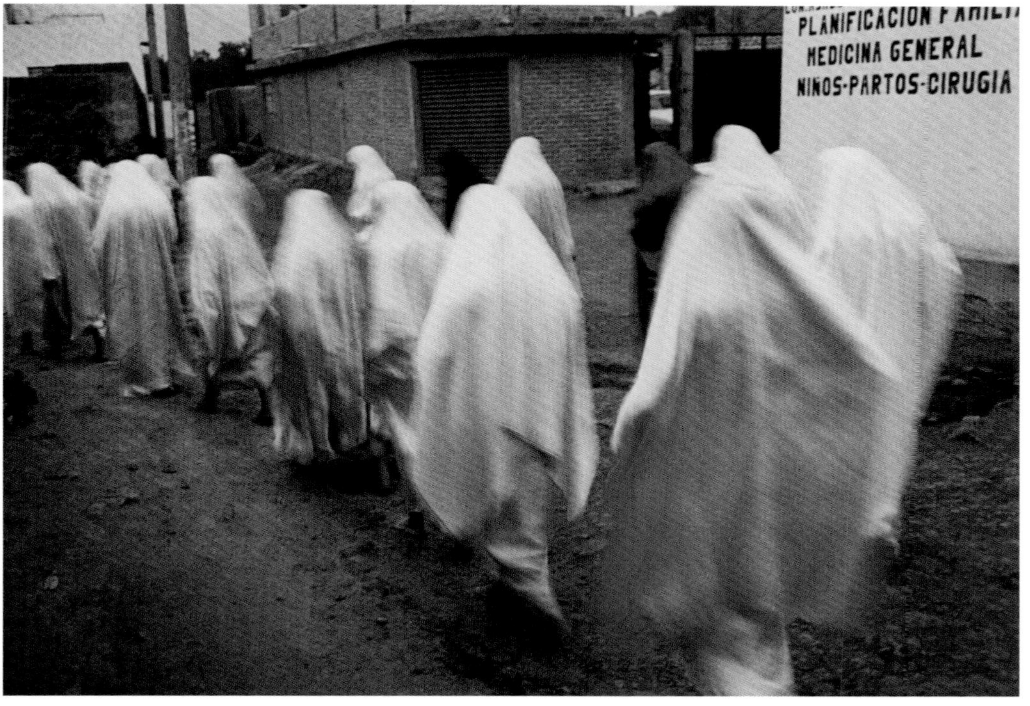

6

Pablo Ortiz Monasterio (1952–)

Virgins	*Vírgenes*
Negative, 1987; print, 1999	Negativo, 1987; copia, 1999
Gelatin silver print	Gelatina de plata

20 × 29.6 cm (7⅞ × 11⅝ in.)
2023.138.4

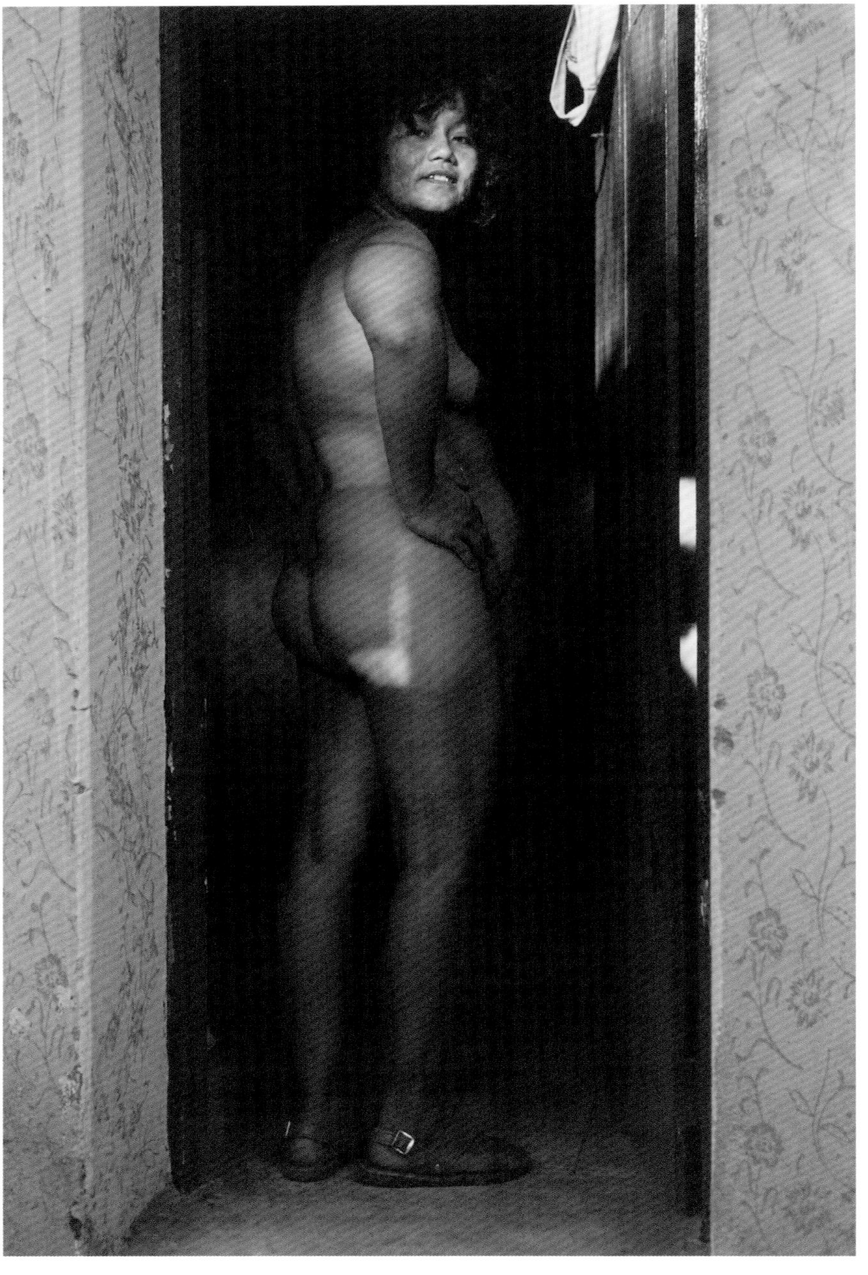

7

Graciela Iturbide (1942–)

Rosa, Juchitán, Oaxaca	*Rosa, Juchitán, Oaxaca*
Negative, 1979; print, 1995	Negativo, 1979; copia, 1995
Gelatin silver print	Gelatina de plata

45.6 × 31.4 cm (17 15/16 × 12 3/8 in.)
2007.65.40

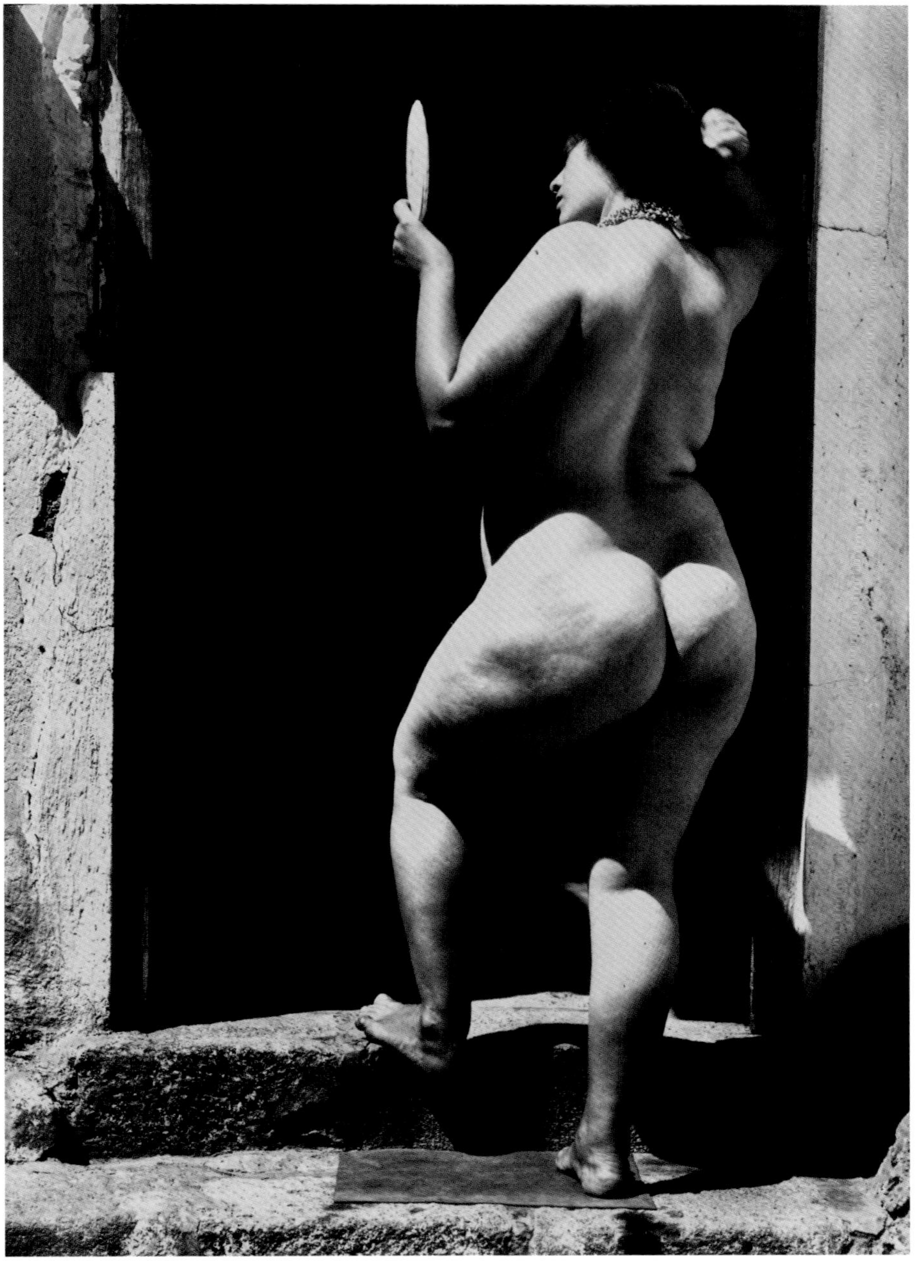

8

Antonio Reynoso (1916–1996)

The Fat Woman	*La gorda*
Negative, 1960; printed later	Negativo, 1960; copia posterior
Gelatin silver print	Gelatina de plata

30.1 × 22 cm (11⅞ × 8¹¹⁄₁₆ in.)
2023.141

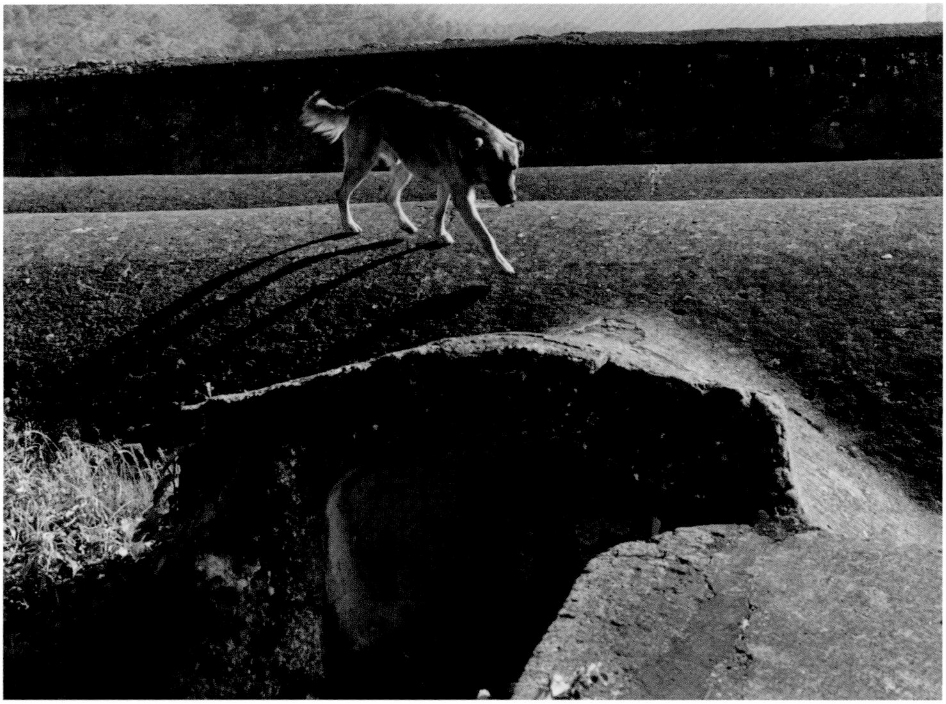

9

Mariana Yampolsky (1925–2002)

The Dog on the Roof, San Nicolás Temextla	*El perro en la azotea, San Nicolás Temextla*
1992	1992
Gelatin silver print	Gelatina de plata

34.8 × 46.7 cm (13 11/16 × 18 3/8 in.)
2023.143.11

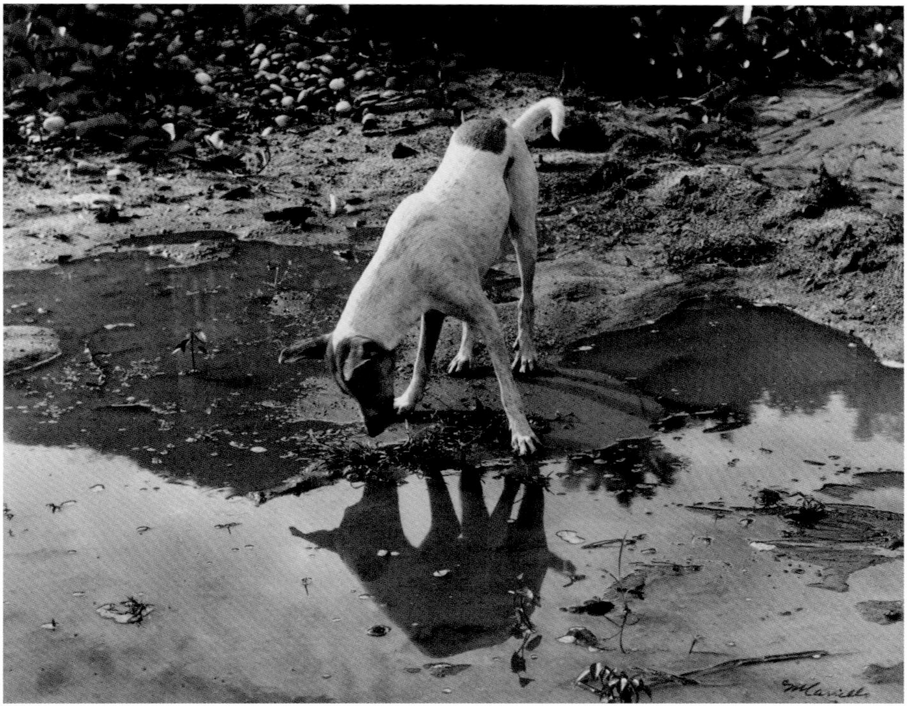

10

Manuel Carrillo (1906–1989)

Untitled	Sin título
ca. 1955–89	ca. 1955–89
Ferrotyped gelatin silver print	Gelatina de plata ferrotipada

19.3 × 24.6 cm (7⅝ × 9 11/16 in.)
2023.129.20

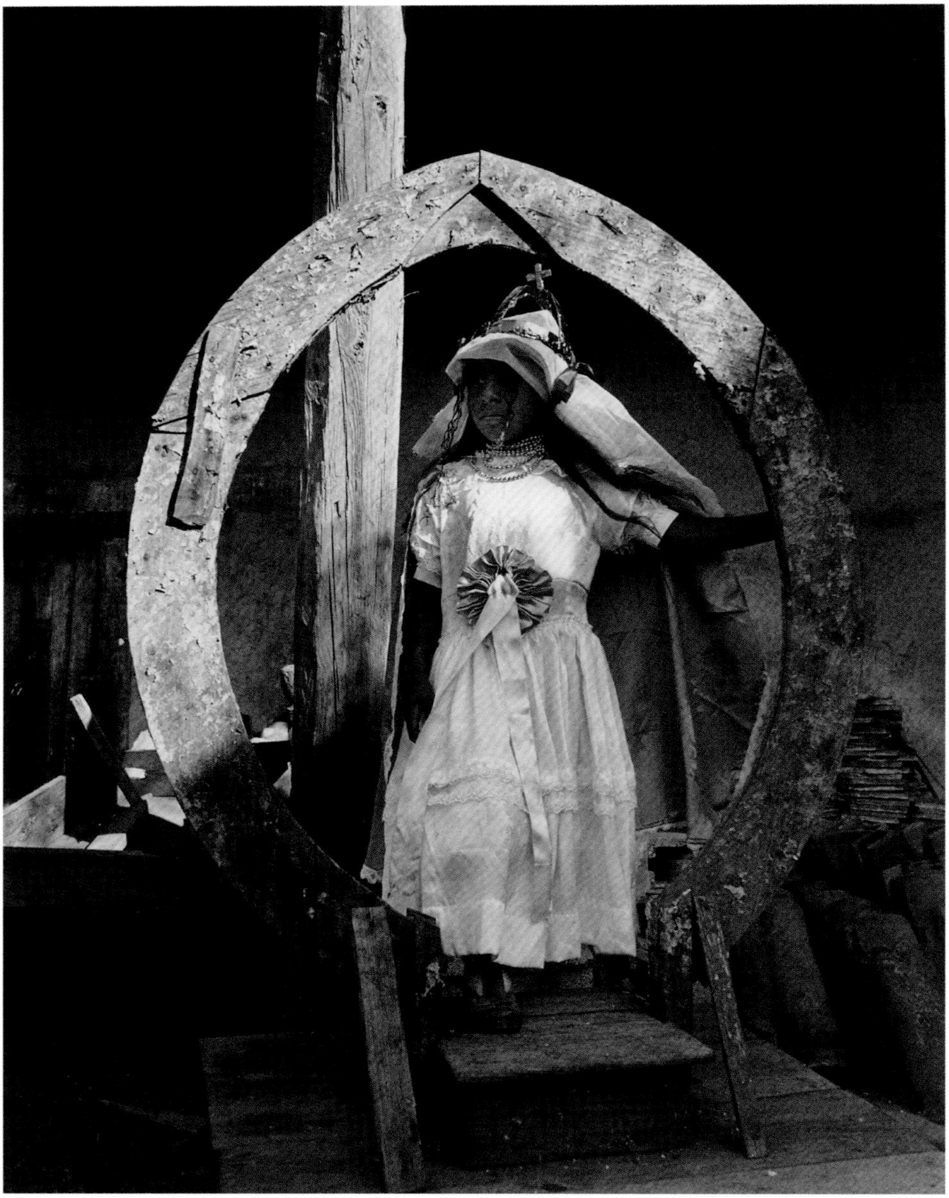

11

Graciela Iturbide (1942–)

The Child Virgin, Ocumicho, Michoacán	*Virgen niña, Ocumicho, Michoacán*
1981	1981
Gelatin silver print	Gelatina de plata

24.1 × 19.1 cm (9 ½ × 7 ½ in.)
2007.65.42

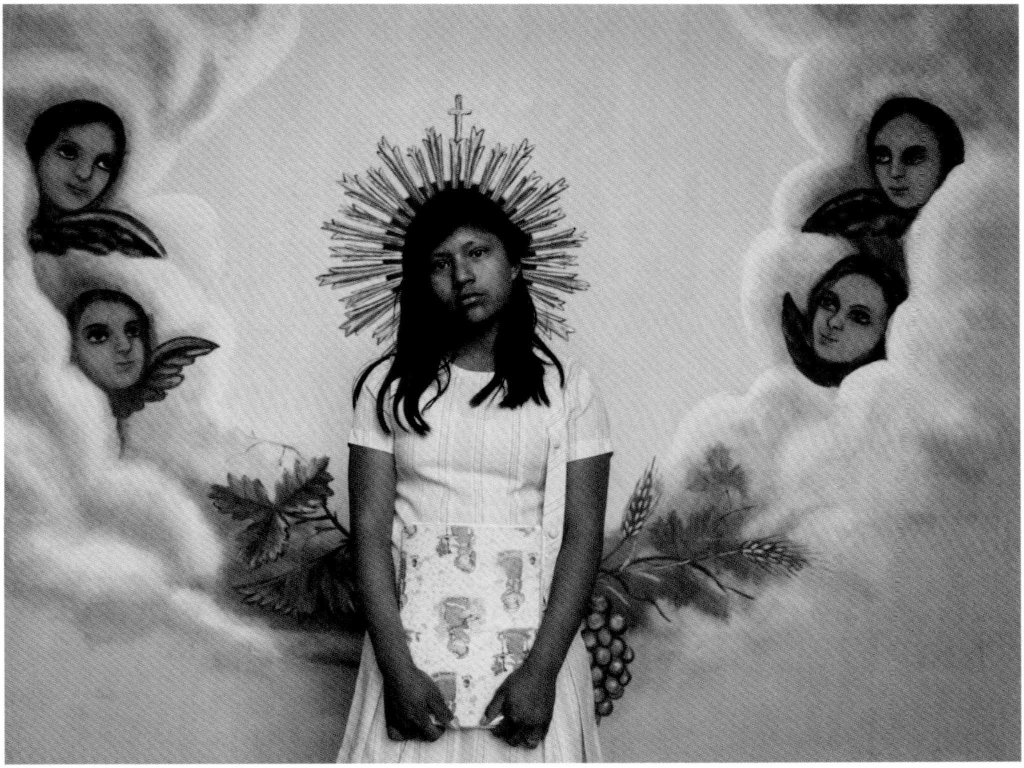

12

Flor Garduño (1957–)

Virgin of the Angels	*Virgen de los ángeles*
Negative, 1982; print, 1995	Negativo, 1982; copia, 1995
Gelatin silver print	Gelatina de plata

22.6 × 30.3 cm (8⅞ × 11¹⁵⁄₁₆ in.)
2023.133

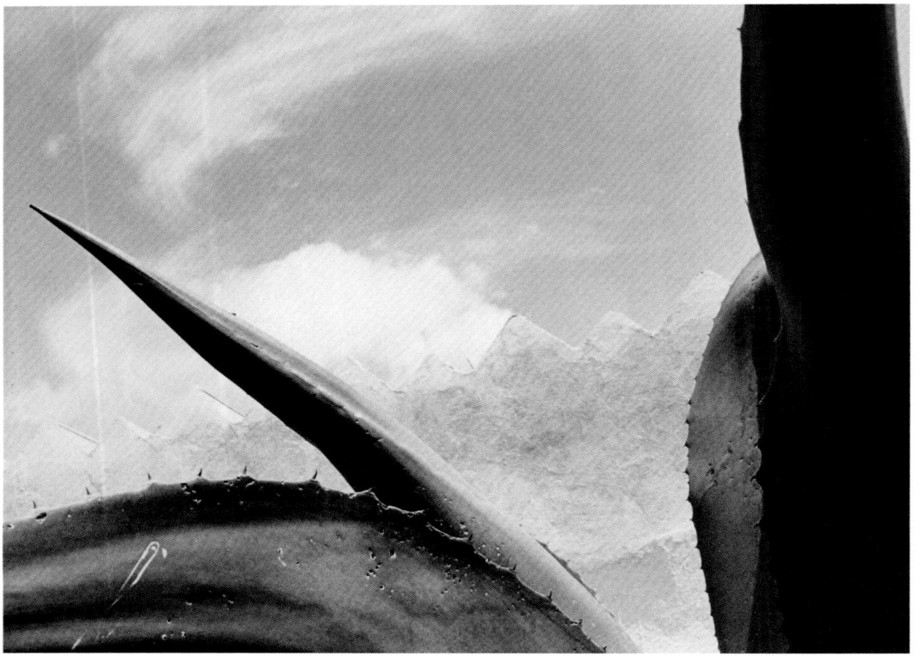

13

Manuel Álvarez Bravo (1902–2002)

Maguey and Serrated Wall	*Maguey y pared dentada*
1976	1976
Gelatin silver print	Gelatina de plata

17.3 × 24 cm ($6\frac{13}{16}$ × $9\frac{7}{16}$ in.)
2003.507.12

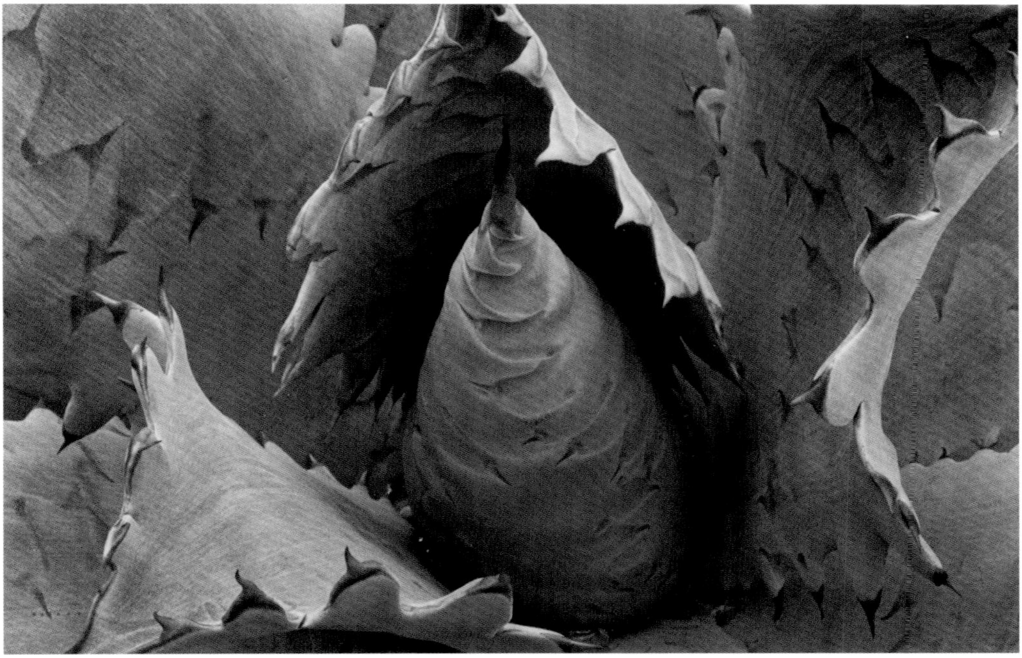

14

Cecilia Salcedo Méndez (1957–)

Maguey de pasmo, tobalá, papalomé.	*Maguey de pasmo, tobalá, papalomé.*
Agave potatorum.	*Agave potatorum.*
2007	2007
The Thorn and the Fruit series	*La espina y el fruto* serie
Gelatin silver print	Gelatina de plata

19.1 × 29.8 cm (7½ × 11¾ in.)
2023.142.1

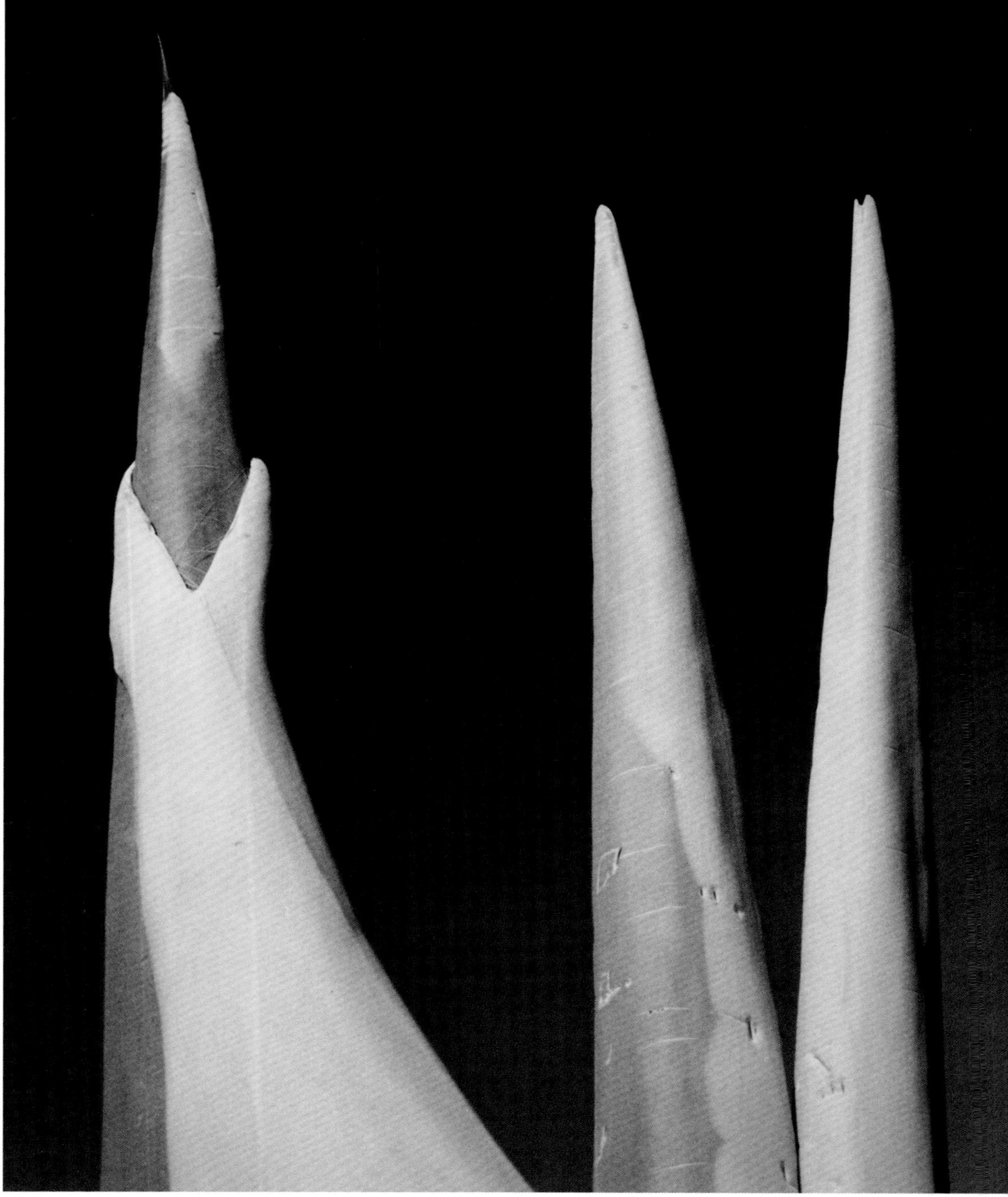

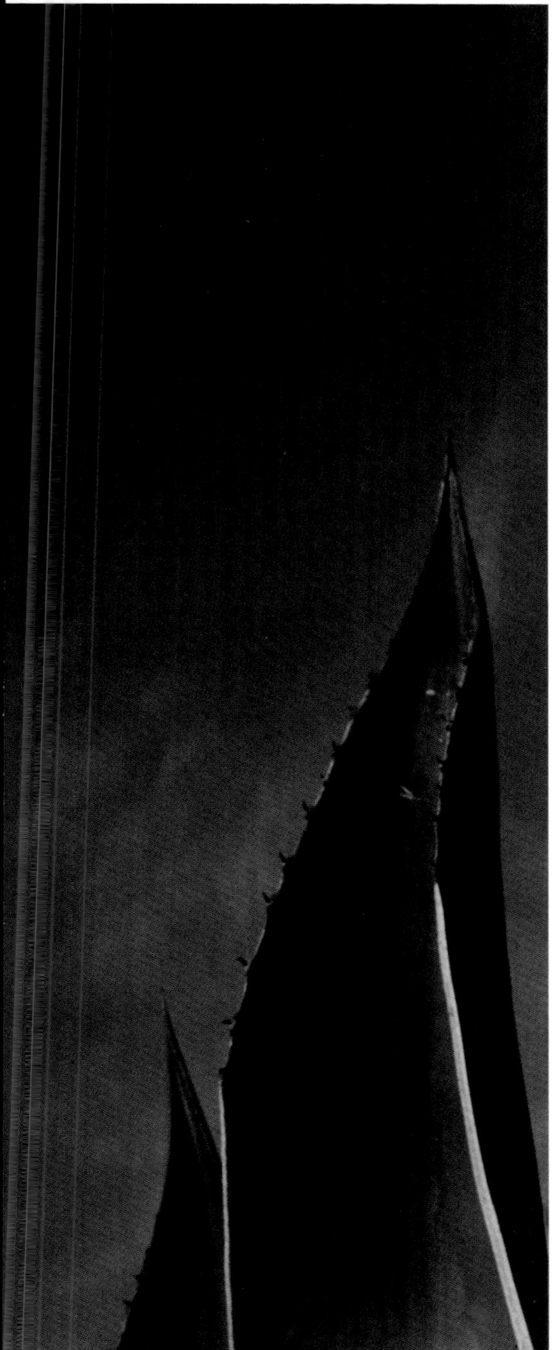

15

Mariana Yampolsky (1925–2002)

Cut Maguey, Hidalgo	*Maguey capado, Hidalgo*
1984	1984
Gelatin silver print	Gelatina de plata

35.3 × 46.9 cm (13 ⅞ × 18 7⁄16 in.)
2023.143.3

SENSATION AND PERCEPTION

The play of light and shadow between the beams of a ceiling, the graceful curves of folded paper, the rhythmic repetition of piano keys or a stack of books—this section takes as its starting point some of the photographs made by Manuel Álvarez Bravo at the end of the 1920s, when he was just beginning his career. The precise dates of some of these works are not known, but his *Paper Games* (plates 18, 19) and *Player Piano* (plate 20) are among the earliest. In these photographs, we see an artist searching for form—achieving abstraction and a sense of novelty by zooming in and isolating details of his subjects. Although his work would later incorporate other approaches, Álvarez Bravo's interest in this way of seeing endured throughout his career, as evidenced by a picture of a pruned agave taken around 1950 (plate 22) and his 1974 series of plantain fronds (plates 23–26).

The capacity of photography to transform the ordinary by means of cropping, displacement, or change of context was remarkably fruitful throughout the twentieth century. The same exercise in deconstruction practiced in Álvarez Bravo's plantain fronds is seen in Pedro Meyer's 1980 series *Jewels of the Atlantic* (plates 28–33), dramatically lit close-up shots of seashells. It is likewise present in Cecilia Salcedo Méndez's 2007 series *The Thorn and the Fruit* (plates 34–40), in which the artist explores the details, hidden forms, and textures of various plants in the Oaxaca Ethnobiological Garden, a botanical garden created with the aim of safeguarding the city's rich biocultural heritage.[1] These two series—both conceived from the beginning as portfolios—share several similarities: Replete with geographic and natural references specific to Mexico, they seek to elicit a sense of strangeness from organic forms by using artful lighting and providing close-up, aestheticized views of their subjects.

Some of these same traits can be seen in Graciela Iturbide's exploration of plants also conducted at the Oaxaca Ethnobiological Garden (plates 41–45), a few years before Salcedo Méndez's. Iturbide's photographs, taken shortly after the garden was established, record the caretaking of the immense, spiny, and fragile cactus plants. In a visual oxymoron, here we see delicate attention applied to what is usually perceived as an organism of great resilience: cacti supported by ropes and covered with nets for their protection.

LA SENSACIÓN Y LA PERCEPCIÓN

El juego de luces y sombras entre las vigas de un techo, elegantes curvas de papel doblado, la repetición rítmica de las teclas del piano o una pila de libros: esta sección toma como punto de partida algunas de las fotografías realizadas por Manuel Álvarez Bravo a finales de la década de 1920, cuando recién comenzaba su carrera fotográfica. Si bien se desconocen las fechas exactas de algunas de estas obras, sus fotografías *Juegos de papel* (láminas 18, 19) y *Pianola* (lámina 20) se encuentran entre las más tempranas. En ellas vemos a un artista en búsqueda de formas, que al ampliar y aislar detalles de los objetos fotografiados practicaba el extrañamiento. Aunque más tarde la obra de Álvarez Bravo incorporaría otros enfoques, su interés por esta manera de ver perduró a lo largo de su carrera, como lo demuestra la fotografía de un agave cortado (o "capado") tomada alrededor de 1950 (lámina 22) y su serie de hojas de plátano (láminas 23–26) de 1974.

La capacidad de la fotografía para convertir lo habitual en extraño por medio de recortes, desplazamientos o cambios de contexto ha sido de extraordinaria fecundidad durante todo el siglo XX. El mismo ejercicio de deconstrucción que Álvarez Bravo practica con las hojas de plátano lo encontramos en la serie *Joyas del Atlántico* (láminas 28–33), realizada por Pedro Meyer en 1980, con primeros planos cerrados de caracoles marinos bajo una iluminación dramatizada. También está presente en la serie de Cecilia Salcedo Méndez *La espina y el fruto* (láminas 34–40) de 2007, en la que la artista explora los detalles, las formas ocultas y las texturas de diversas plantas del Jardín Etnobiológico de Oaxaca, un jardín botánico creado con el objetivo de resguardar el rico patrimonio biocultural de la región.[1] Estas dos series, ambas concebidas desde el principio como portafolios, comparten varias similitudes: mientras retratan referencias geográficas y naturales específicas del territorio mexicano, buscan generar extrañeza a partir de formas orgánicas gracias a una iluminación diseñada y una óptica muy cercana y estetizante.

Algunas de estas mismas características se pueden apreciar en la exploración de plantas realizada por Graciela Iturbide, también en el Jardín Etnobiológico de Oaxaca (láminas 41–45), unos años antes que Salcedo Méndez. Las fotografías de Iturbide, tomadas poco después de la creación del jardín, registran el cuidado de los inmensos, espinosos y frágiles cactus. En un oxímoron visual, aquí vemos una delicada atención a lo que suele entenderse como una entidad de gran fortaleza: cactus sostenidos por sogas y cubiertos por redes para su protección.

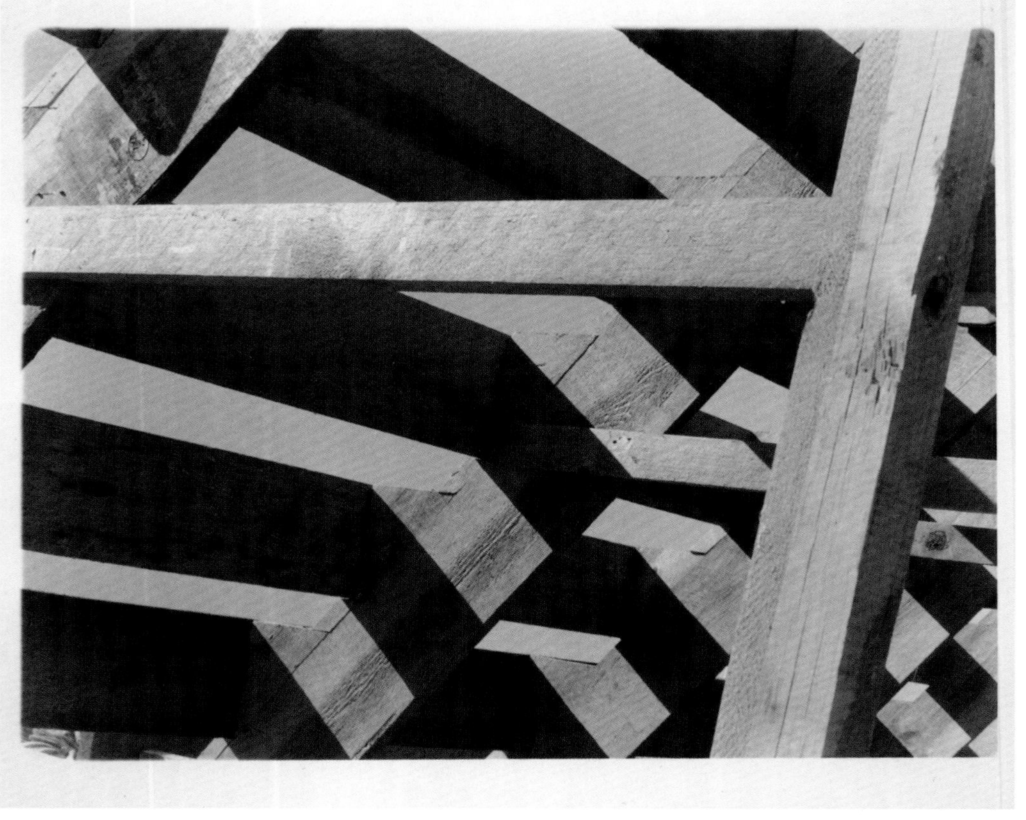

16

Manuel Álvarez Bravo (1902–2002)

Scaffolding I	*Andamios I*
Negative, 1929; printed later, probably 1970s	Negativo, 1929; copia posterior, probablemente década de 1970
Gelatin silver print	Gelatina de plata

17.9 × 24 cm (7 1⁄16 × 9 7⁄16 in.)
2009.111.39

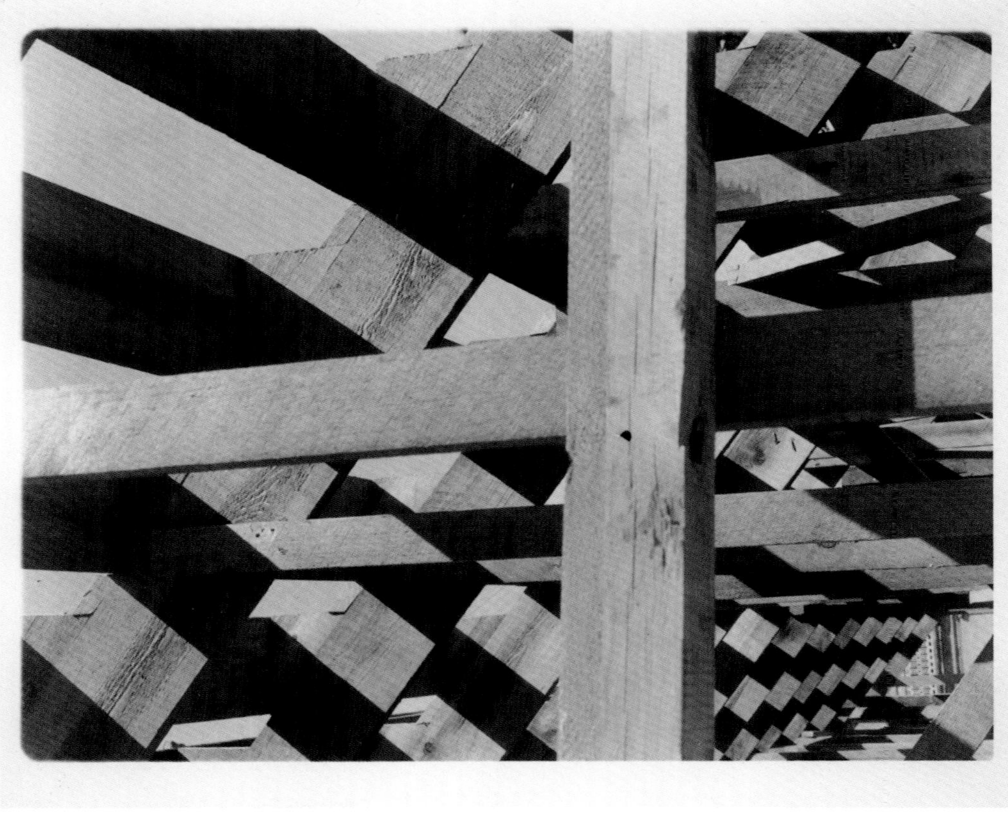

17

Manuel Álvarez Bravo (1902–2002)

Scaffolding II	*Andamios II*
Negative, 1929; printed later, probably 1970s	Negativo, 1929; copia posterior, probablemente década de 1970
Gelatin silver print	Gelatina de plata

18.1 × 24.1 cm (7⅛ × 9½ in.)
2009.111.40

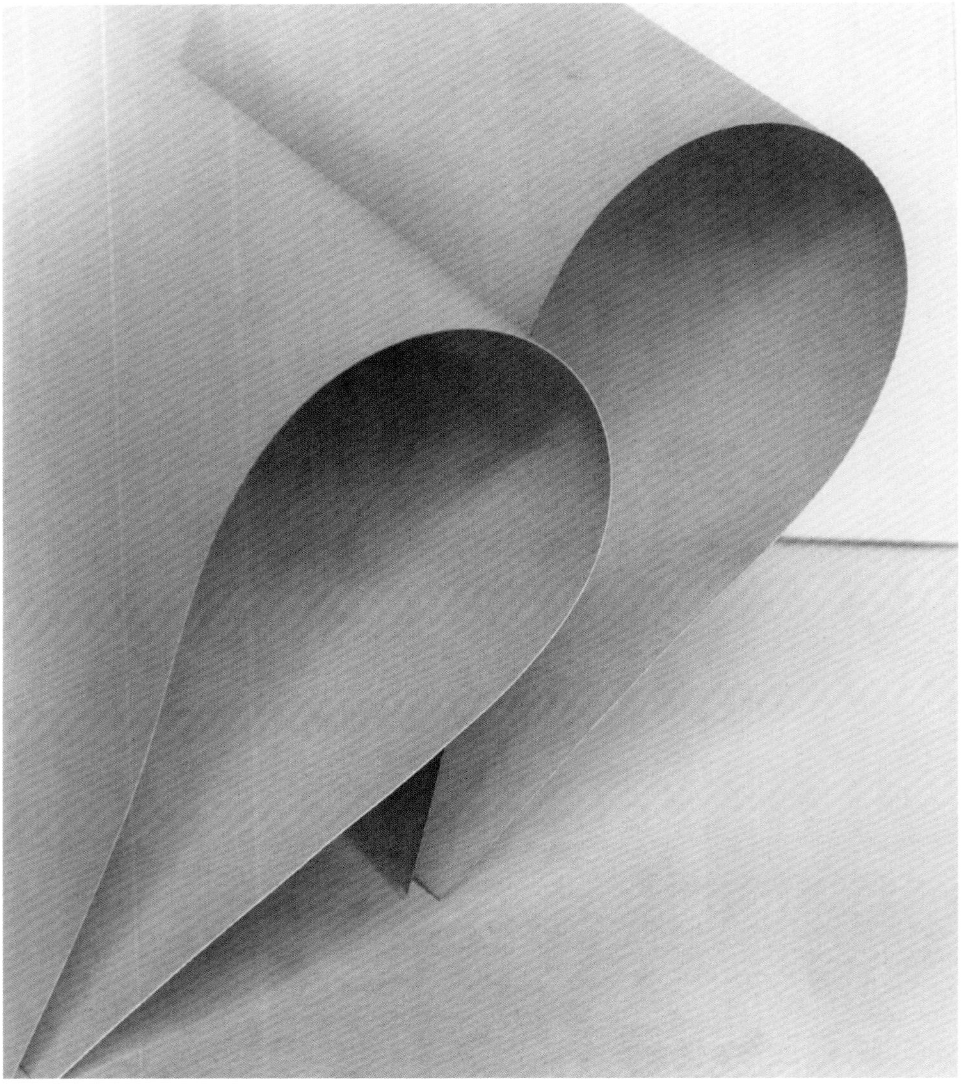

18

Manuel Álvarez Bravo (1902–2002)

Paper Game #3	*Juego de papel #3*
1926–27	1926–27
Gelatin silver print	Gelatina de plata

21.7 × 19.1 cm (8 9/16 × 7 1/2 in.)
2003.507.48

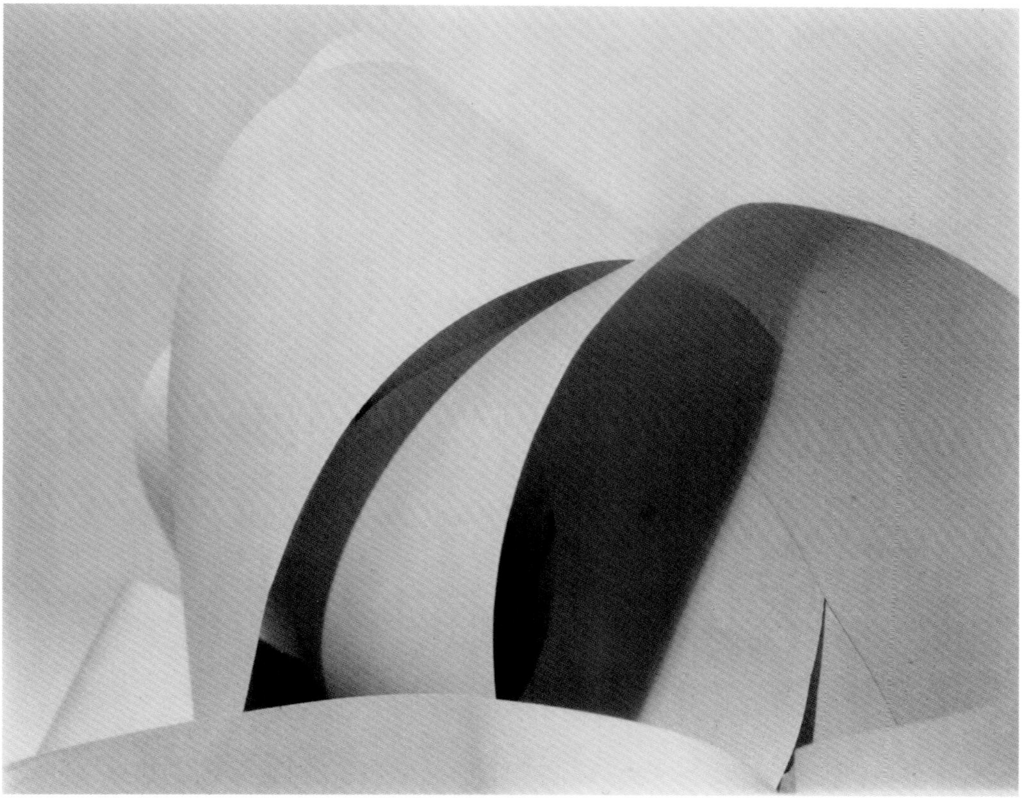

19

Manuel Álvarez Bravo (1902–2002)

Paper Game	*Juego de papel*
1926–27	1926–27
Gelatin silver print	Gelatina de plata

18.3 × 23.5 cm (7 3/16 × 9 1/4 in.)
2003.507.4

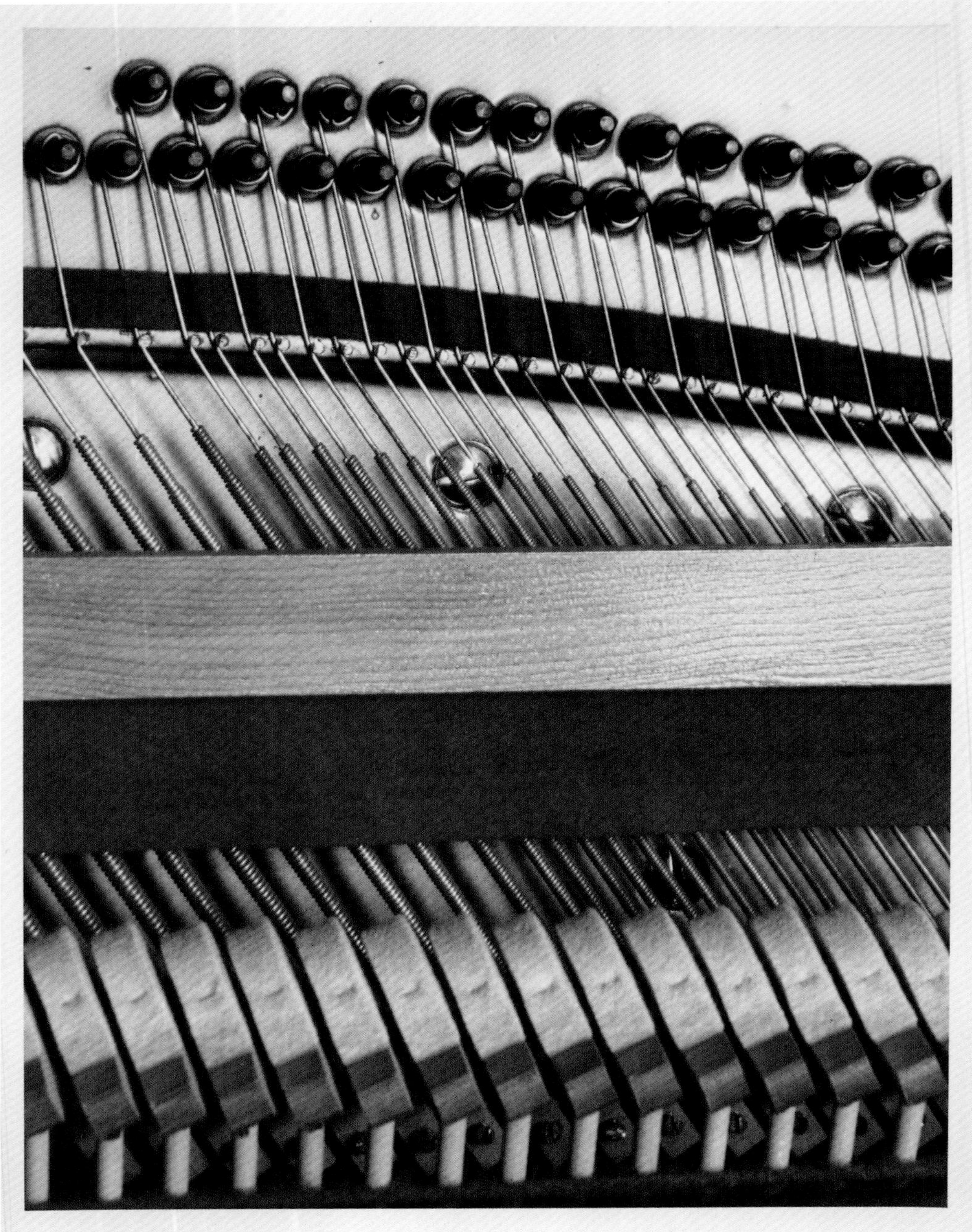

20

Manuel Álvarez Bravo (1902–2002)

Player Piano	*Pianola*
1929	1929
Gelatin silver print	Gelatina de plata

24 × 18.7 cm (9 7/16 × 7 3/8 in.)
2003.507.49

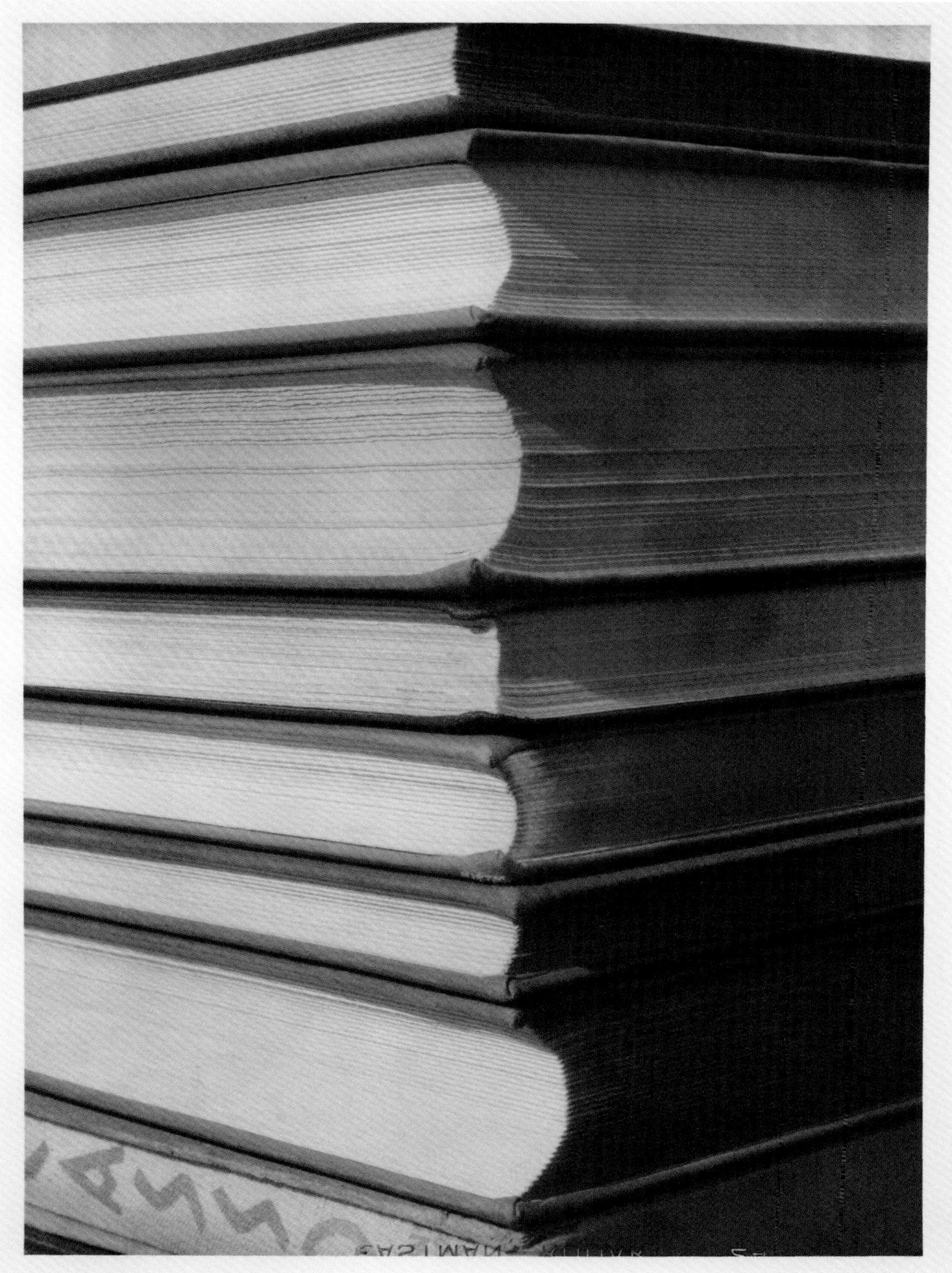

21

Manuel Álvarez Bravo (1902–2002)

Books	*Libros*
Negative, ca. 1930; print, 1998	Negativo, ca. 1930; copia, 1998
Gelatin silver print	Gelatina de plata

24.1 × 17.7 cm (9½ × 6 15/16 in.)
2000.75.9

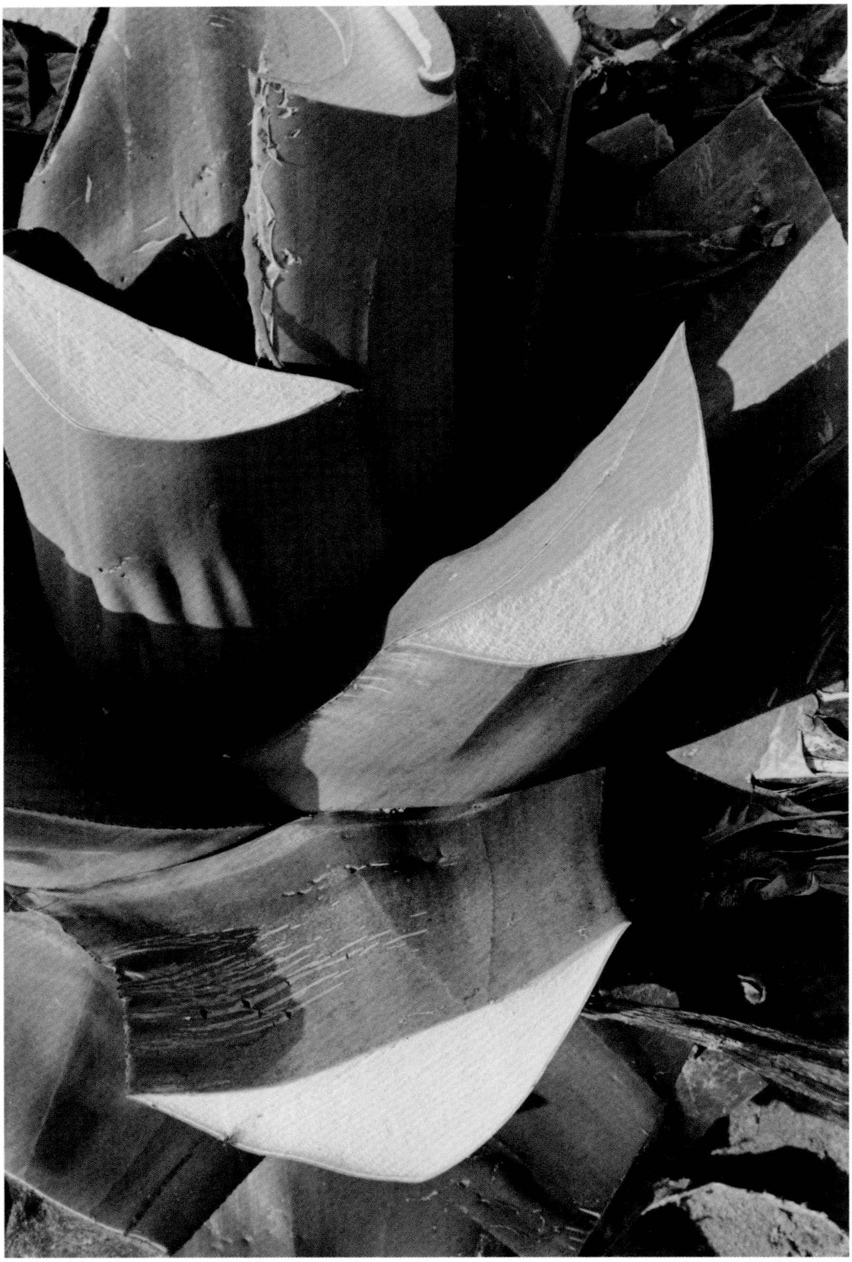

22

Manuel Álvarez Bravo (1902–2002)

Untitled (Cut Maguey)	Sin título (Maguey cortado)
ca. 1950	ca. 1950
Gelatin silver print	Gelatina de plata

24 × 16.3 cm (9 7/16 × 6 7/16 in.)
2003.507.52

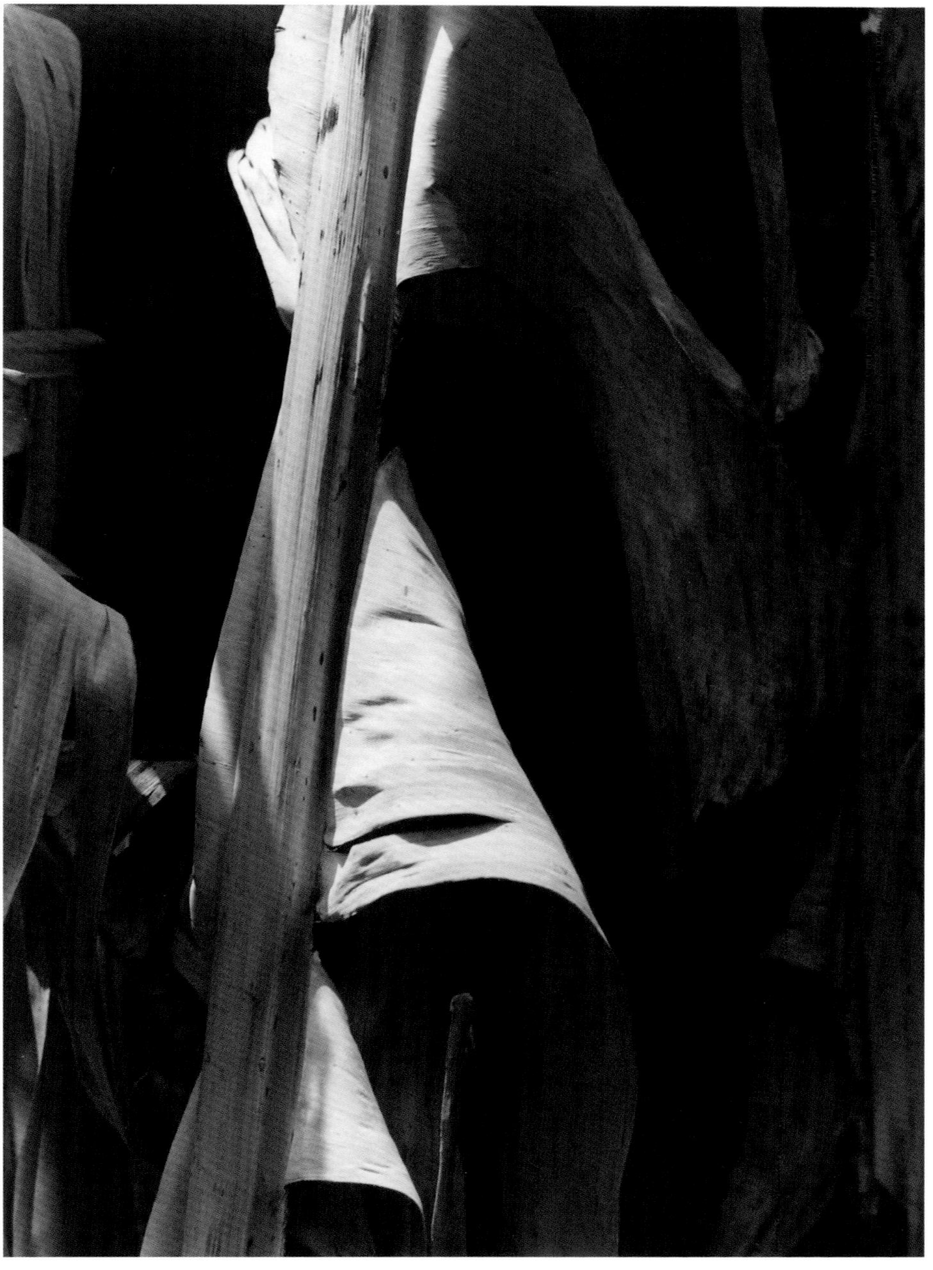

23

Manuel Álvarez Bravo (1902–2002)

Plantain Fronds	*Plátano, planta*
1974	1974
Gelatin silver print	Gelatina de plata

24.2 × 18 cm (9 ½ × 7 ⅞₁₆ in.)
2003.507.51

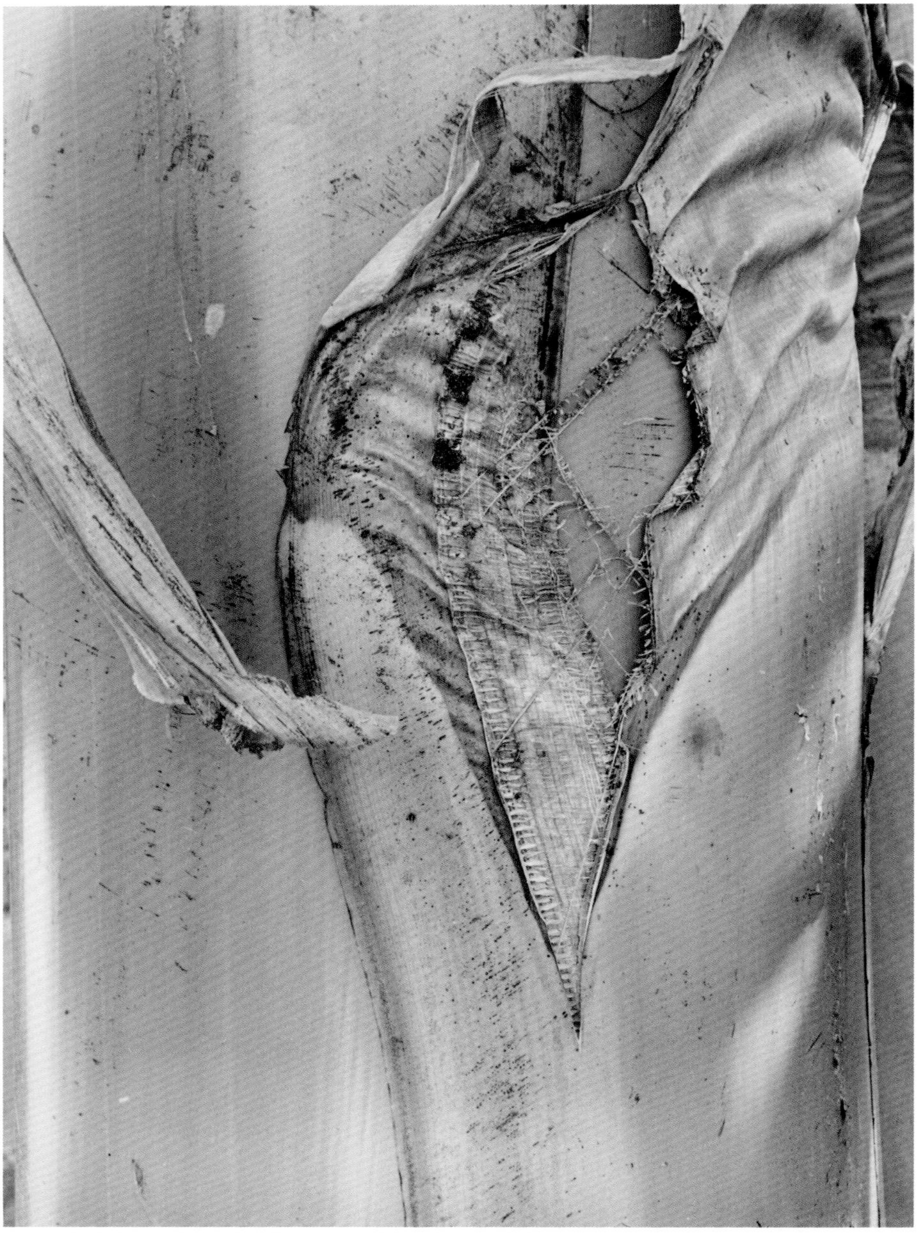

24

Manuel Álvarez Bravo (1902–2002)

Plantain Fronds	*Plátano, planta*
1974	1974
Gelatin silver print	Gelatina de plata

23.6 × 17.8 cm (9 $\frac{5}{16}$ × 7 in.)
2003.507.50

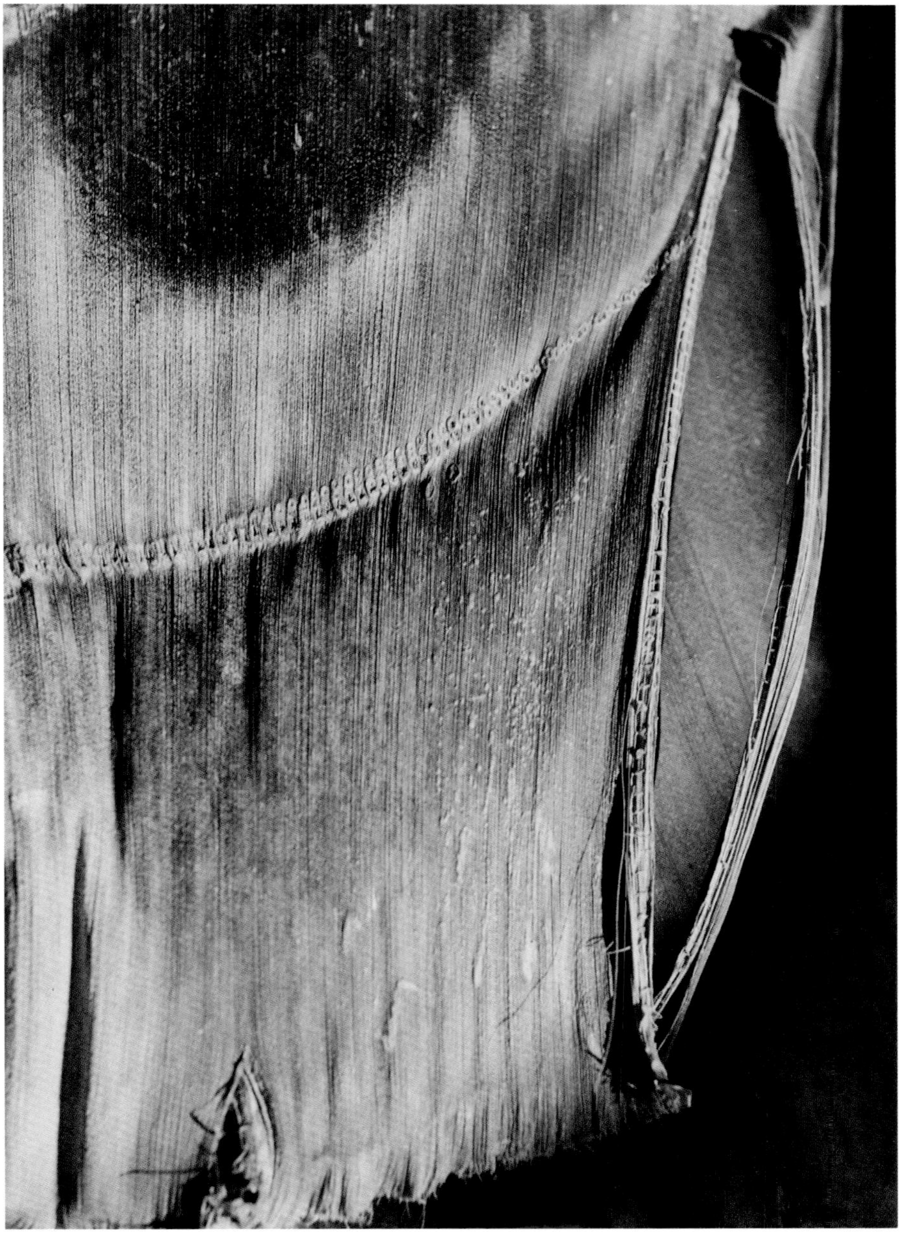

25

Manuel Álvarez Bravo (1902–2002)

Plantain Fronds	*Plátano, planta*
1974	1974
Gelatin silver print	Gelatina de plata

24.2 × 17.9 cm (9 ½ × 7 ¹⁄₁₆ in.)
2003.507.14

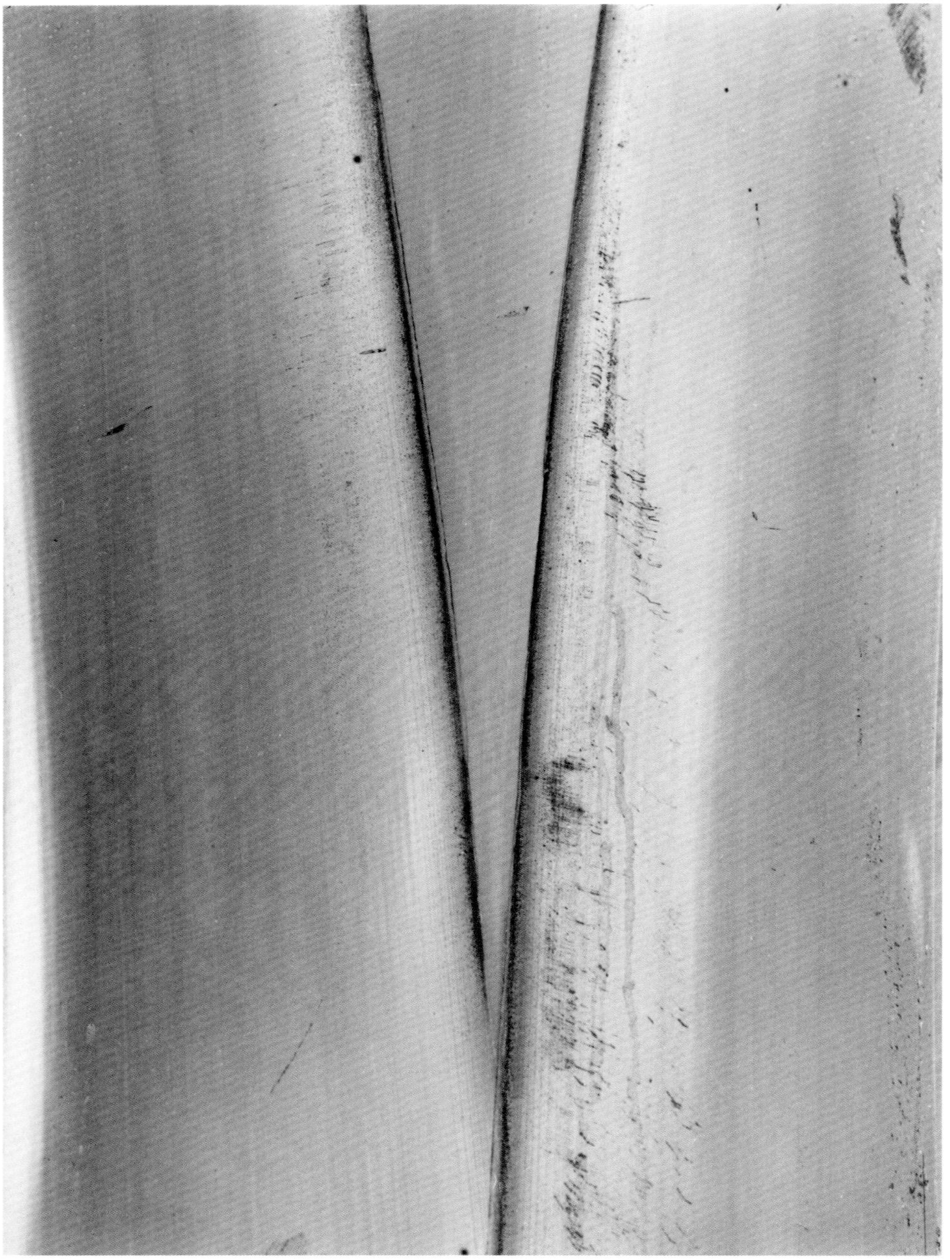

26

Manuel Álvarez Bravo (1902–2002)

Plantain Fronds	*Plátano, planta*
1974	1974
Gelatin silver print	Gelatina de plata

24.3 × 18.4 cm (9 9/16 × 7 1/4 in.)
2003.507.44

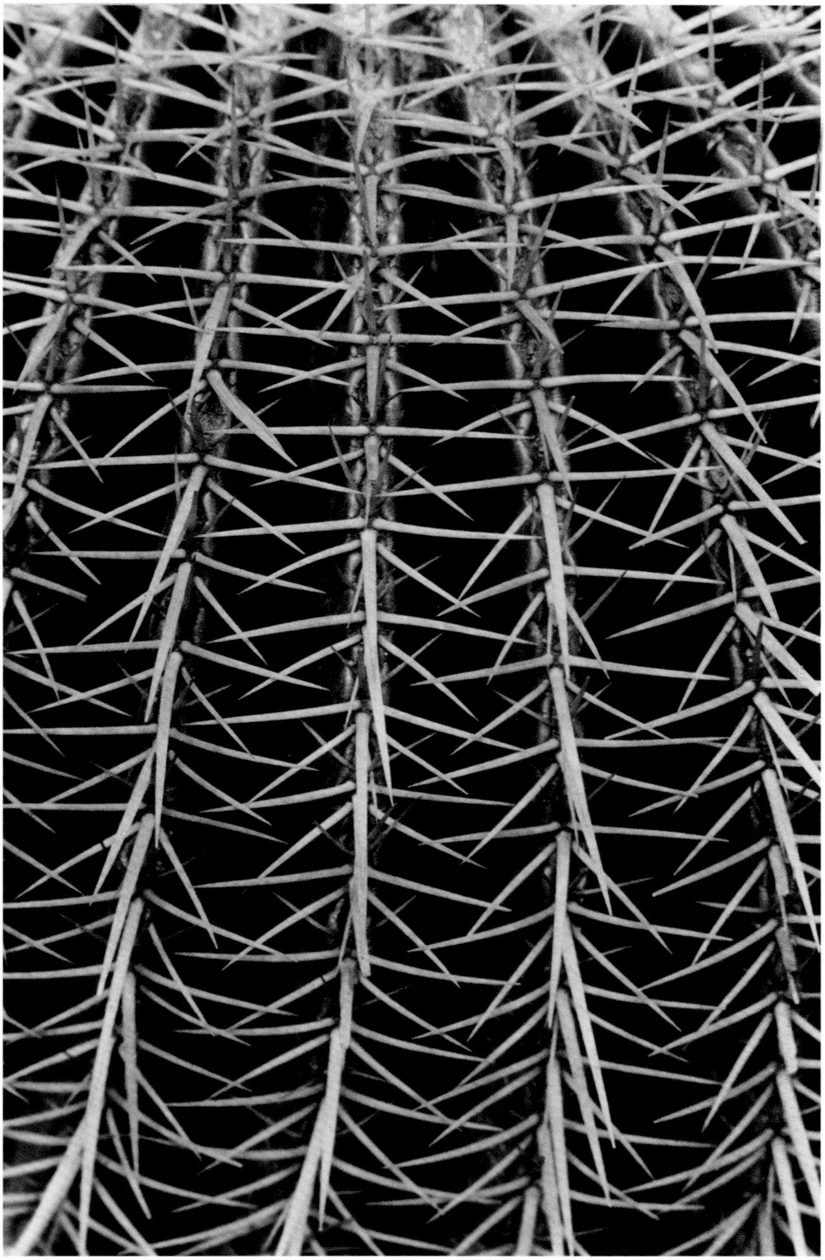

27

Lola Álvarez Bravo (1903–1993)

Cactus	*Cactus*
ca. 1950s	década de 1950
Gelatin silver print	Gelatina de plata

23.3 × 15.4 cm (9 3/16 × 6 1/16 in.)
2023.127.36

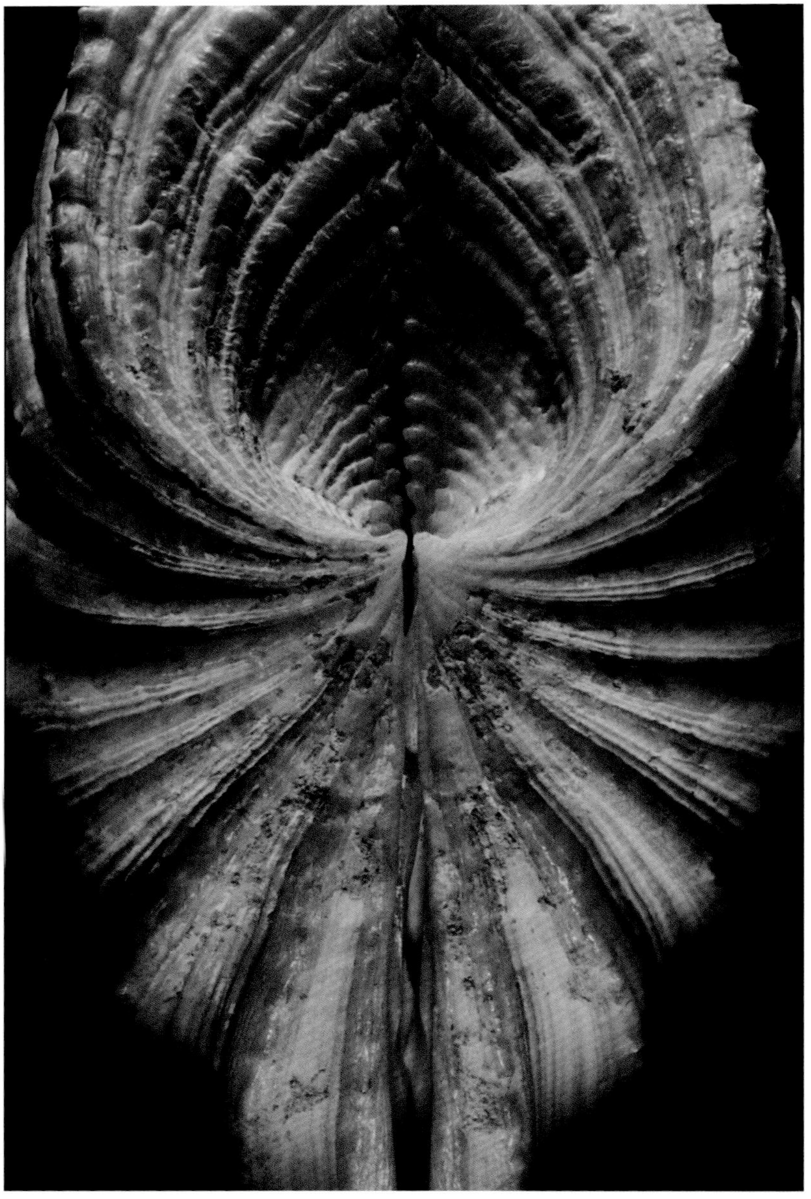

28–31

Pedro Meyer (1935–)

Untitled	Sin título
1980	1980
Jewels of the Atlantic series	*Joyas del Atlántico* serie
Gelatin silver prints	Gelatinas de plata

21.4 × 14.3 cm (8 7/16 × 5 5/8 in.), 2023.136.3
14.4 × 21.4 cm (5 11/16 × 8 7/16 in.), 2023.136.6
14.5 × 21.5 cm (5 11/16 × 8 7/16 in.), 2023.136.5
14.5 × 21.8 cm (5 11/16 × 8 9/16 in.), 2023.136.1

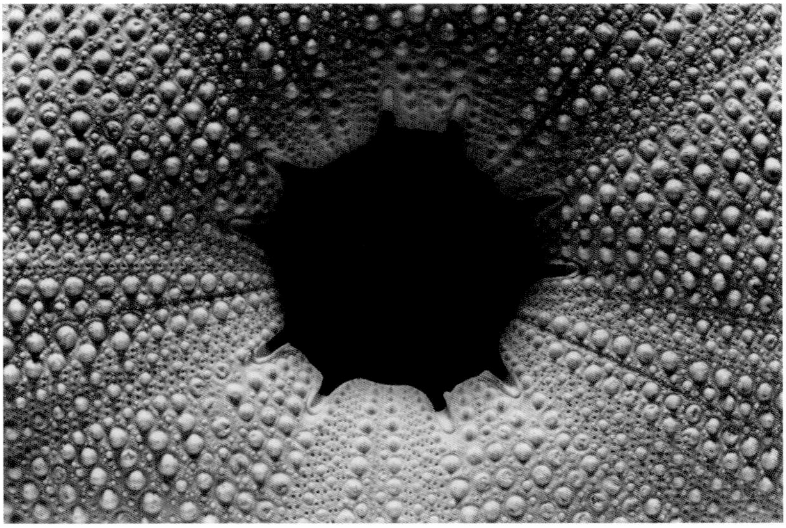

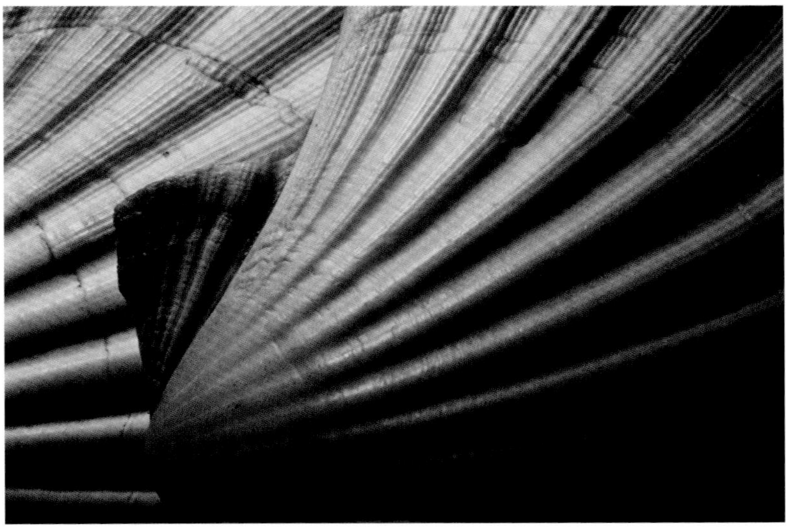

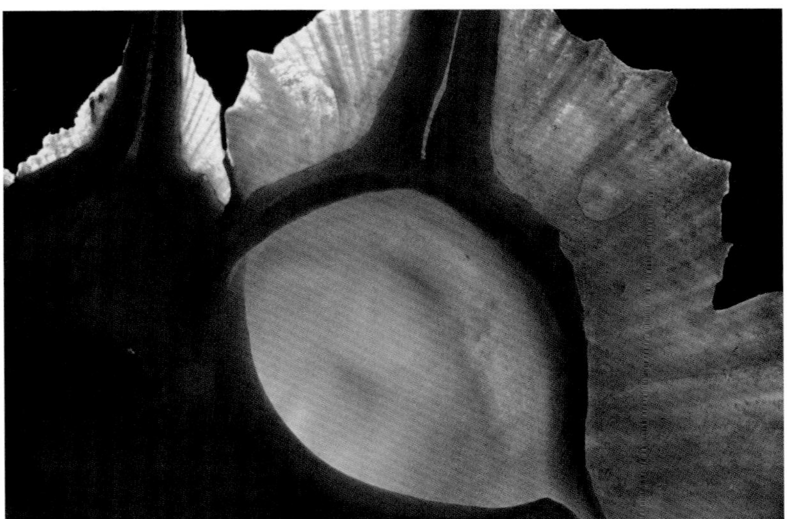

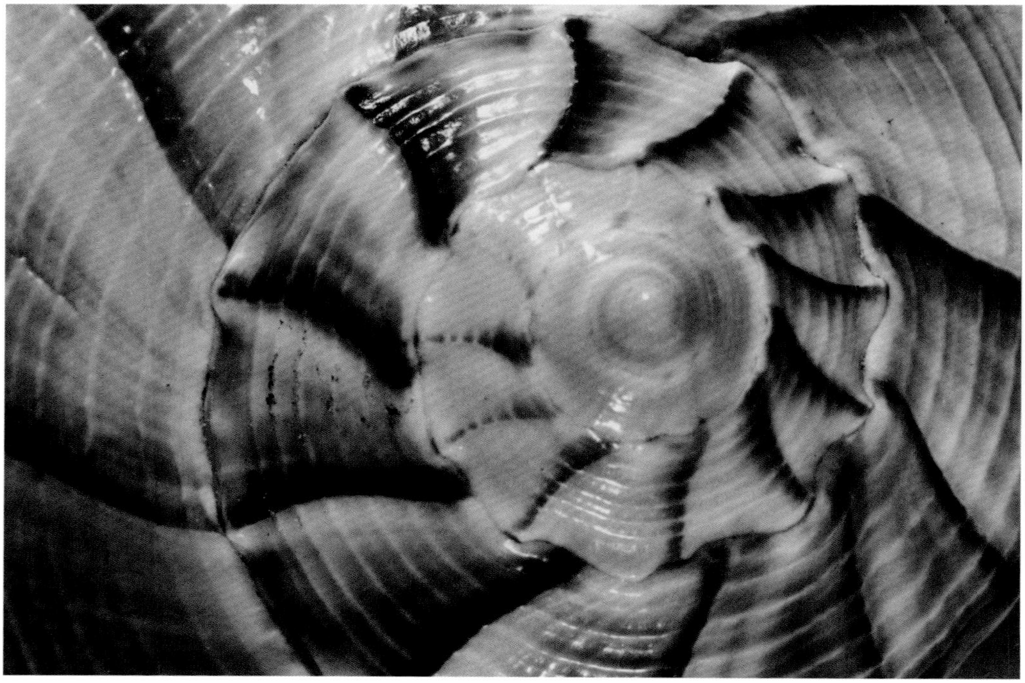

32

Pedro Meyer (1935–)

Untitled	Sin título
1980	1980
Jewels of the Atlantic series	*Joyas del Atlántico* serie
Gelatin silver print	Gelatina de plata

14.5 × 21.7 cm (5 11⁄16 × 8 9⁄16 in.)
2023.136.2

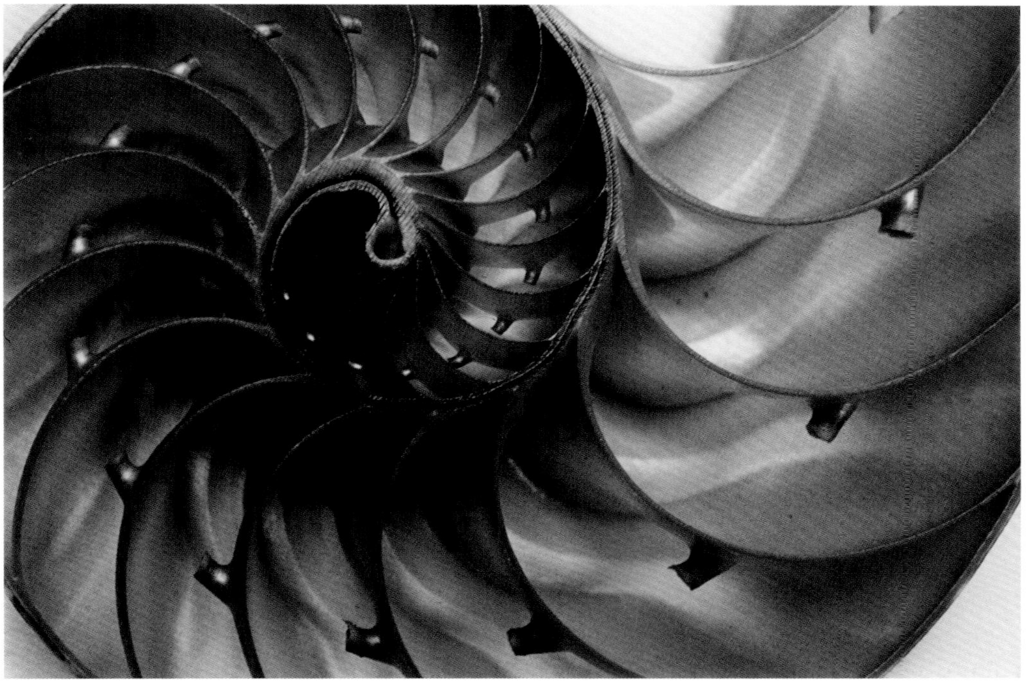

33

Pedro Meyer (1935–)

Untitled	Sin título
1980	1980
Jewels of the Atlantic series	*Joyas del Atlántico* serie
Gelatin silver print	Gelatina de plata

20.3 × 25.4 cm (8 × 10 in.)
2023.136.4

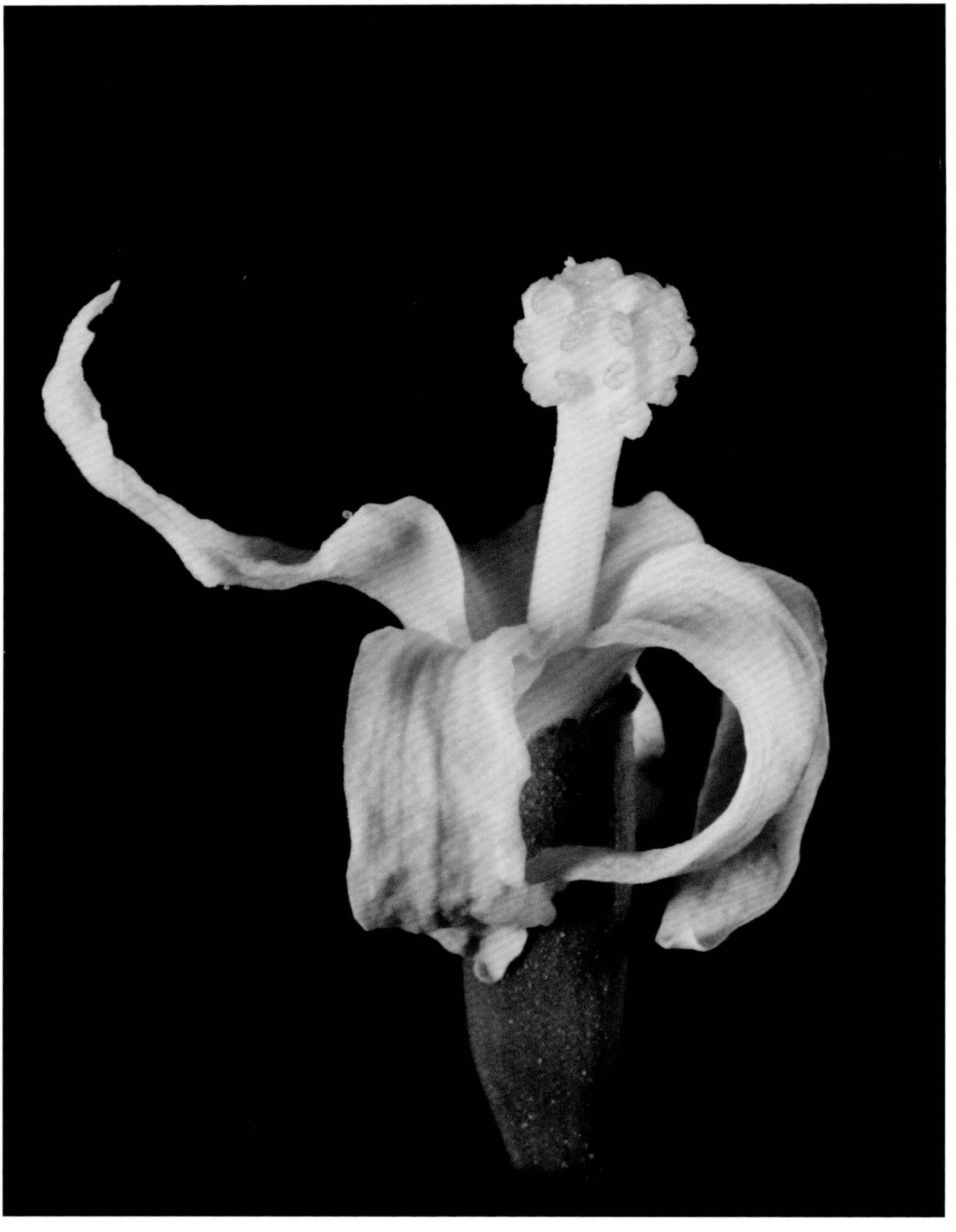

34

Cecilia Salcedo Méndez (1957–)

Little Cocoa Rose. Quararibea funebris.	*Rosita de cacao. Quararibea funebris.*
2007	2007
The Thorn and the Fruit series	*La espina y el fruto* serie
Gelatin silver print	Gelatina de plata

27.3 × 21.1 cm (10¾ × 8 5⁄16 in.)
2023.142.5

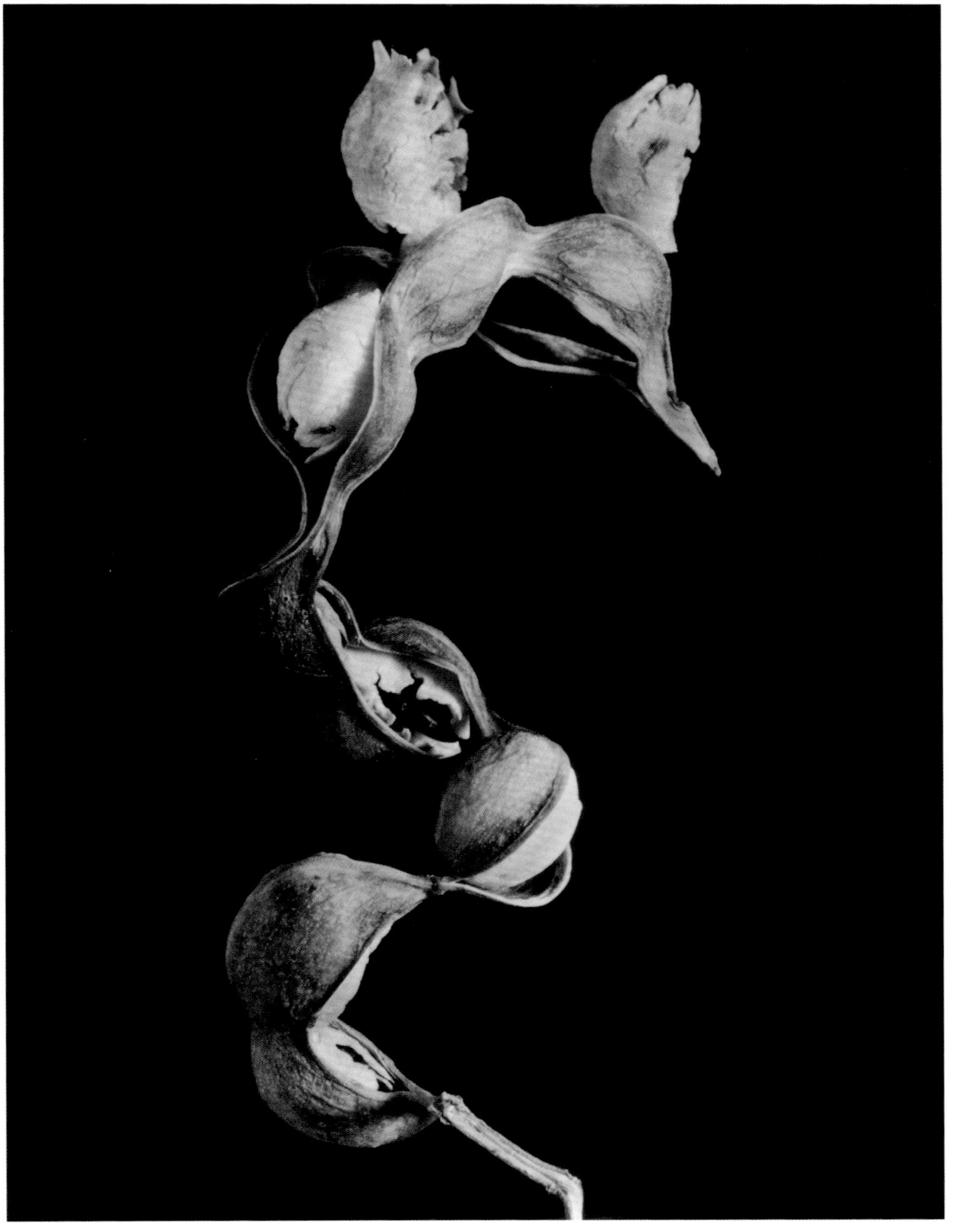

35

Cecilia Salcedo Méndez (1957–)

Guamúchil. Pithecellobium dulce.	*Guamúchil. Pithecellobium dulce.*
2007	2007
The Thorn and the Fruit series	*La espina y el fruto* serie
Gelatin silver print	Gelatina de plata

27.3 × 20.8 cm (10¾ × 8$^{3}/_{16}$ in.)
2023.142.3

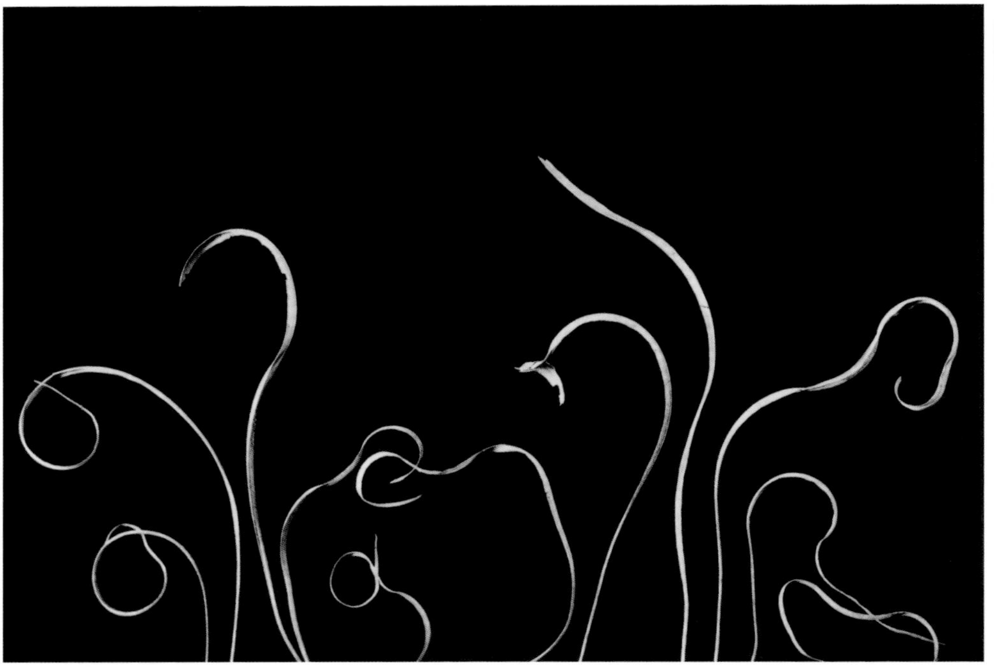

36

Cecilia Salcedo Méndez (1957–)

Palo de agua. Astianthus viminalis.	*Palo de agua. Astianthus viminalis.*
2007	2007
The Thorn and the Fruit series	*La espina y el fruto* serie
Gelatin silver print	Gelatina de plata

18 × 26.7 cm (7 1/16 × 10 1/2 in.)
2023.142.7

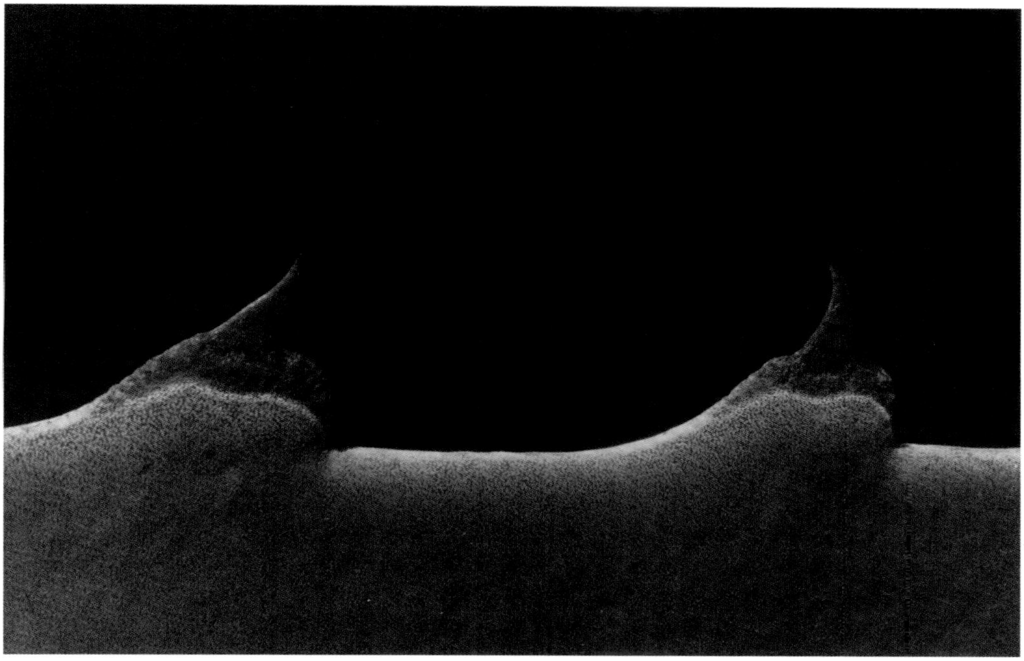

37

Cecilia Salcedo Méndez (1957–)

Maguey pulquero. Agave salmiana.	*Maguey pulquero. Agave salmiana.*
2007	2007
The Thorn and the Fruit series	*La espina y el fruto* serie
Gelatin silver print	Gelatina de plata

19.3 × 30.5 cm (7⅝ × 12 in.)
2023.142.6

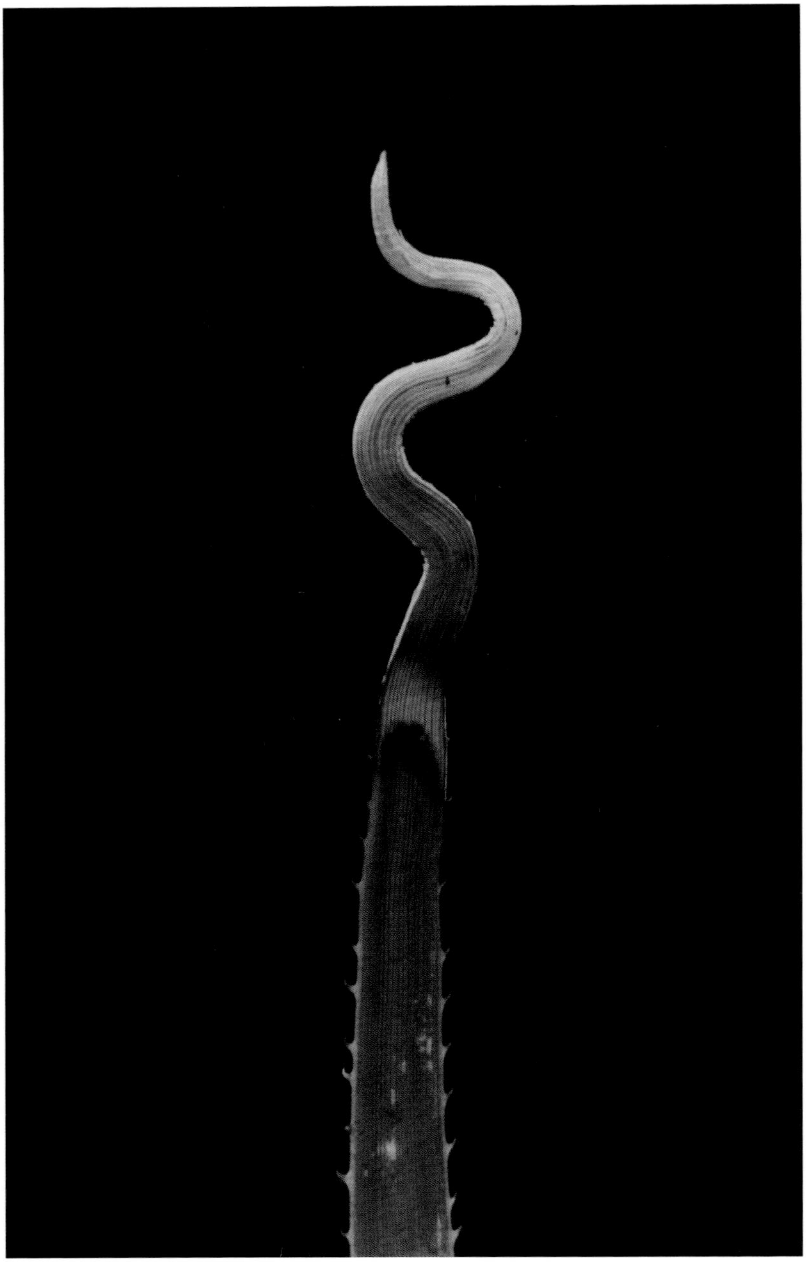

38

Cecilia Salcedo Méndez (1957–)

Cucharilla, sotol. Dasylirion spp.	*Cucharilla, sotol. Dasylirion spp.*
2007	2007
The Thorn and the Fruit series	*La espina y el fruto* serie
Gelatin silver print	Gelatina de plata

30.3 × 19.2 cm (11 15/16 × 7 9/16 in.)
2023.142.4

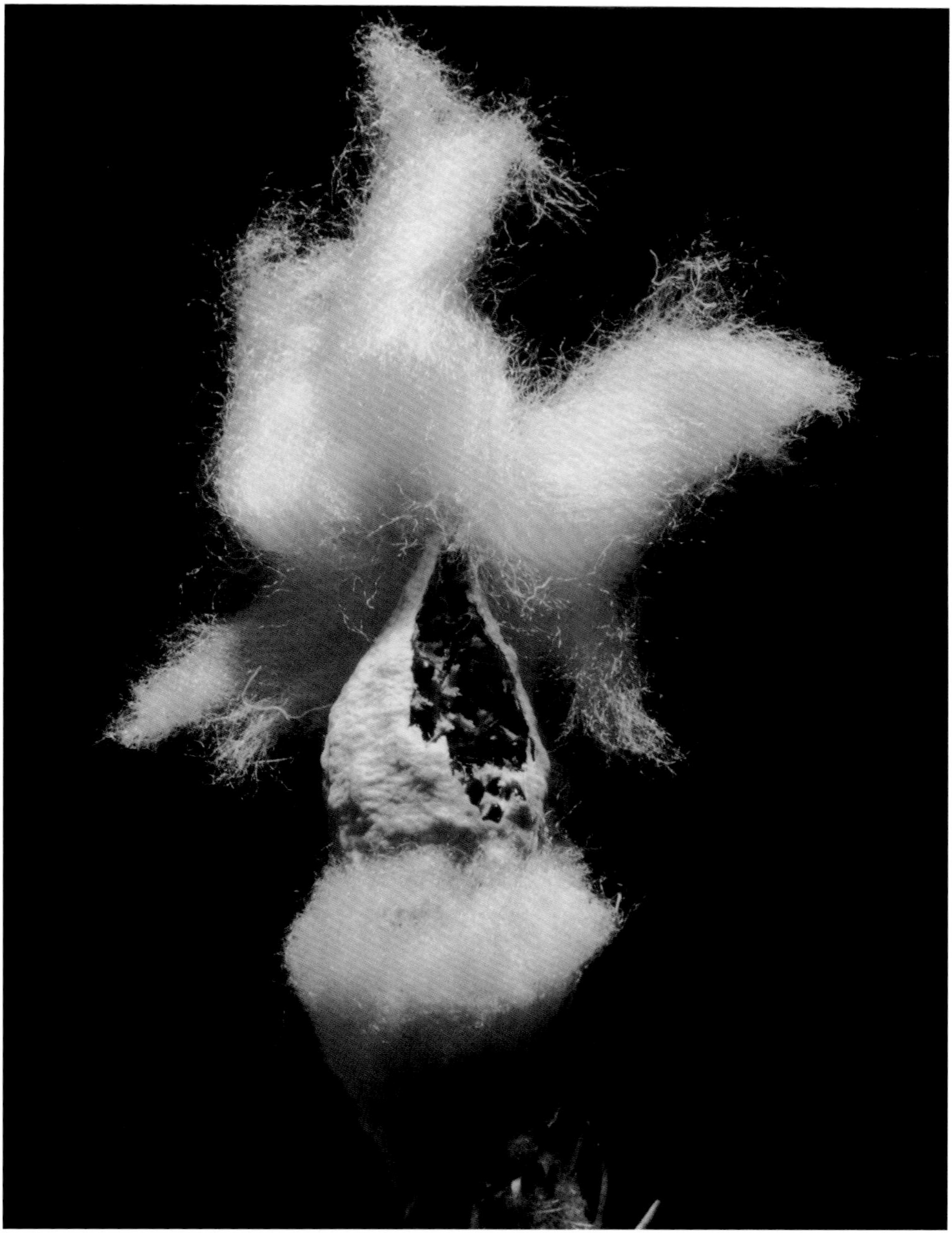

39

Cecilia Salcedo Méndez (1957–)

Biznaga burra. Echinocactus platyacanthus.	*Biznaga burra. Echinocactus platyacanthus.*
2007	2007
The Thorn and the Fruit series	*La espina y el fruto* serie
Gelatin silver print	Gelatina de plata

27.2 × 21 cm (10 11⁄16 × 8 3⁄4 in.)
2023.142.2

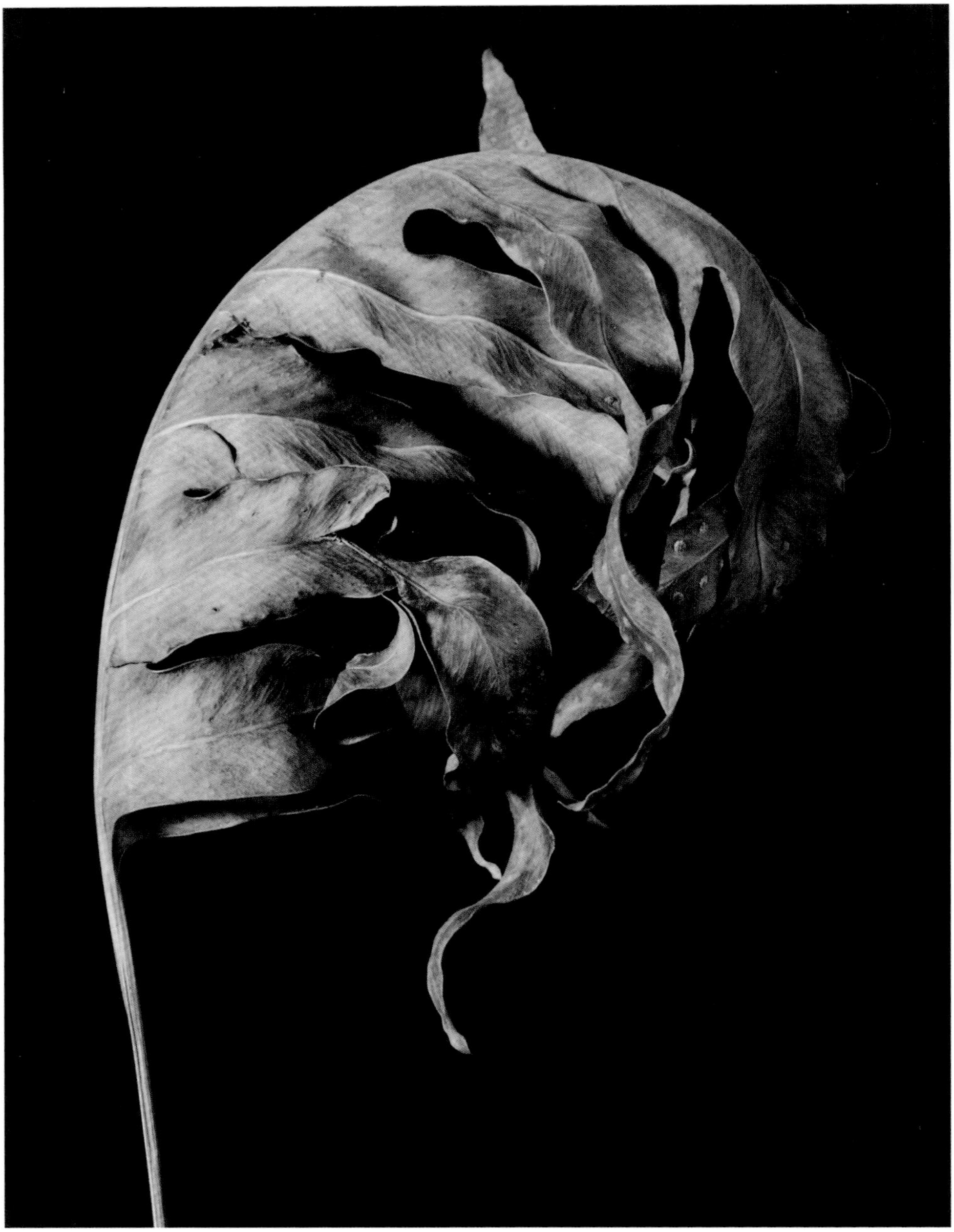

40

Cecilia Salcedo Méndez (1957–)

Fern. Phlebodium sp.	*Helecho. Phlebodium sp.*
2007	2007
The Thorn and the Fruit series	*La espina y el fruto* serie
Gelatin silver print	Gelatina de plata

27.3 × 20.8 cm (10¾ × 8$\frac{3}{16}$ in.)
2023.142.8

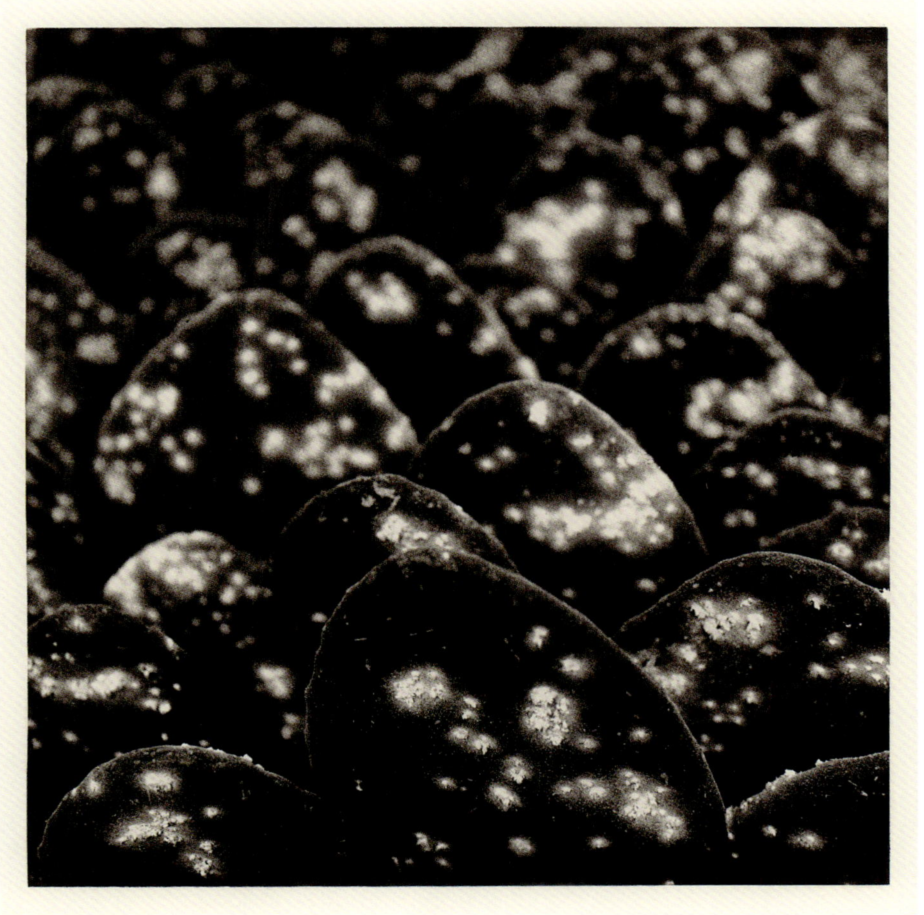

41

Graciela Iturbide (1942–)

Botanical Garden	*Jardín botánico*
2002	2002
From the portfolio *Ti lé / El jardín / The Garden*	Del portafolio *Ti lé / El jardín / The Garden*
Photogravure	Fotograbado

35 × 35.3 cm (13¾ × 13⅞ in.)
2007.65.38.5

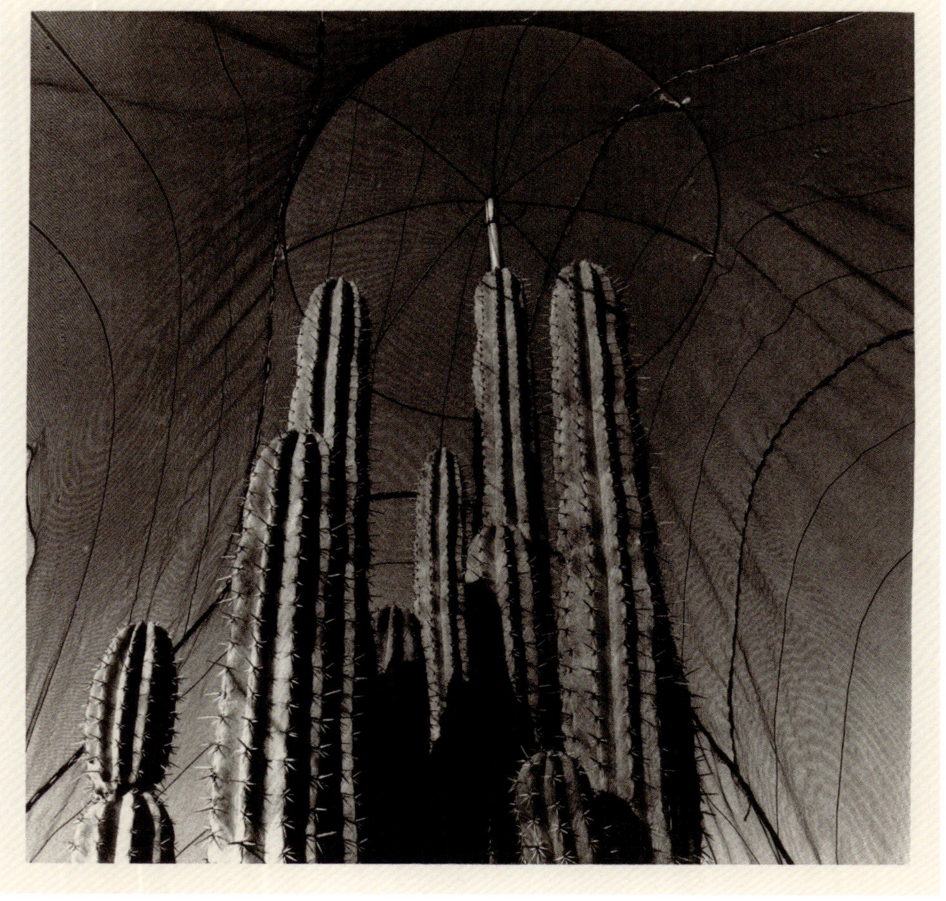

42

Graciela Iturbide (1942–)

Botanical Garden	*Jardín botánico*
2002	2002
From the portfolio *Ti lé / El jardín / The Garden*	Del portafolio *Ti lé / El jardín / The Garden*
Photogravure	Fotograbado

34 × 35 cm (13⅜ × 13¾ in.)
2007.65.38.2

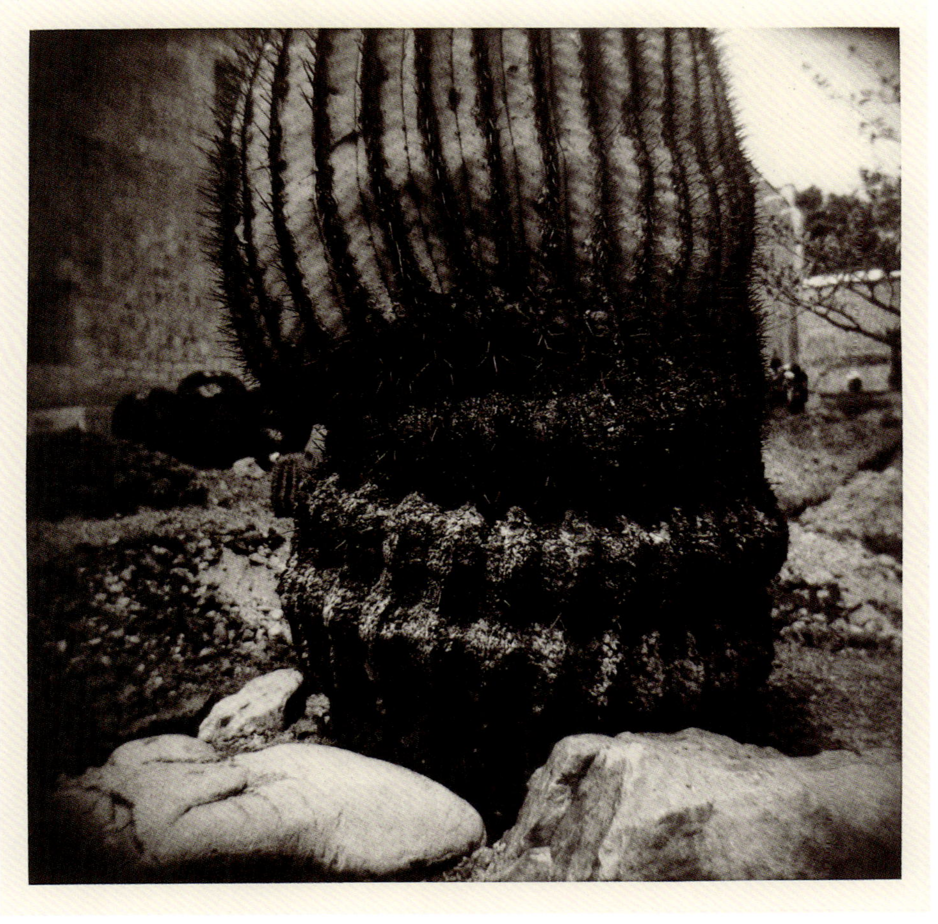

43

Graciela Iturbide (1942–)

Botanical Garden	*Jardín botánico*
2002	2002
From the portfolio *Ti lé / El jardín / The Garden*	Del portafolio *Ti lé / El jardín / The Garden*
Photogravure	Fotograbado

35.1 × 35.6 cm (13 13/16 × 14 in.)
2007.65.38.3

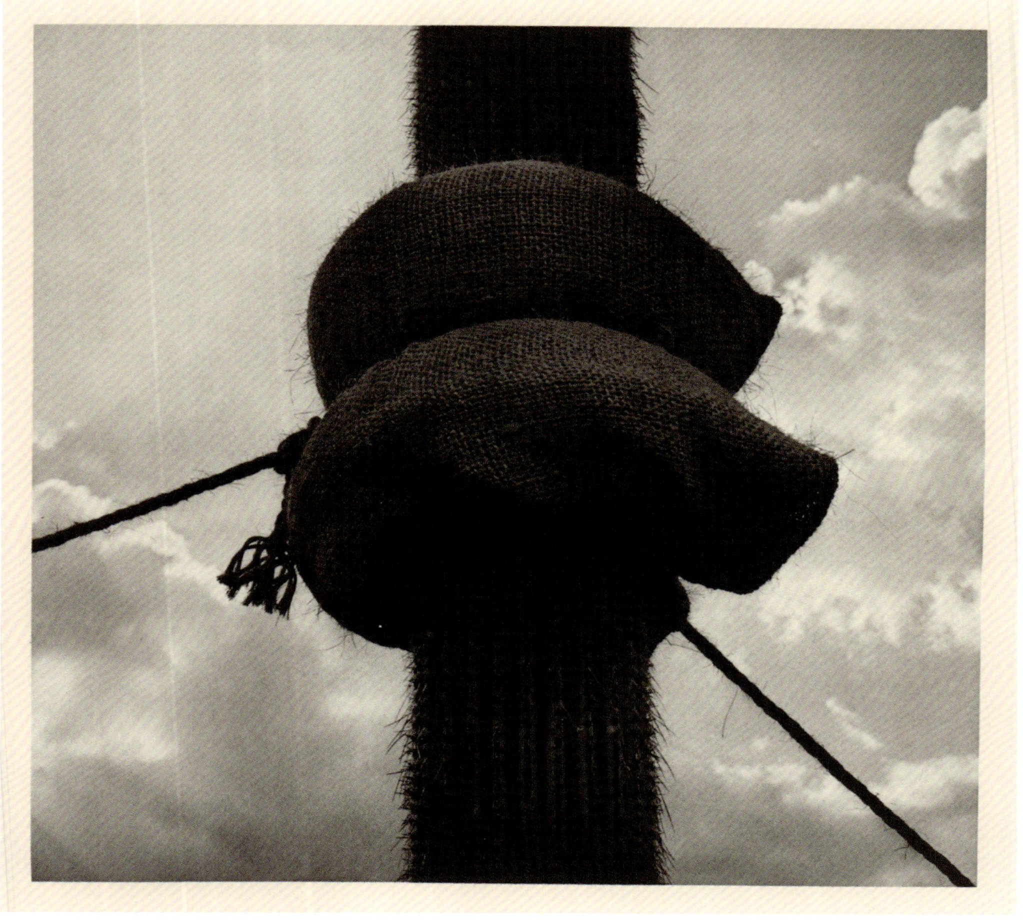

44

Graciela Iturbide (1942–)

Botanical Garden	*Jardín botánico*
2002	2002
From the portfolio *Ti lé / El jardín / The Garden*	Del portafolio *Ti lé / El jardín / The Garden*
Photogravure	Fotograbado

32.7 × 35.7 cm (12⅞ × 14 1/16 in.)
2007.65.38.1

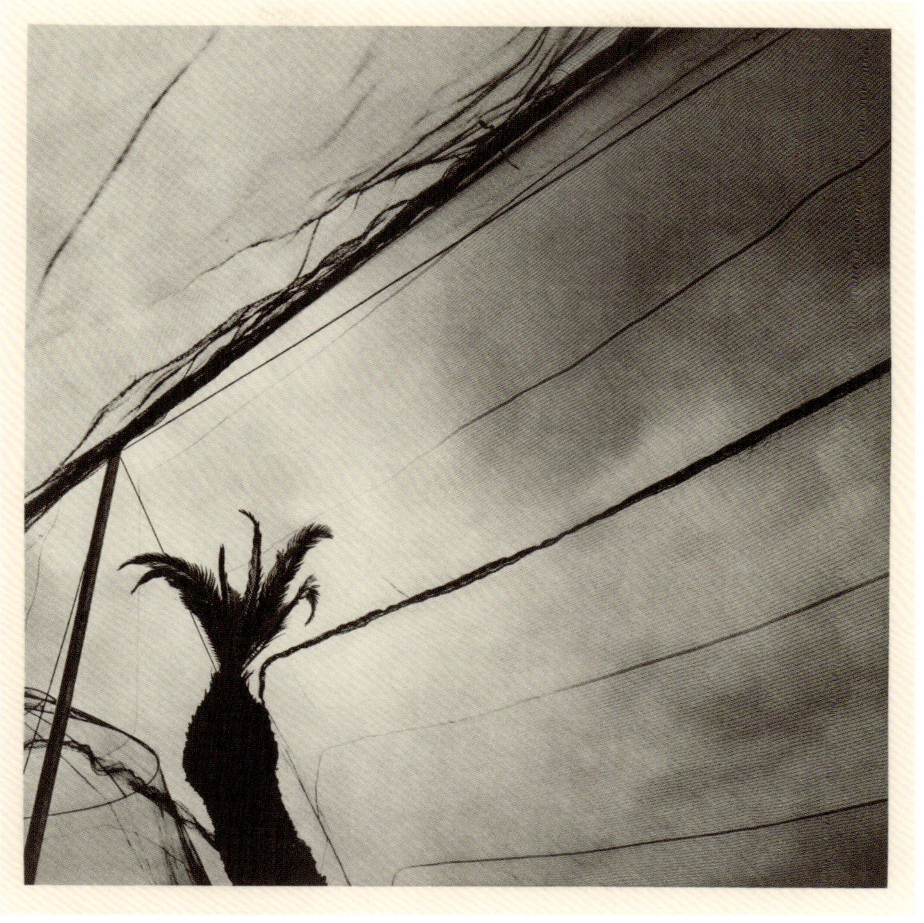

45

Graciela Iturbide (1942–)

Botanical Garden	*Jardín botánico*
2002	2002
From the portfolio *Ti lé / El jardín / The Garden*	Del portafolio *Ti lé / El jardín / The Garden*
Photogravure	Fotograbado

33 × 35.9 cm (13 × 14⅛ in.)
2007.65.38.4

LENS OF REVELATIONS

Photography works within a broad scope of possibilities, ranging from the supposedly documentary record to the total re-signification of our environs. The images in this section are situated in the ambiguous space between these two poles. By presenting fragments of realities, they create enigmas and imaginary scenarios.

As Manuel Álvarez Bravo's career progressed, his oeuvre evolved toward a more complex and symbolic photographic language[1]—that is, toward an aesthetic intention that the renowned Mexican painter Diego Rivera defined as "photo-poetry."[2] This photo-poetry draws from its surroundings in order to create—by shifting or re-signifying its subject matter—another space, another commentary, other possible interpretations.

Looking at the photographs in this section, we can appreciate how this approach runs through Álvarez Bravo's entire production. Employing a critical gaze characterized by irony, play, or subtext, he proposes new ways of seeing. At the very beginning of his career, in the late 1920s, he assembled the staging for *Sand and Little Pine Trees* (plate 46) at the foot of a window, using everyday elements—a small mountain of sand and a few pine branches—to fashion what he described as an "invented reality."[3] What at first glance looks like a landscape is actually a small-scale model, hinted at by the sliver of window sill at the top right of the photograph. Made some seventy years later, around 1994, *You Don't See* (plate 65) challenges us once again with a perplexing image: What to make of this disembodied sculpture head with wires wrapped around its eyes, serving as a flowerpot? How did this anthropomorphic representation get here? Is it suffering? That we ask ourselves what exactly we are seeing was always Álvarez Bravo's intention.

Precisely because of this strategy of omitting context in order to reveal the absurdity and poetry of life, Álvarez Bravo's works have often been interpreted as Surrealist.[4] While the relationship between documentary and Surrealist photography is extremely complex, it is particularly paradoxical in the case of Mexico.[5] The works of Álvarez Bravo and of other Mexican artists, such as Frida Kahlo, were labeled Surrealist when "discovered" by members of the European branch of the movement—yet another example of the Eurocentric tendency to impose terms without regard for a locale's particular historical circumstances or artistic and cultural dynamics.[6]

As one of the heirs of the "Álvarez Bravo gaze" that points out the uncanny, Graciela Iturbide often follows a similar strategy in her work: Seemingly quotidian circumstances are highlighted,

LENTE DE REVELACIONES

La fotografía opera dentro de un amplio espectro de posibilidades comprendidas entre el supuesto registro documental hasta la resignificación total de nuestro entorno. Las imágenes de esta sección se sitúan en el ambiguo espacio entre estos dos polos. Al presentar fragmentos de realidades, crean incógnitas y escenarios imaginarios.

A medida que fue avanzando la carrera de Manuel Álvarez Bravo, su obra fue desplazándose hacia un lenguaje fotográfico más complejo y simbólico,[1] es decir, hacia una intención estética que el renombrado pintor mexicano Diego Rivera definió como "fotopoesía."[2] Esta fotopoética parte del entorno circundante para, a través del desplazamiento o la resignificación de las formas y los individuos, generar otro espacio, otro comentario, otras posibles interpretaciones.

Al observar las fotografías de esta sección, podemos apreciar cómo este recurso atravesó por completo la producción de Álvarez Bravo. Empleando una mirada crítica caracterizada por la ironía, el juego o el subtexto, propuso nuevas formas de ver. Al comienzo de su carrera, a finales de la década de 1920, armó la puesta en escena de *Arena y pinitos* (lámina 46) al pie de una ventana en la cual, utilizando elementos cotidianos —una pequeña montaña de arena y algunas ramas de pino—, creó lo que él describió como una "realidad inventada."[3] Lo que a primera vista parece un paisaje es en realidad una maqueta a pequeña escala, como sugiere el fragmento del alféizar de la ventana que se puede apreciar en la parte superior derecha de la fotografía. Realizada unos setenta años después, alrededor de 1994, *No ves* (lámina 65) propone una imagen desconcertante que nos desafía una vez más. ¿Qué pensar de esta cabeza de estatua usada como maceta y atada a un desaliñado cantero con alambres que cruzan sus ojos? ¿Cómo llegó allí esta representación antropomórfica? ¿Está sufriendo? Que nos preguntemos qué estamos exactamente viendo fue siempre el propósito de Álvarez Bravo.

Justamente debido a esta estrategia de omitir el contexto para revelar lo absurdo y lo poético de lo que nos rodea, las obras de Álvarez Bravo se han interpretado a menudo como surrealistas.[4] Si bien la relación entre la fotografía documental y la surrealista es compleja, resulta especialmente paradójica en el caso de México.[5] Las obras de Álvarez Bravo y de otros artistas mexicanos, como Frida Kahlo, fueron etiquetadas como surrealistas a partir de su "descubrimiento" por miembros de

removed from context, and proffered to the viewer, prompting questions. This practice is evident in Iturbide's well-known photograph *Our Lady of the Iguanas* (plate 70), a portrait of a woman selling iguanas at a Juchitán market that is transformed into a vernacular sacred image by the title given to it by the photographer. Also taken in Juchitán, a Oaxacan city infused with Zapotec traditions, *Iguanas* (plate 71) reflects the cultural and culinary importance of iguanas to the Zapotec people. In a complementary yet opposite view from the previous image, we see the extremities of these beings: the tails of iguanas and the foot of a woman.[7]

Lola Álvarez Bravo similarly captured peculiar scenes that are part of everyday life in Mexico but that an outsider might consider surreal, like in *The Abandoned One* (plate 76) and *Destiny Haunts You* (plate 77), which create a disorienting effect by showing juxtaposed elements from different eras. In *In Her Own Prison* (plate 78), a woman leans out of a window with a dead bird at her side, both trapped under the projected shadow of a lattice. This metaphor of a woman at home, looking outside but contained by a symbolic force that prevents her from leaving, recalls the marital situation that Álvarez Bravo herself escaped from when she divorced in 1934.

The photographs included in this section raise more questions than they answer. *The Waiting Time* (plate 87), taken by Flor Garduño during her first years as a photographer, depicts a cryptic open concrete space surrounded by mountains. A large bird sits poised above the scene. As the title suggests, the bird is waiting, but we are not quite sure for what. When Héctor García saw Garduño's photograph in a student exhibition, he told her, "Congratulations, you have photographed the wind."[8] The best photographs conjure something beyond what is visually represented.

la rama europea del movimiento, en un ejemplo más de cómo opera la imposición de términos propios y el desconocimiento de los particularismos de las historias y dinámicas locales del arte y la cultura.[6]

Como heredera de la mirada "brava" que señala lo extraño, Graciela Iturbide despliega una estrategia similar en gran parte de su producción: imágenes que habitan nuestra misma existencia son encontradas, recortadas y puestas delante nuestro, suscitando preguntas. Esta práctica es evidente en la reconocida fotografía de Iturbide *Nuestra Señora de las Iguanas* (lámina 70), el retrato de una mujer que vende iguanas en un mercado de Juchitán, reconvertido en una imagen sagrada popular gracias al título que le dio la fotógrafa. También tomada en Juchitán, una ciudad oaxaqueña atravesada por las tradiciones zapotecas, *Iguanas* (lámina 71) refleja la importancia cultural y culinaria de estos animales para el pueblo zapoteco. En una visión complementaria pero opuesta a la imagen anterior, vemos las extremidades de estos seres: las colas de las iguanas y el pie de una mujer.[7]

De igual modo, Lola Álvarez Bravo también supo encontrar estas escenas, que en México se mueven dentro de lo cotidiano, pero que la mirada ajena podría catalogar como surreal, como en *El abandonado* (lámina 76) y *El destino te persigue* (lámina 77), las cuales crean un efecto desorientador al mostrar elementos yuxtapuestos de diferentes épocas. *En su propia cárcel* (lámina 78) nos muestra una mujer que asoma por una ventana con un ave muerta a su lado, ambas atrapadas bajo la sombra de una reja proyectada sobre ellas. Esta metáfora de una mujer en su casa mirando hacia el exterior, pero contenida por una fuerza simbólica que le impide salir, recuerda aquella situación marital de la que había escapado Lola al divorciarse en 1934.

Las fotografías incluidas en esta sección proponen más preguntas que respuestas. *La espera* (lámina 87), tomada por Flor Garduño durante sus primeros años como fotógrafa, muestra un críptico espacio abierto de concreto rodeado por montañas. Un gran pájaro se posa sobre la escena. Como sugiere el título, el ave está esperando, pero no sabemos muy bien qué. Cuando Héctor García vio esta fotografía en una exposición de estudiantes le dijo a Garduño, "Felicitaciones, fotografiaste el viento,"[8] porque las mejores fotografías siempre evocan algo más allá de lo que está visualmente representado.

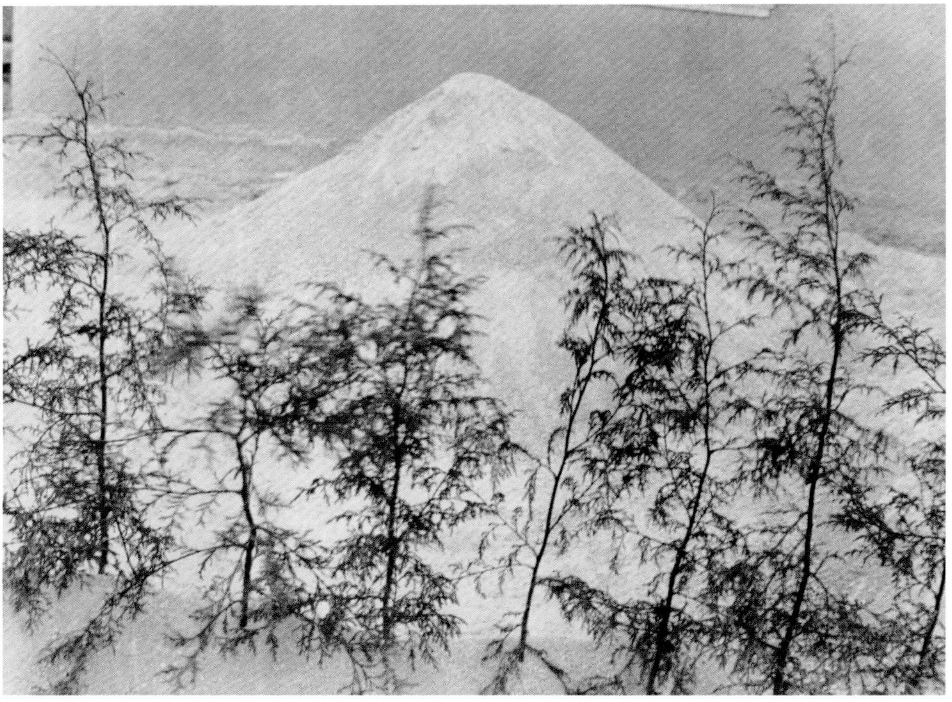

46

Manuel Álvarez Bravo (1902–2002)

Sand and Little Pine Trees	*Arena y pinitos*
Late 1920s	Finales de la década de 1920
Gelatin silver print	Gelatina de plata

17.6 × 24.3 cm (6 15/16 × 9 9/16 in.)
2021.114.21

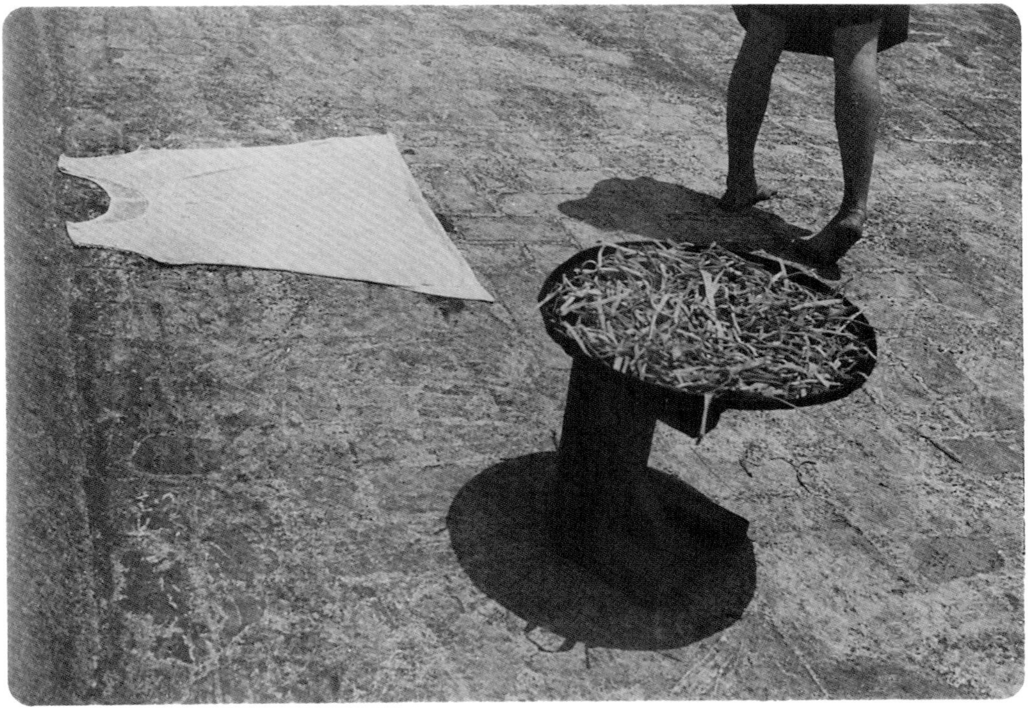

47

Manuel Álvarez Bravo (1902–2002)

A Little Cheerful and Funny	*Un poco alegre y graciosa*
Negative, 1942; printed later, probably 1970s	Negativo, 1942; copia posterior, probablemente década de 1970
Platinum and palladium print	Platino-paladio

15.5 × 22.8 cm (6 ⅛ × 9 in.)
2008.88.7

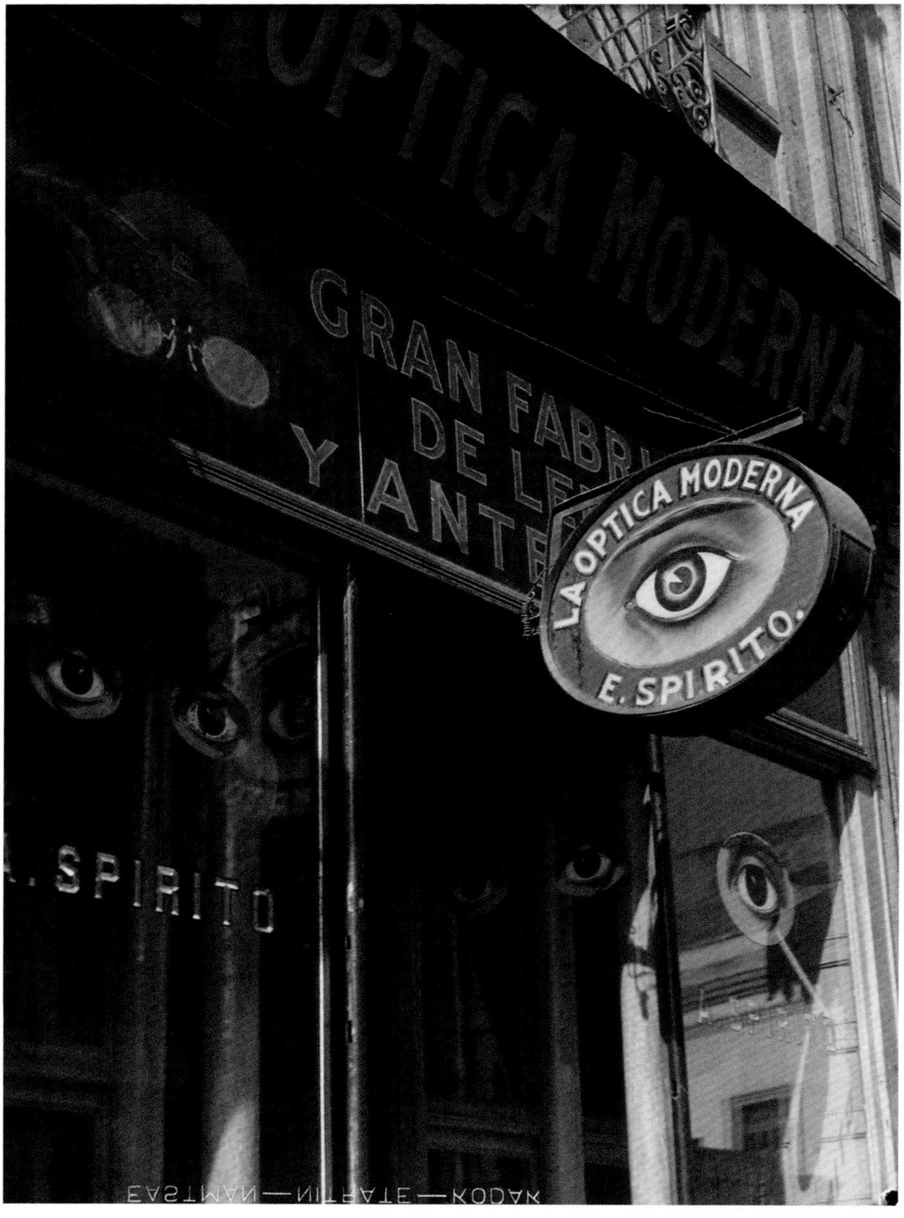

48

Manuel Álvarez Bravo (1902–2002)

Optical Parable	*Parábola óptica*
Negative, 1931; printed later, probably 1970s	Negativo, 1931; copia posterior, probablemente década de 1970
Gelatin silver print	Gelatina de plata

Irregular: 25 × 18.7 cm (9 13/16 × 7 3/8 in.)
2008.88.2

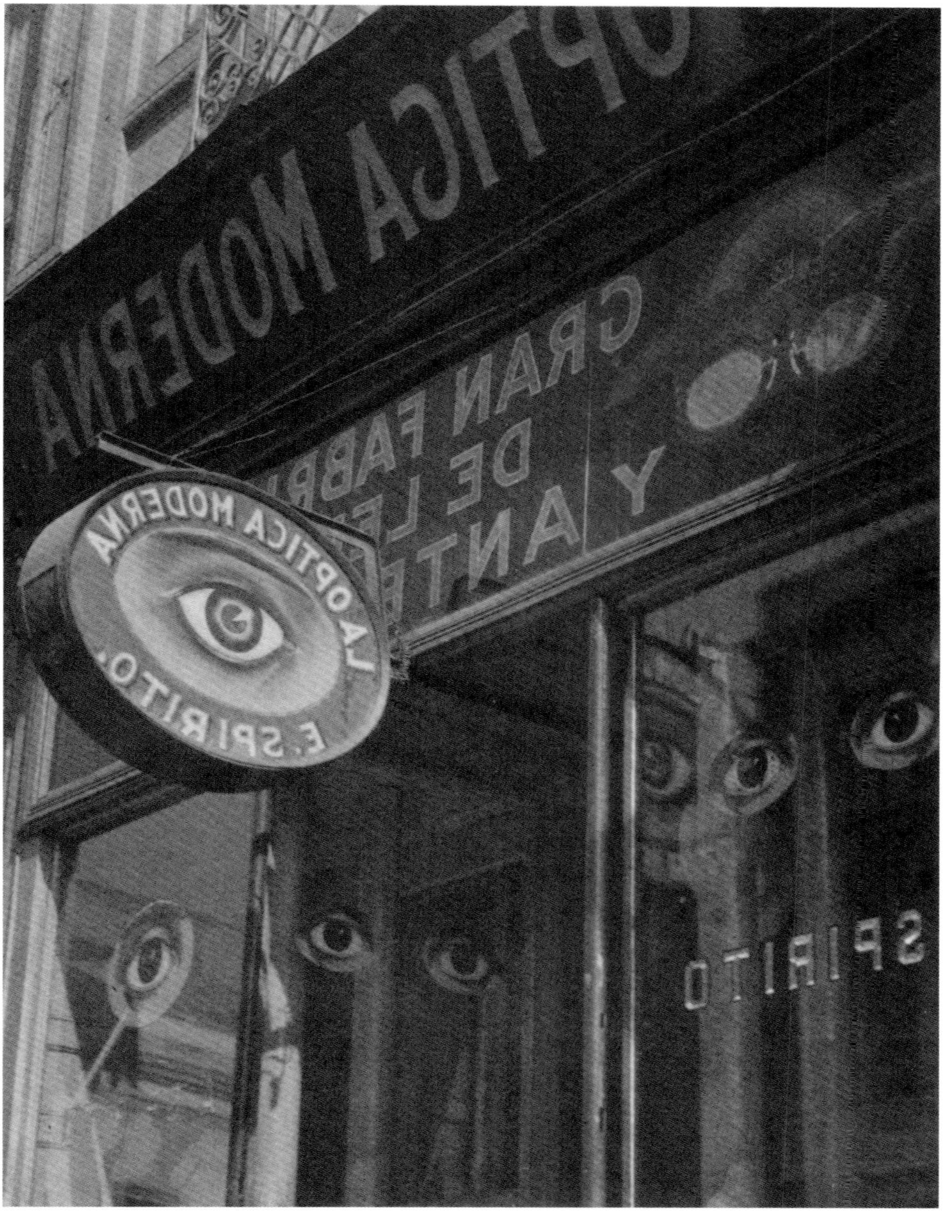

49

Manuel Álvarez Bravo (1902–2002)

Optical Parable
Negative, 1931; print, late 1970s
Platinum print

Parábola óptica
Negativo, 1931; copia, finales de la década de 1970
Platinotipo

24.5 × 19.2 cm (9⅝ × 7$\frac{9}{16}$ in.)
2008.88.1

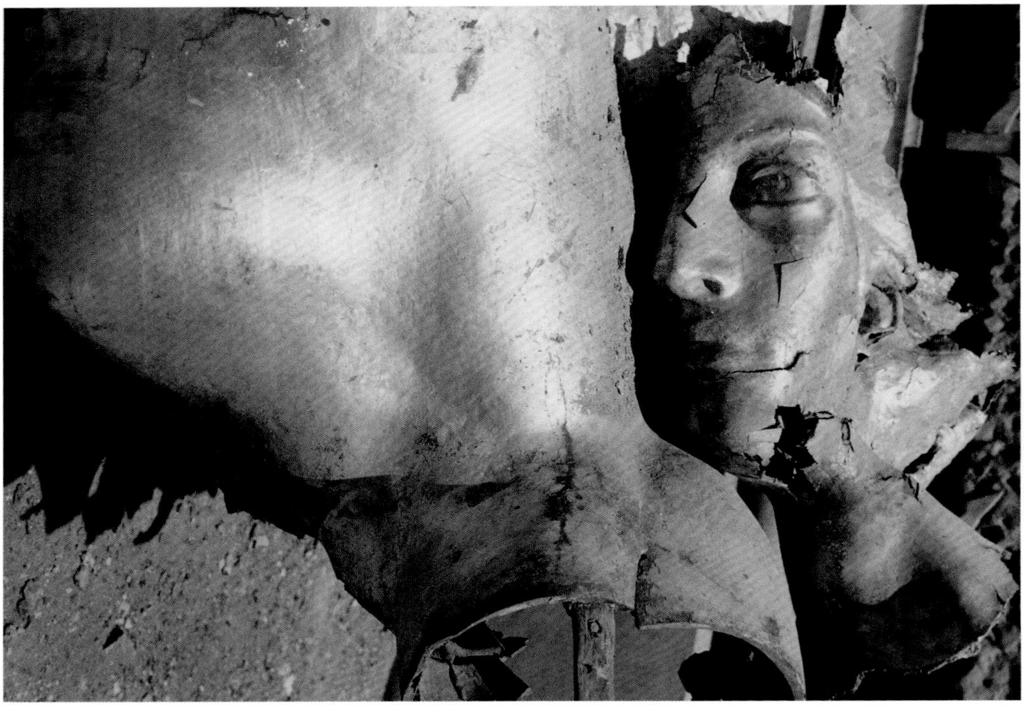

50

Manuel Álvarez Bravo (1902–2002)

Angel of the Earthquake I	*Ángel del temblor I*
Negative, 1957; print, 1970s	Negativo, 1957; copia, década de 1970
Gelatin silver print	Gelatina de plata

16.7 × 24.3 cm (6 $\frac{9}{16}$ × 9 $\frac{9}{16}$ in.)
2009.111.33

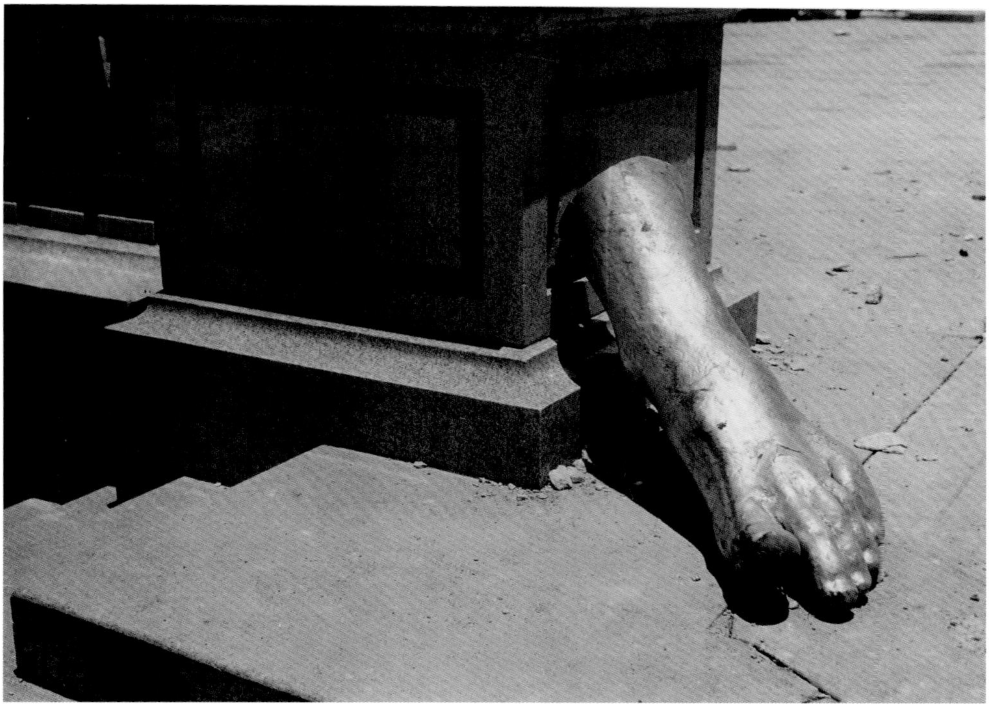

51

Manuel Álvarez Bravo (1902–2002)

Angel of the Earthquake II	*Ángel del temblor II*
1957	1957
Gelatin silver print	Gelatina de plata

17.3 × 24.4 cm (6 13/16 × 9 5/8 in.)
2009.111.7

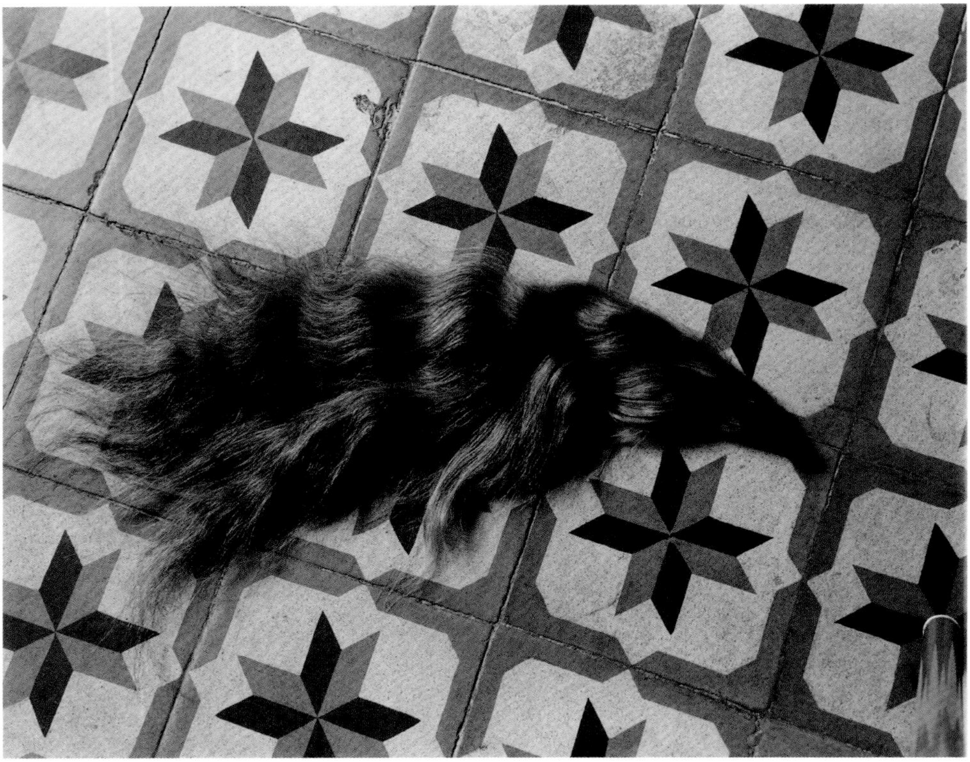

52

Manuel Álvarez Bravo (1902–2002)

Lock of Hair	*Mechón*
Negative, 1940s; print, late 1990s	Negativo, década de 1940; copia, finales de la década de 1990
Gelatin silver print	Gelatina de plata

18.4 × 23.4 cm (7 ¼ × 9 ³⁄₁₆ in.)
2000.75.8

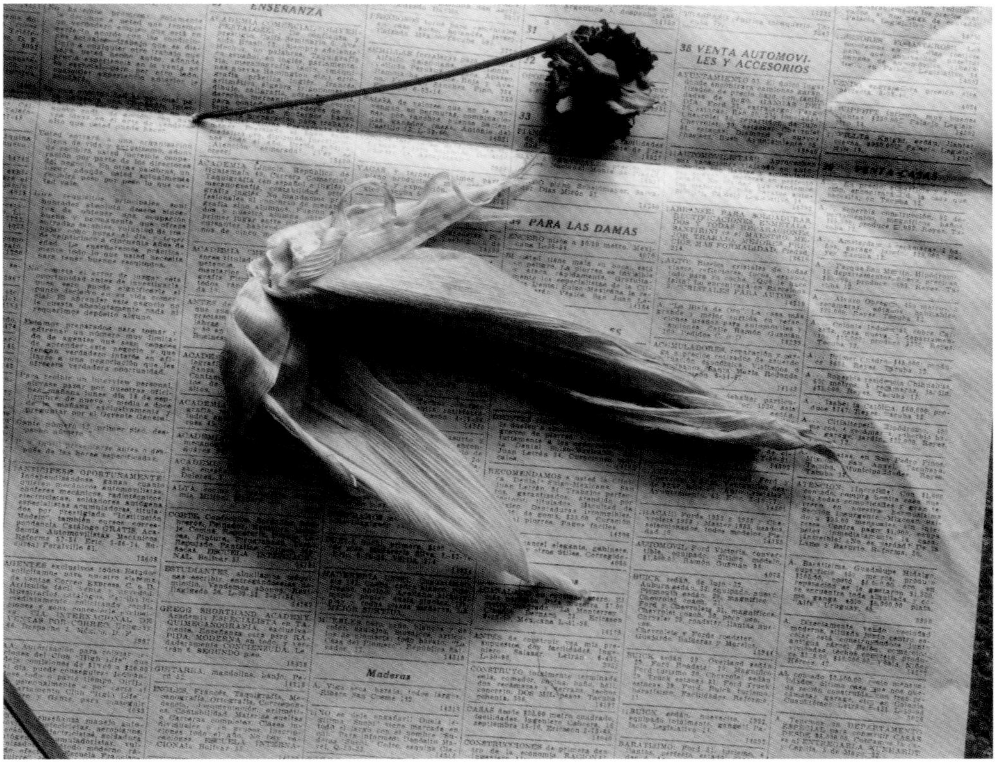

53

Manuel Álvarez Bravo (1902–2002)

On Top of the Newspaper	*Sobre el periódico*
Negative, ca. 1935; printed later, probably 1990s	Negativo, ca. 1935; copia posterior, probablemente década de 1990
Gelatin silver print	Gelatina de plata

17.9 × 23.7 cm (7 1/16 × 9 5/16 in.)
2009.111.44

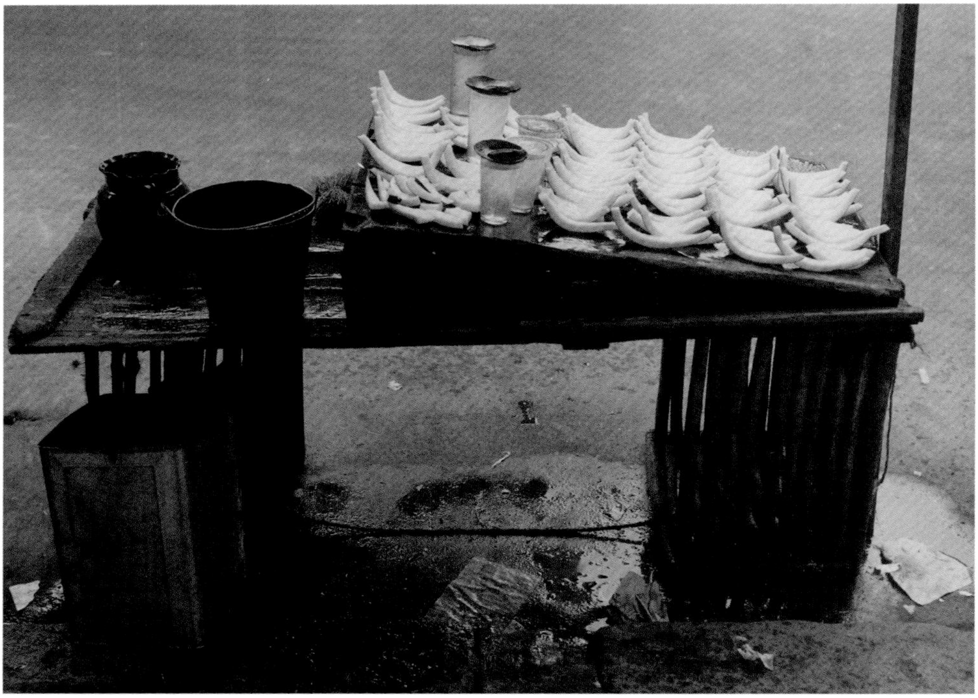

54

Manuel Álvarez Bravo (1902–2002)

Coconut Stand	*Puesto de cocos*
Negative, 1940s;	Negativo, década de 1940;
print, 1980s	copia, década de 1980
Gelatin silver print	Gelatina de plata

17.5 × 24.4 cm (6⅞ × 9⅝ in.)
2009.111.1

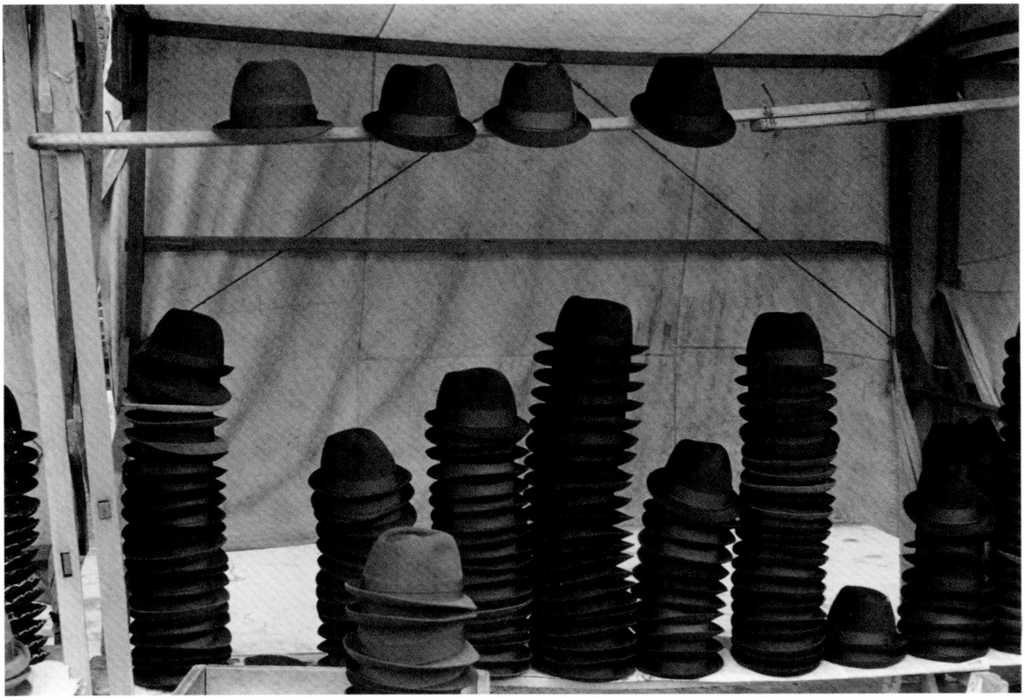

55

Manuel Álvarez Bravo (1902–2002)

Hats	*Sombreros*
1984	1984
Gelatin silver print	Gelatina de plata

16.5 × 24.1 cm (6½ × 9½ in.)
2003.507.53

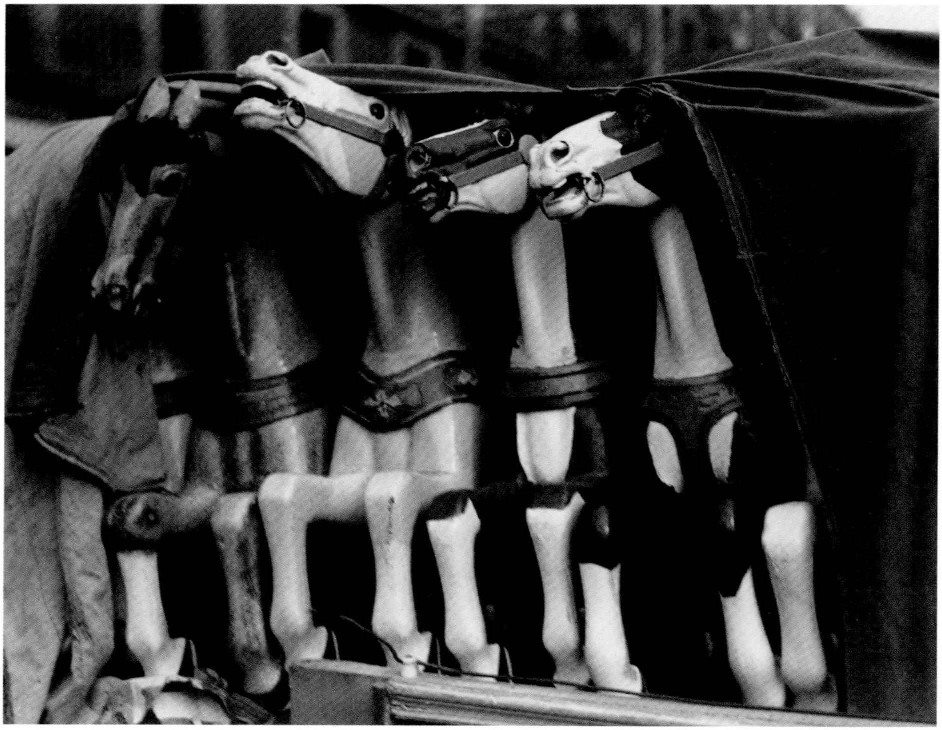

56

Manuel Álvarez Bravo (1902–2002)

The Obstacles	*Los obstáculos*
Negative, 1929; printed later, probably 1970s	Negativo, 1929; copia posterior, probablemente década de 1970
Gelatin silver print	Gelatina de plata

18.7 × 24.3 cm (7⅜ × 9$\frac{9}{16}$ in.)
2009.111.22

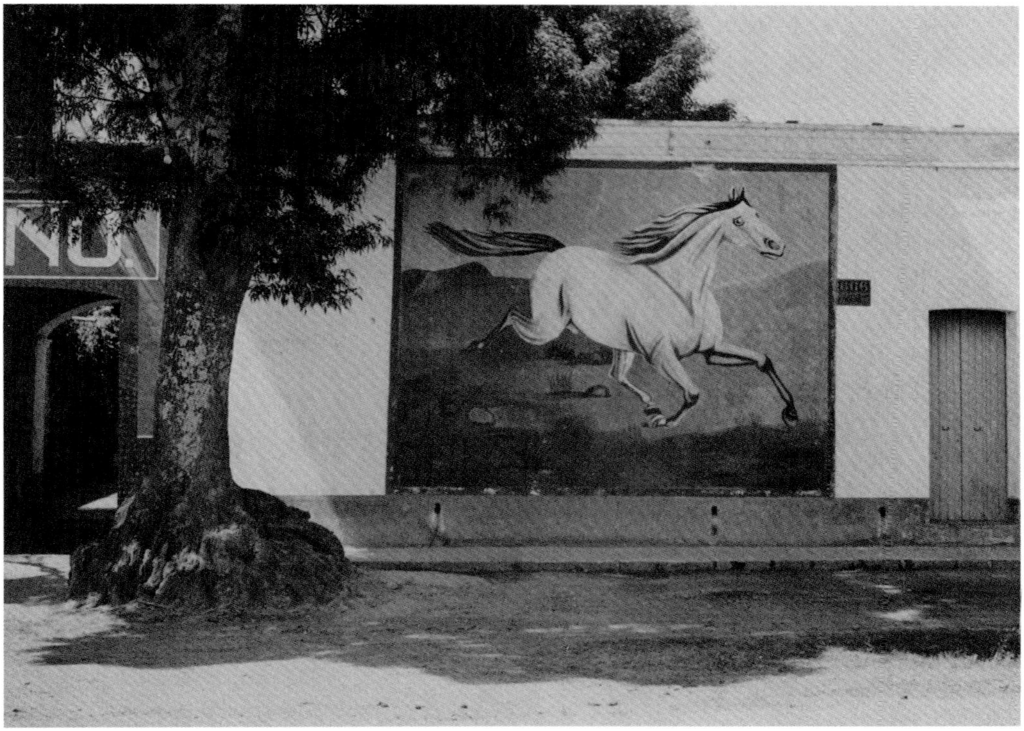

57

Manuel Álvarez Bravo (1902–2002)

Landscape and Gallop
Negative, 1932; printed later, probably 1980s
Platinum print

Paisaje y galope
Negativo, 1932; copia posterior, probablemente década de 1980
Platinotipo

15.1 × 21.1 cm ($5\frac{15}{16} \times 8\frac{5}{16}$ in.)
2009.111.20

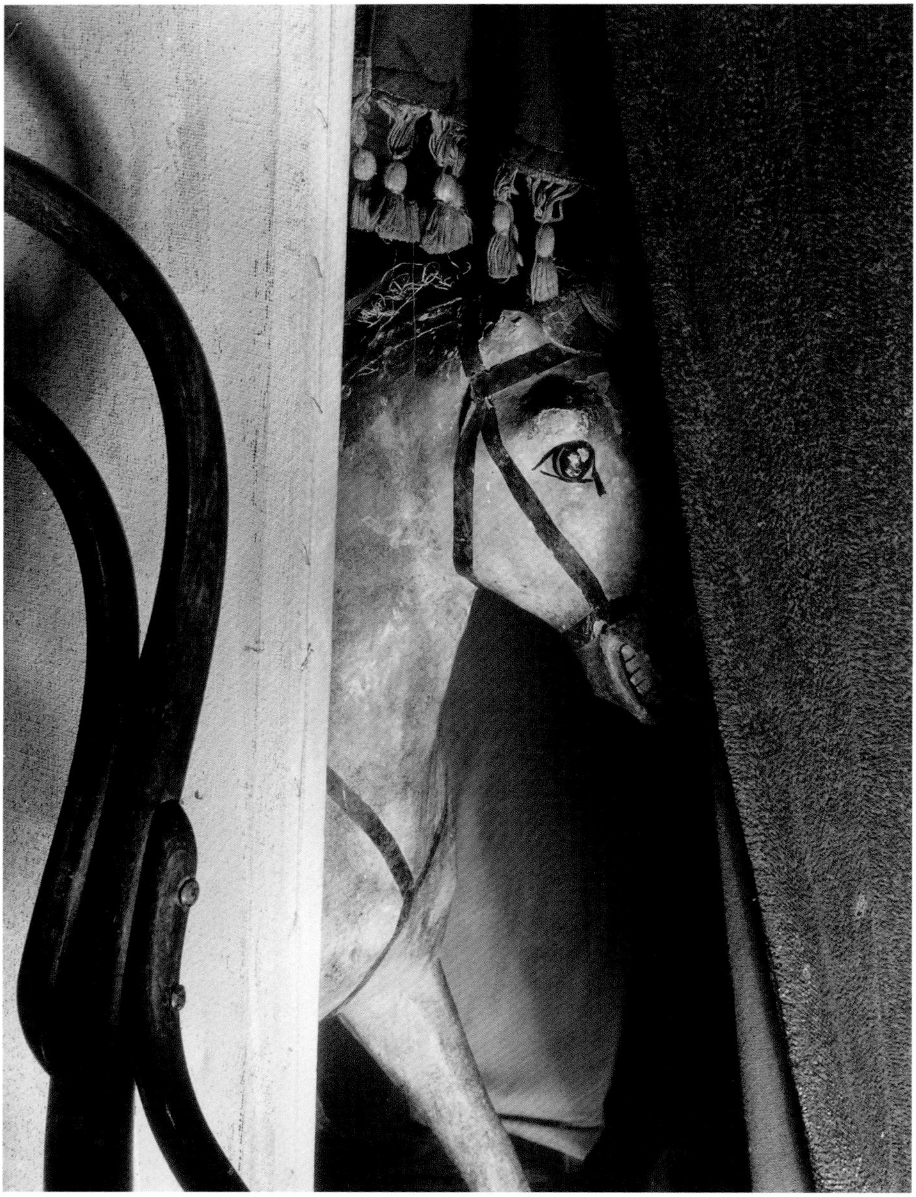

58

Manuel Álvarez Bravo (1902–2002)

Wooden Horse	*Caballo de madera*
Negative, 1928–29; printed later, probably 1980s	Negativo, 1928–29; copia posterior, probablemente década de 1980
Gelatin silver print	Gelatina de plata

24 × 18.6 cm (9 7⁄16 × 7 5⁄16 in.)
2009.111.10

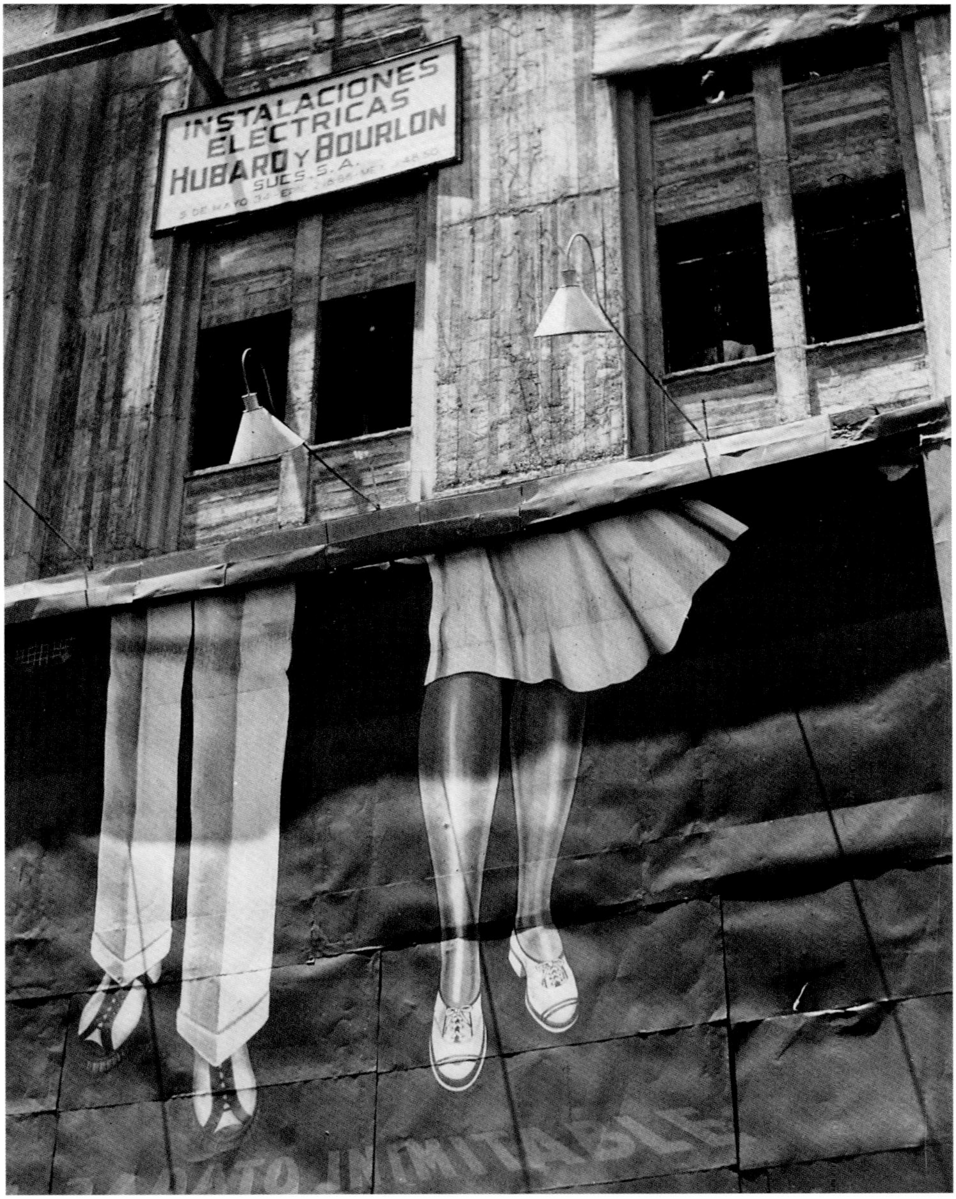

59

Manuel Álvarez Bravo (1902–2002)

Two Pairs of Legs	*Dos pares de piernas*
1928–29	1928–29
Gelatin silver print	Gelatina de plata

23.6 × 18.8 cm (9 $\frac{5}{16}$ × 7 $\frac{3}{8}$ in.)
2000.75.3

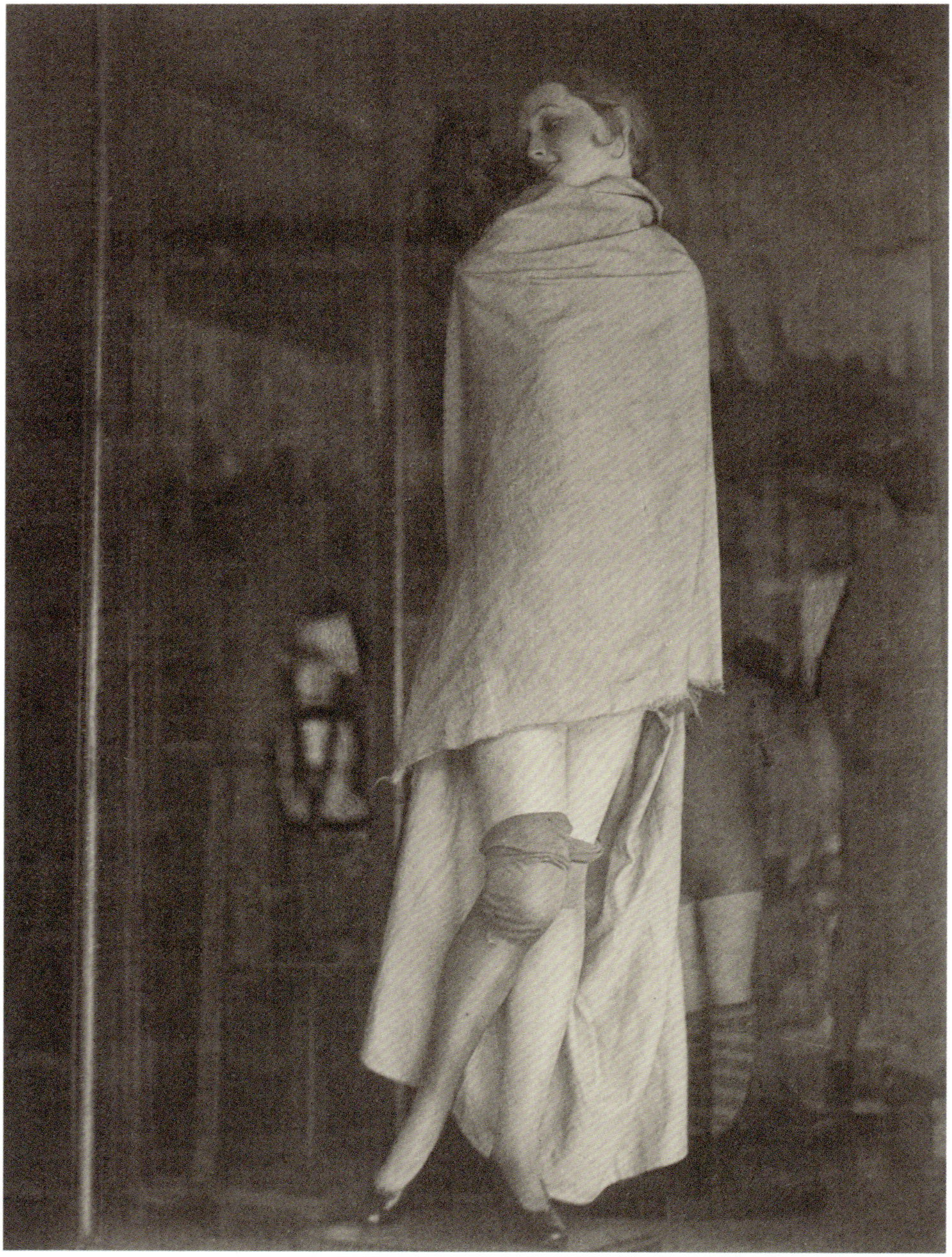

60

Manuel Álvarez Bravo (1902–2002)

Covered Mannequin	*Maniquí tapado*
1930	1930
Platinum print	Platinotipo

24.6 × 18.7 cm (9 11/16 × 7 3/8 in.)
2003.507.3

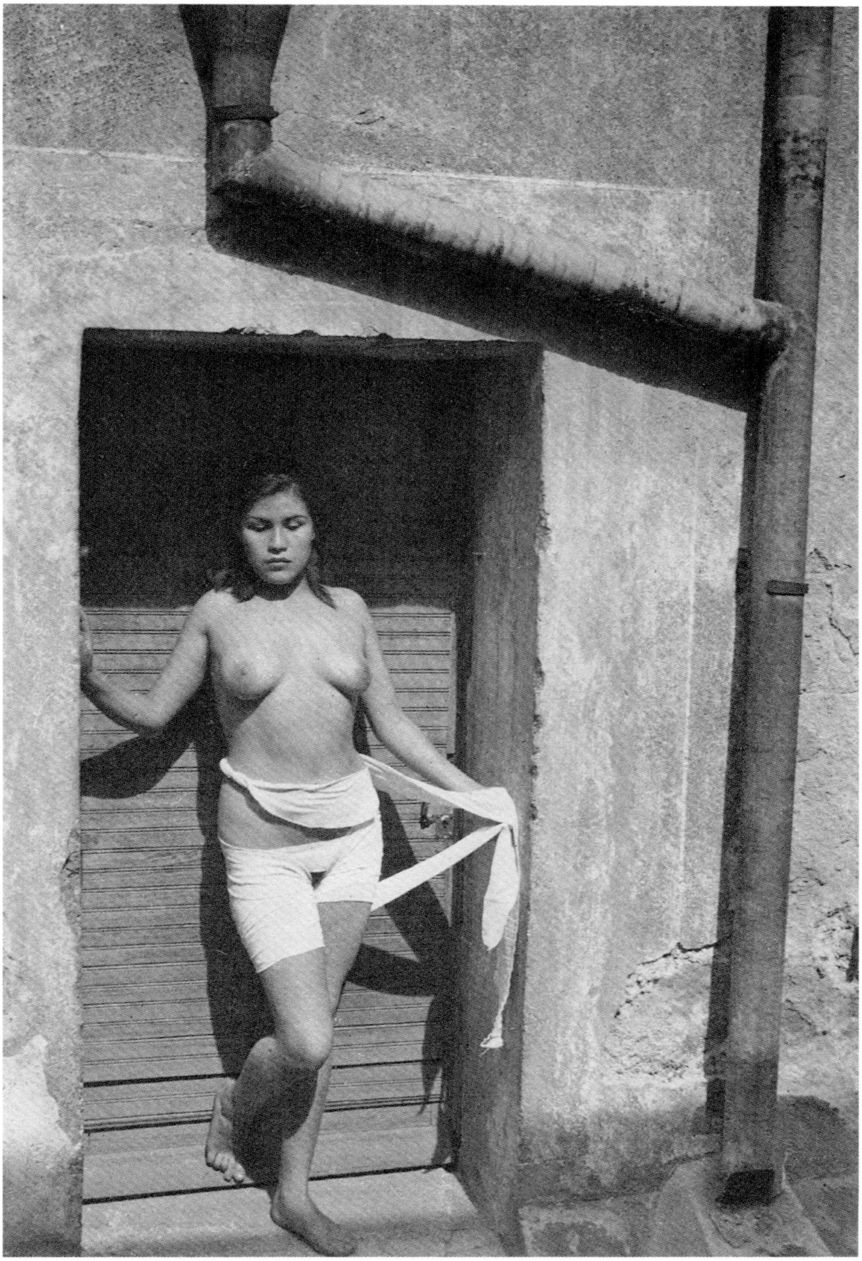

61

Manuel Álvarez Bravo (1902–2002)

The Unbandaged Woman	*La desvendada*
Negative, 1938; print, ca. 1980	Negativo, 1938; copia, ca. 1980
Platinum print	Platinotipo

22.2 × 15.4 cm (8¾ × 6¹⁄₁₆ in.)
2009.111.18

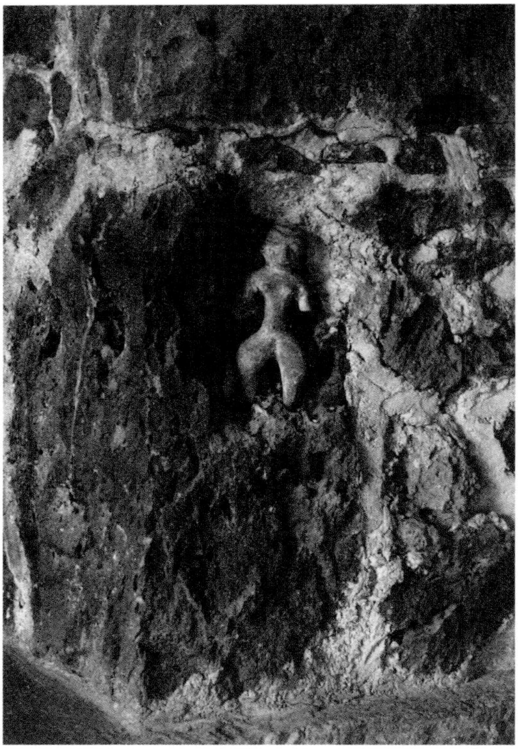

62

Manuel Álvarez Bravo (1902–2002)

In Its Place	*En su lugar*
1969	1969
Platinum print	Platinotipo

16.9 × 11.8 cm (6⅝ × 4⅝ in.)
2008.88.24

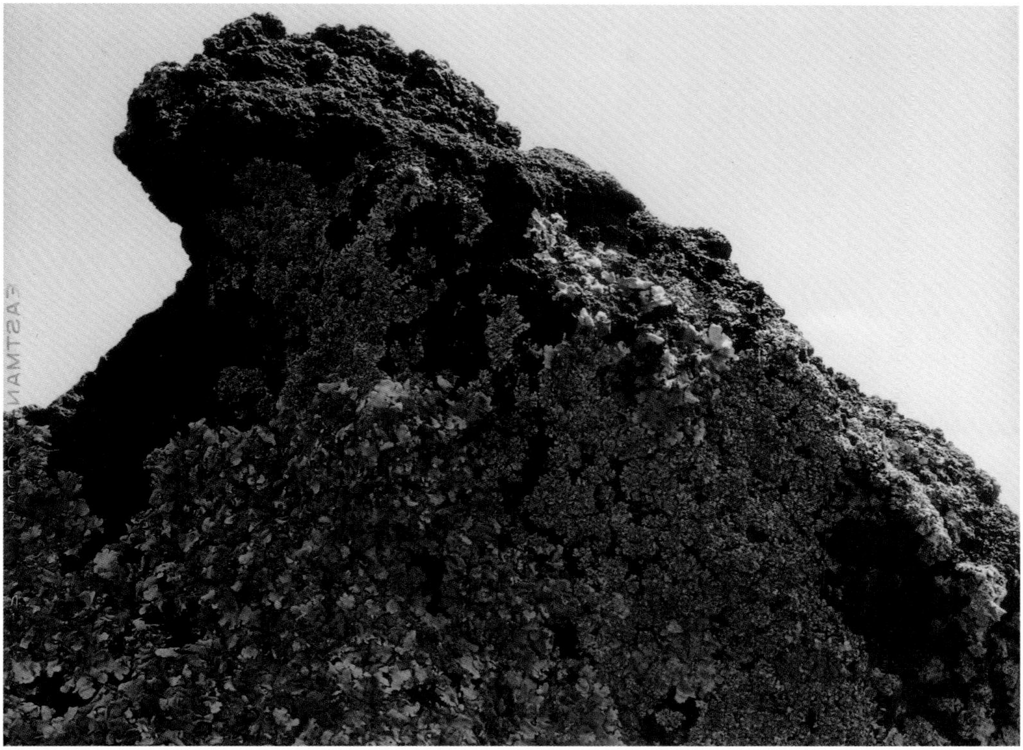

63

Manuel Álvarez Bravo (1902–2002)

Rock Covered in Lichen
Negative, 1928; printed later, probably 1980s
Gelatin silver print

Roca cubierta de liquen
Negativo, 1928; copia posterior, probablemente década de 1980
Gelatina de plata

17.8 × 24.3 cm (7 × 9 9/16 in.)
2009.111.41

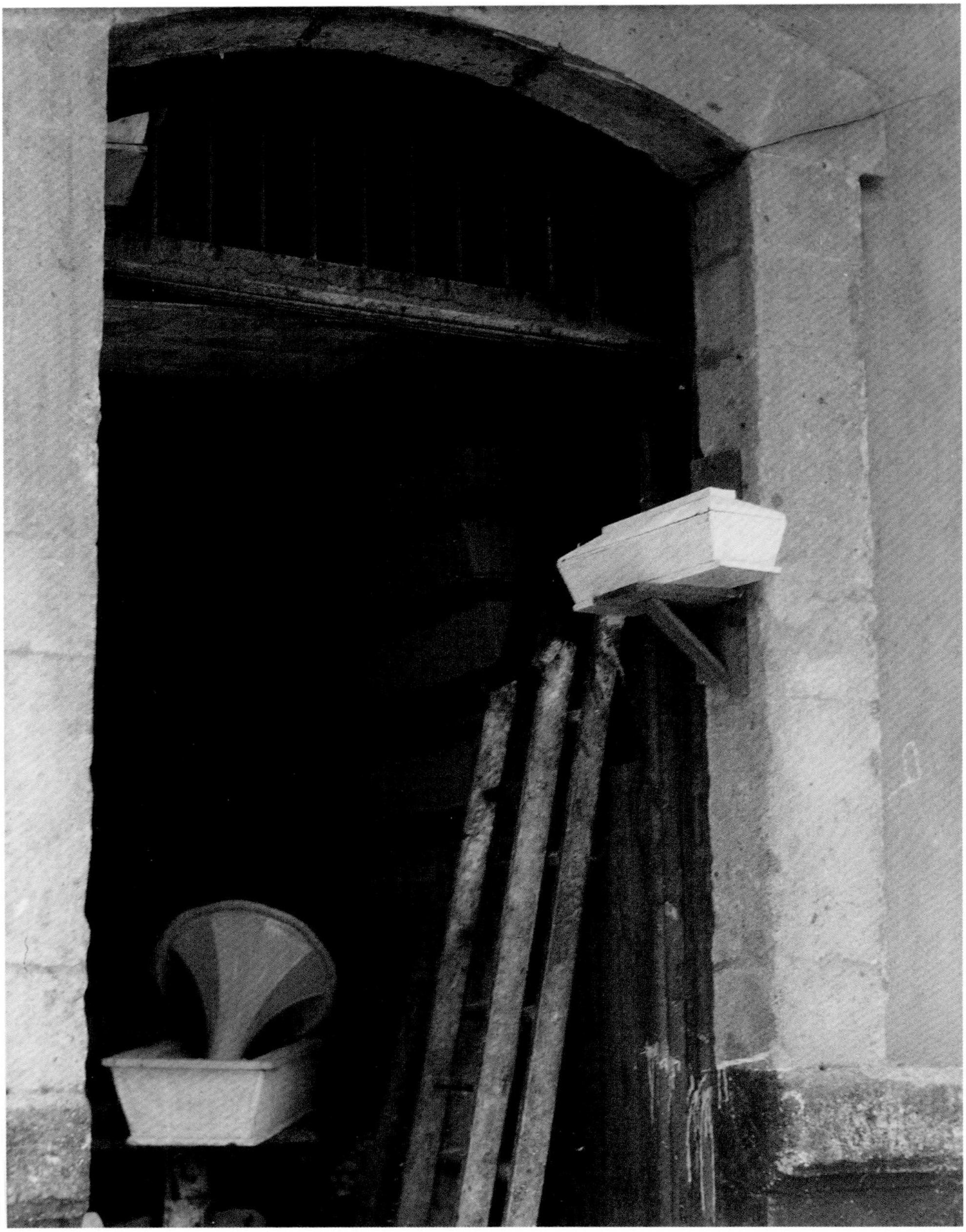

64

Manuel Álvarez Bravo (1902–2002)

Scale of Scales	*Escala de escalas*
1932	1932
Gelatin silver print	Gelatina de plata

24.2 × 18.9 cm (9 ½ × 7 7⁄16 in.)
2003.507.29

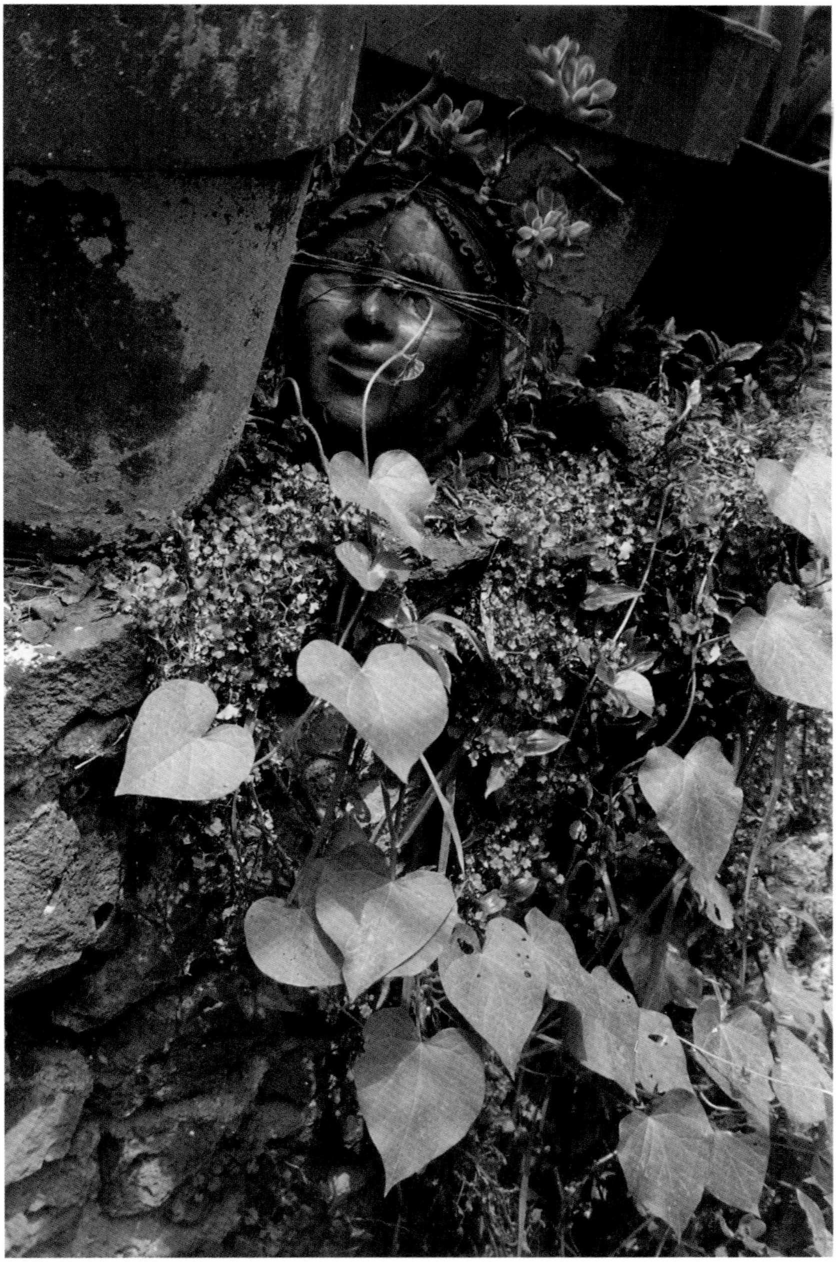

65

Manuel Álvarez Bravo (1902–2002)

You Don't See	*No ves*
ca. 1994	ca. 1994
Gelatin silver print	Gelatina de plata

23.8 × 15.7 cm (9⅜ × 6³⁄₁₆ in.)
2008.88.18

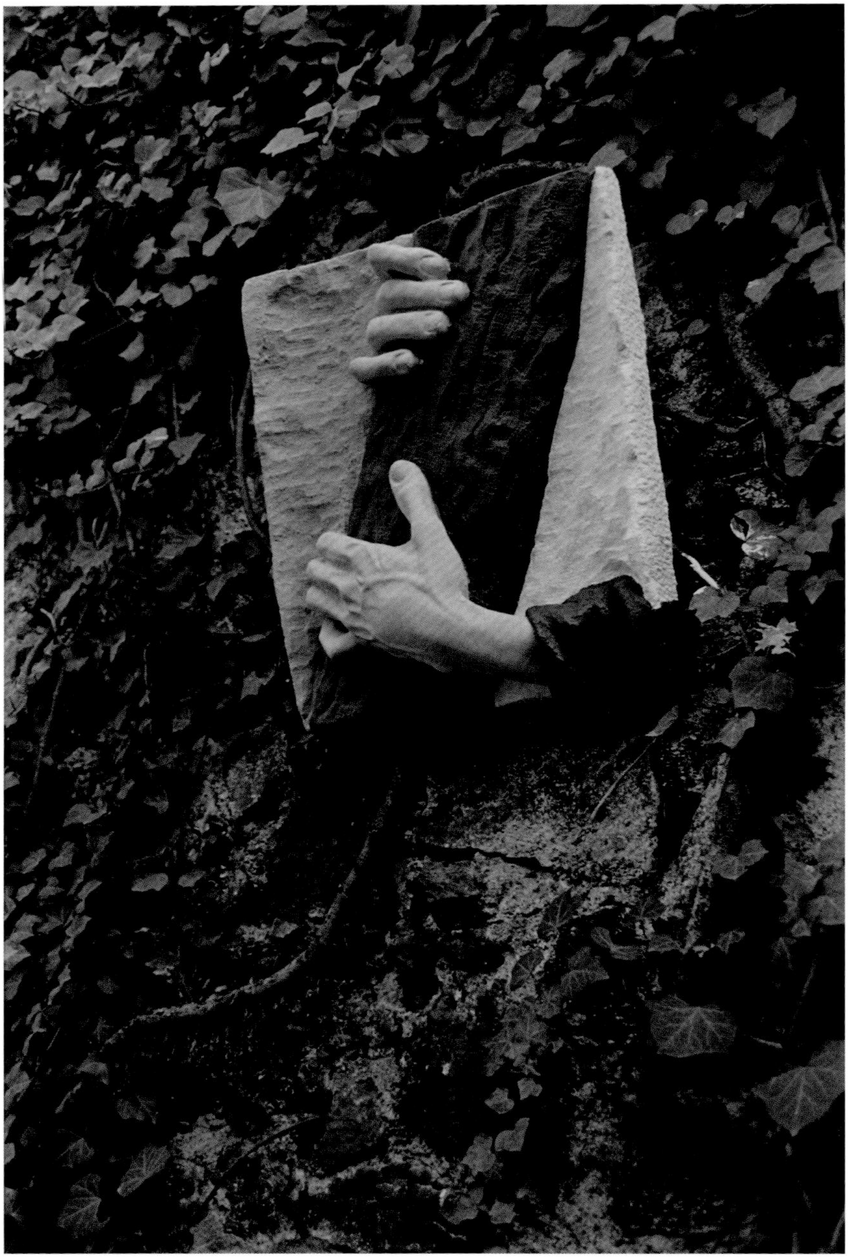

66

Yolanda Andrade (1950–)

The Mystery	*El misterio*
1988	1988
Gelatin silver print	Gelatina de plata

46.1 × 31.3 cm (18 ⅛ × 12 5⁄16 in.)
2023.126

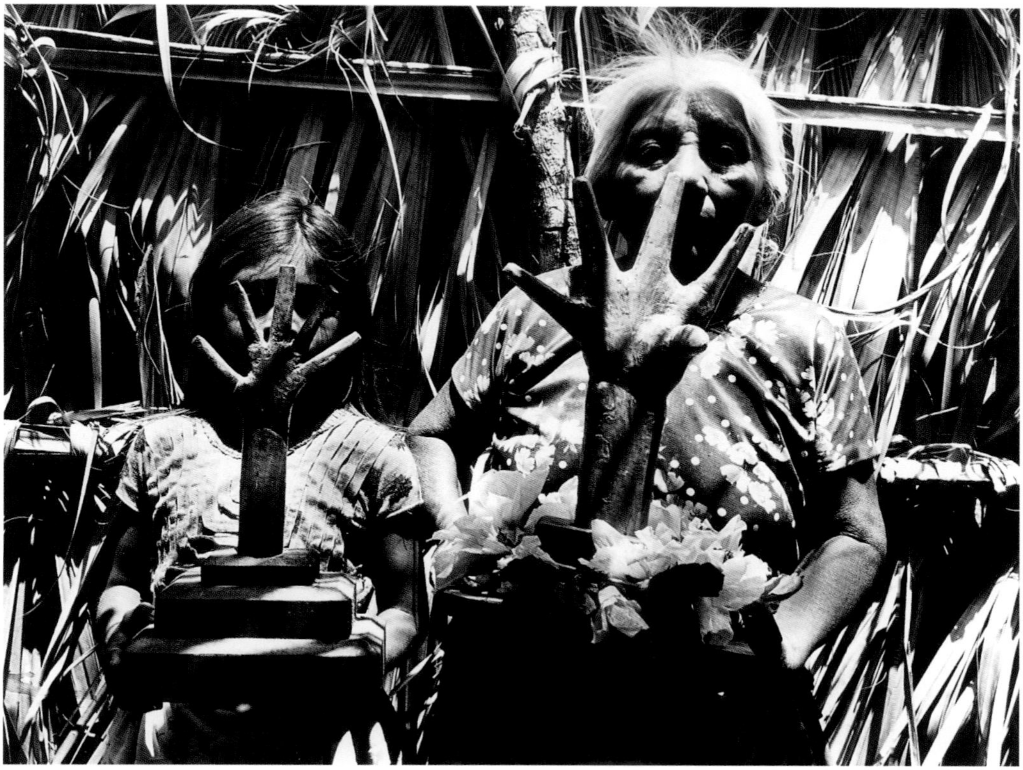

67

Graciela Iturbide (1942–)

Powerful Hands	*Manos poderosas*
Negative, 1986; printed later	Negativo, 1986; copia posterior
Women of Juchitán series	*Juchitán de las mujeres* serie
Gelatin silver print	Gelatina de plata

31.8 × 42.3 cm (12 ½ × 16 ⅝ in.)
2007.65.27

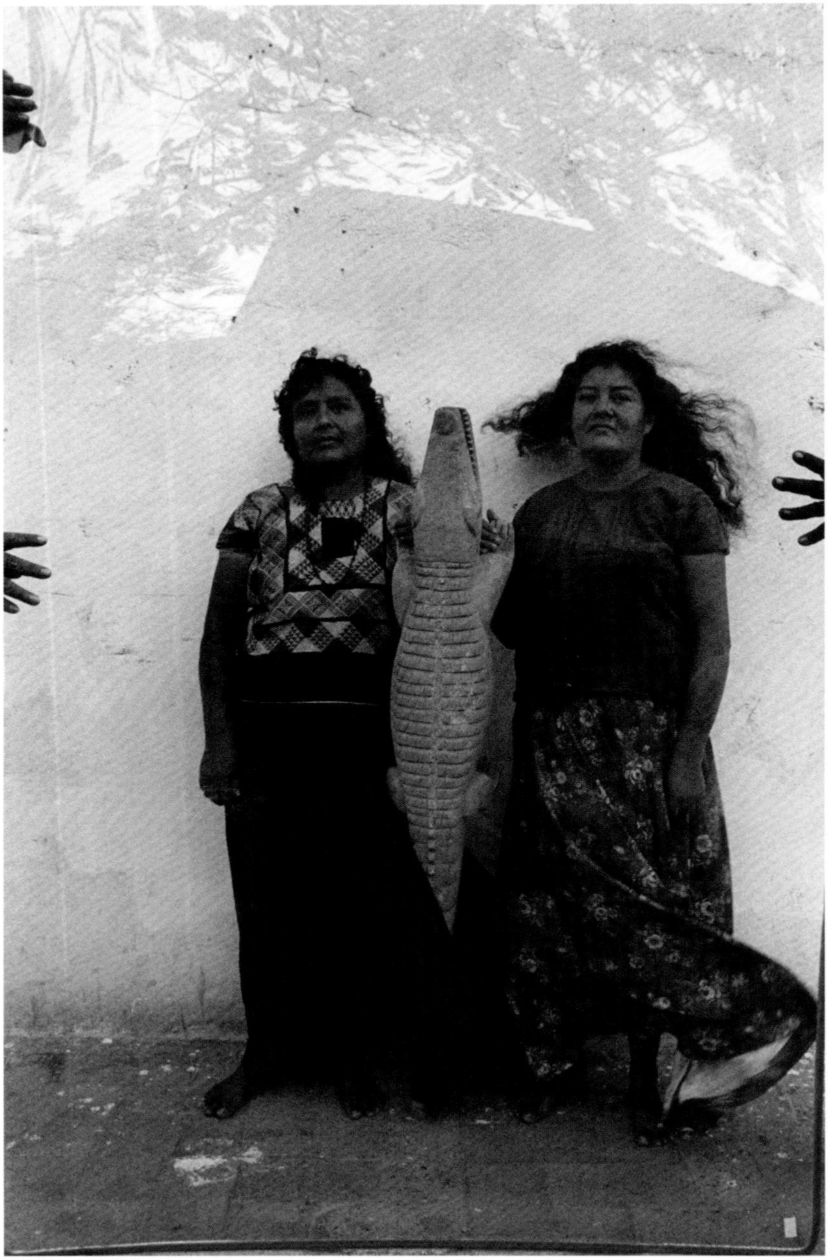

68

Graciela Iturbide (1942–)

Lizard	*Lagarto*
Negative, 1986; print, 2005	Negativo, 1986; copia, 2005
Women of Juchitán series	*Juchitán de las mujeres* serie
Gelatin silver print	Gelatina de plata

46.5 × 31.1 cm (18 5⁄16 × 12 1⁄4 in.)
2007.65.23

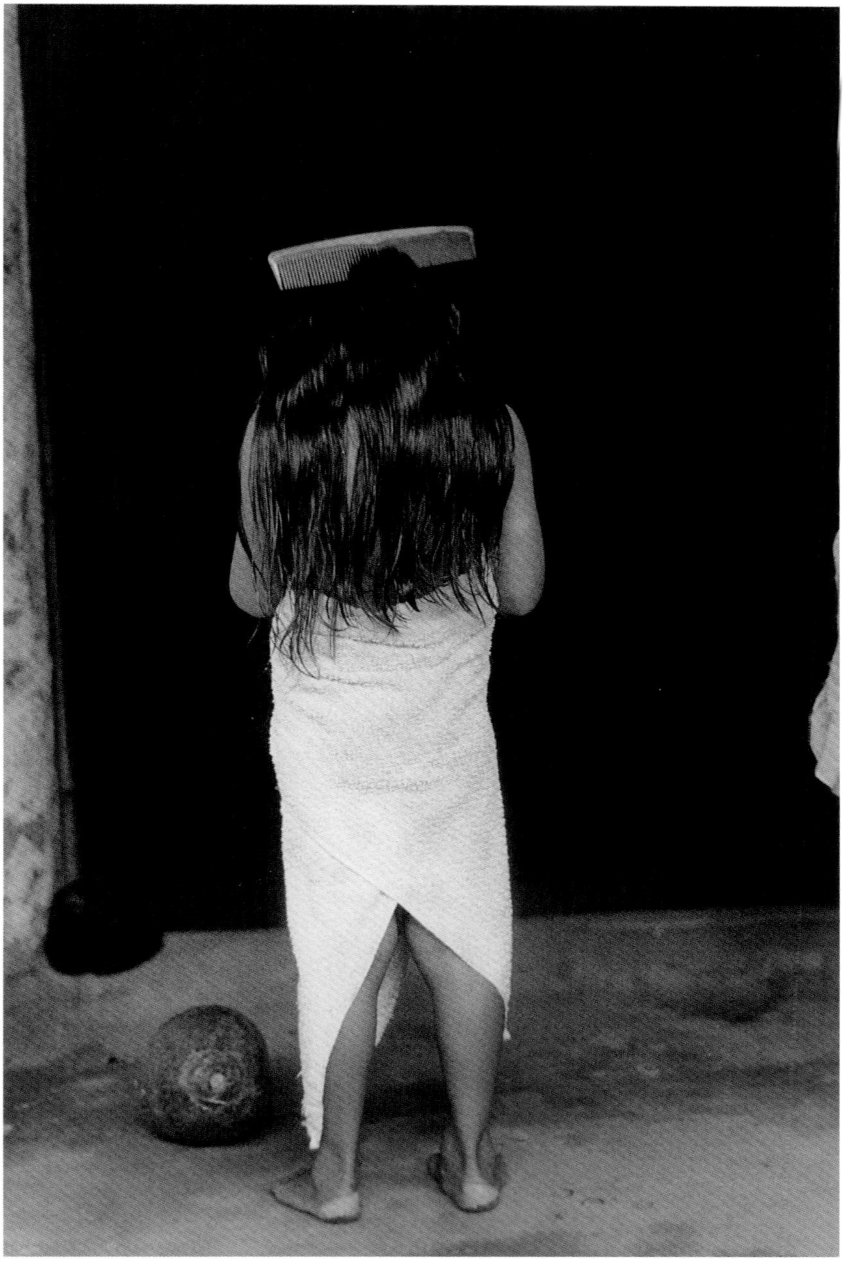

69

Graciela Iturbide (1942–)

The Girl of the Comb	*La niña del peine*
Negative, 1979; print, 1980s	Negativo, 1979; copia, década de 1980
Women of Juchitán series	*Juchitán de las mujeres* serie
Gelatin silver print	Gelatina de plata

43.4 × 28.8 cm (17 ³⁄₁₆ × 11 ⁵⁄₁₆ in.)
2007.65.22

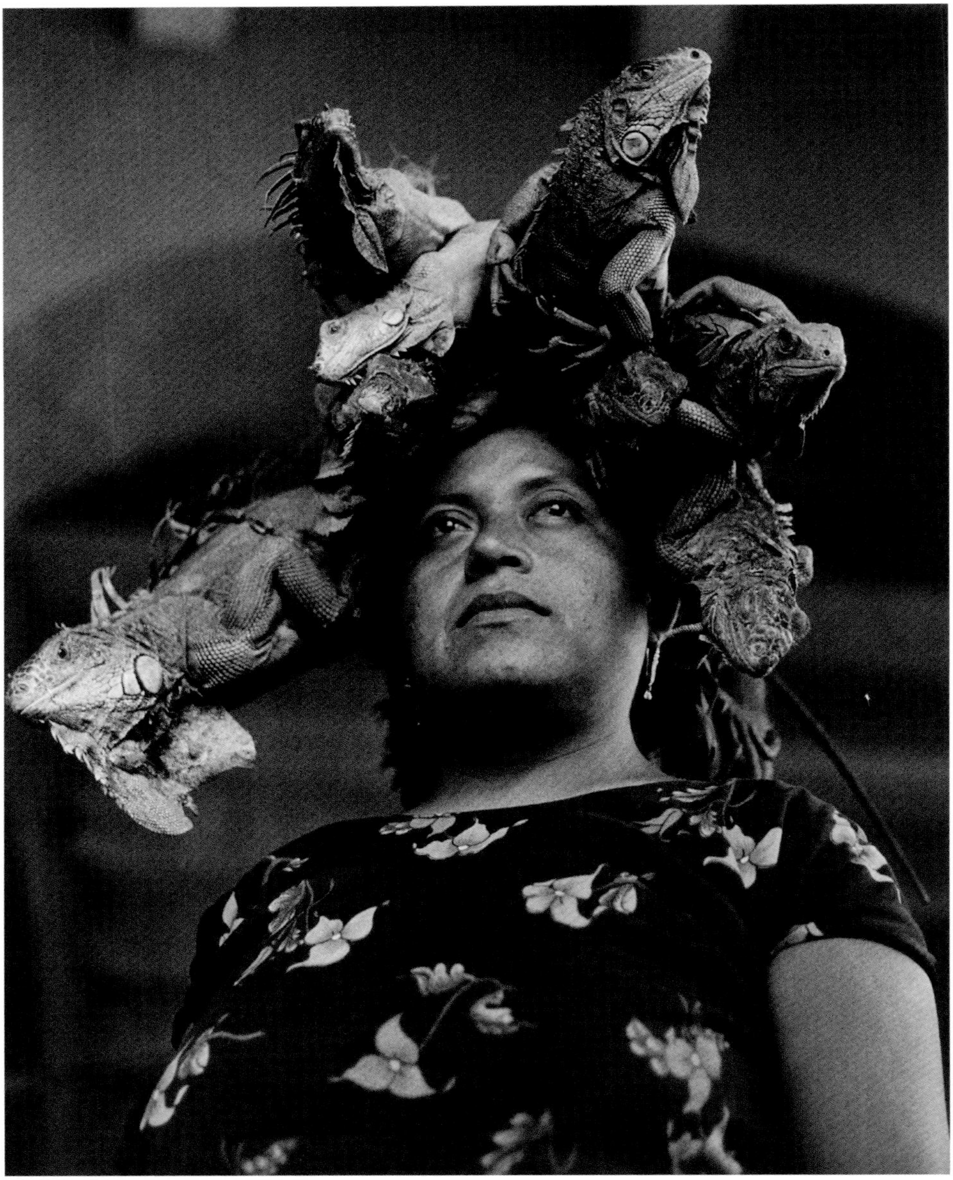

70

Graciela Iturbide (1942–)

Our Lady of the Iguanas	*Nuestra Señora de las Iguanas*
Negative, 1979; print, mid-1990s	Negativo, 1979; copia, mediados de la década de 1990
Women of Juchitán series	*Juchitán de las mujeres* serie
Gelatin silver print	Gelatina de plata

53.3 × 42.8 cm (21 × 16⅞ in.)
2007.65.35

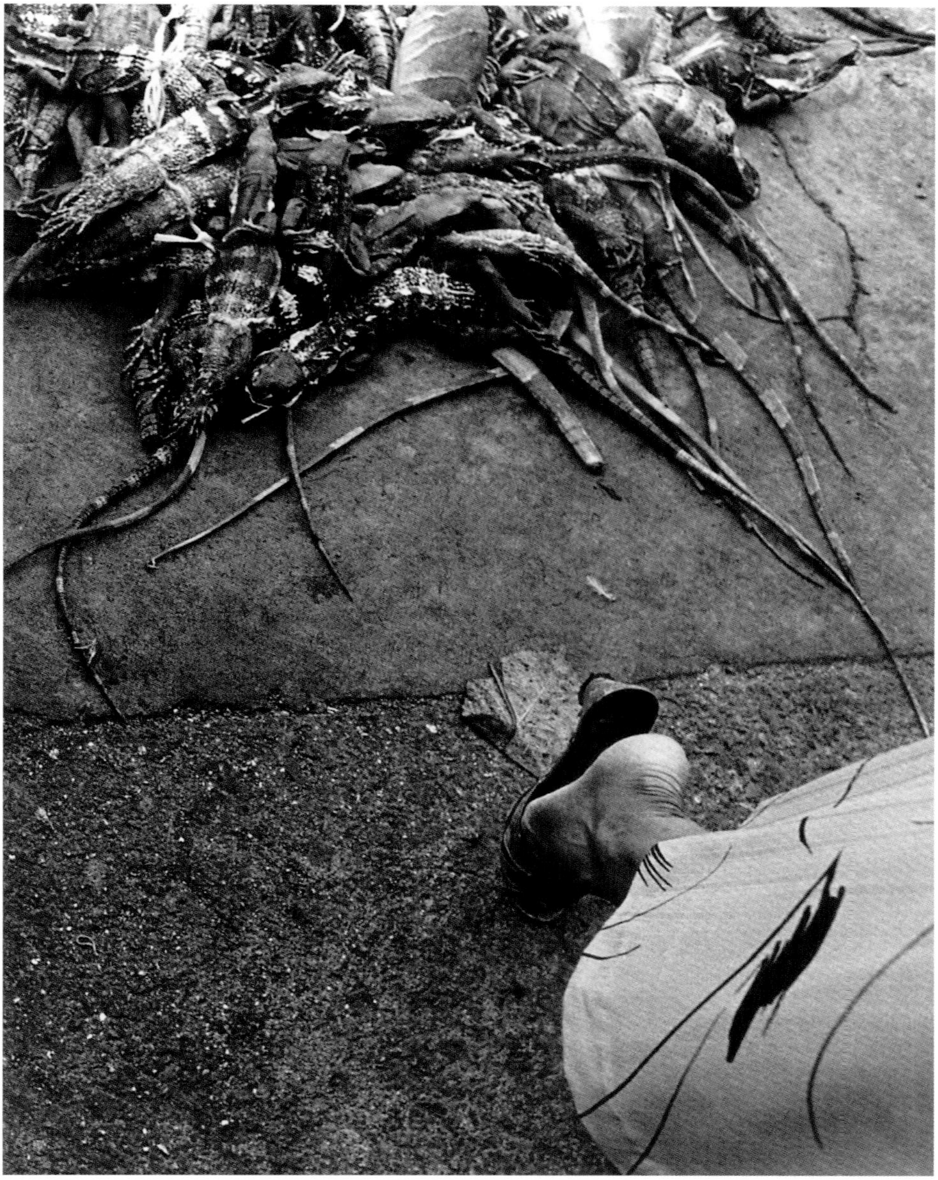

71

Graciela Iturbide (1942–)

Iguanas	*Iguanas*
Negative, 1985; print, mid-1990s	Negativo, 1985; copia, mediados de la década de 1990
Women of Juchitán series	*Juchitán de las mujeres* serie
Gelatin silver print	Gelatina de plata

41.3 × 32.5 cm (16¼ × 12 13⁄16 in.)
2007.65.19

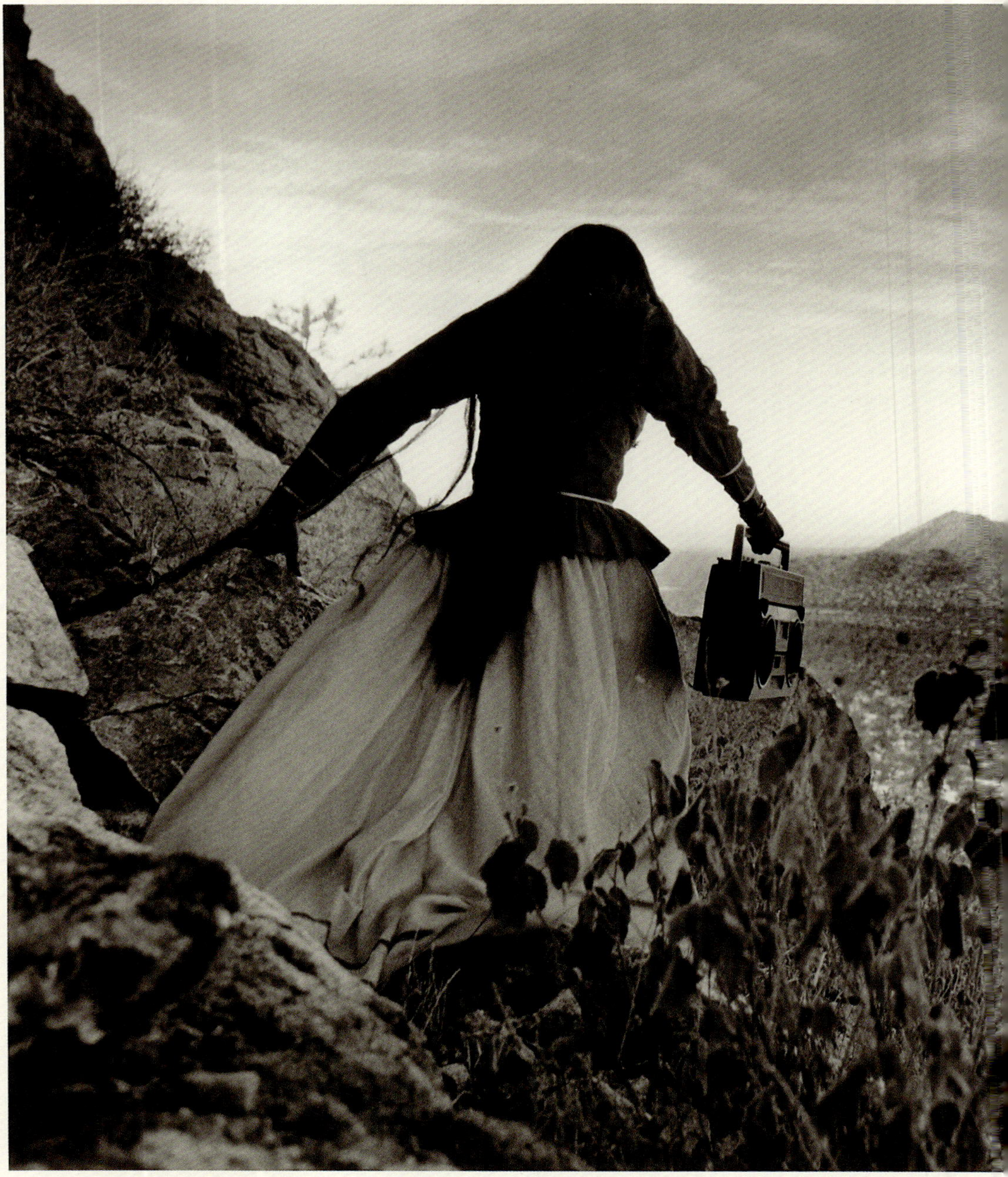

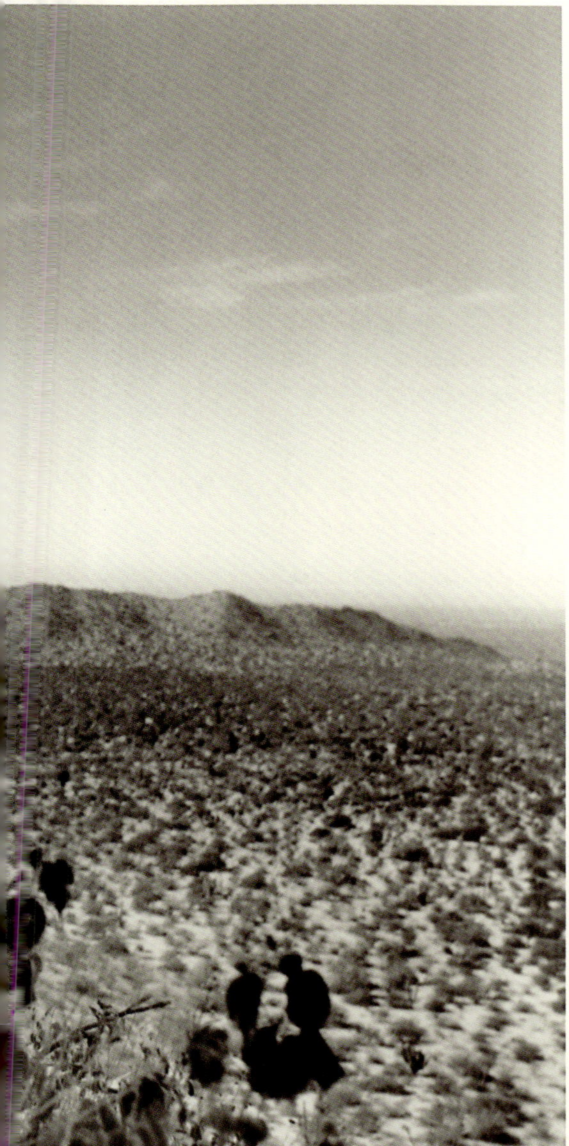

72

Graciela Iturbide (1942–)

Angel Woman	*Mujer ángel*
Negative, 1979; print, ca. 2000	Negativo, 1979; copia, ca. 2000
Those Who Live in the Sand series	*Los que viven en la arena* serie
Gelatin silver print	Gelatina de plata

40 × 56.5 cm (15¾ × 22¼ in.)
2007.65.29

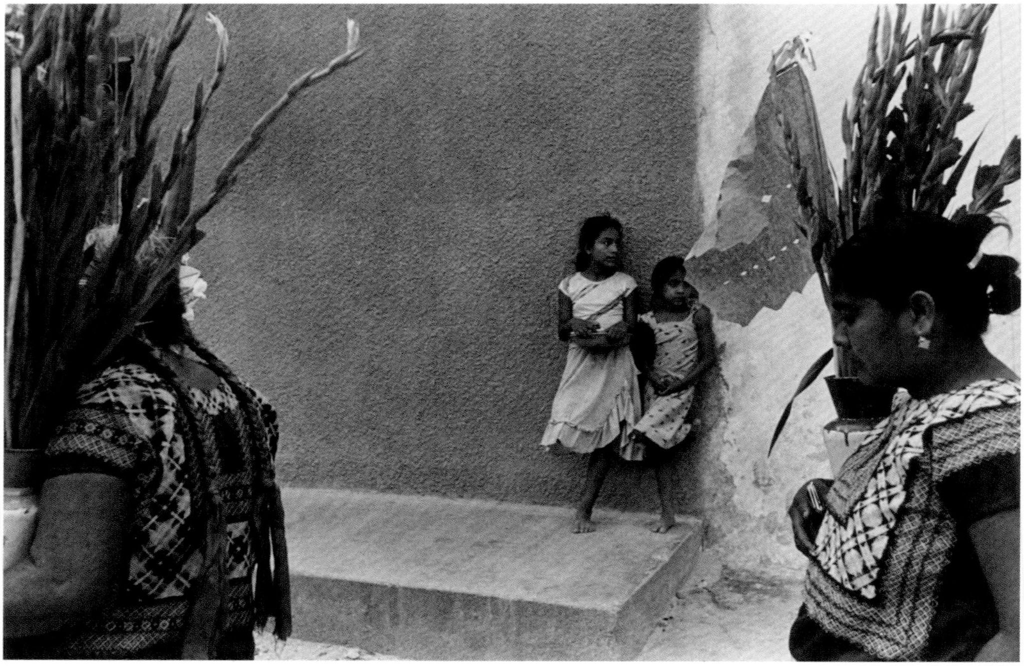

73

Graciela Iturbide (1942–)

Procession, Juchitán, Oaxaca	*Procesión, Juchitán, Oaxaca*
Negative, 1985; print, 2005	Negativo, 1985; copia, 2005
Women of Juchitán series	*Juchitán de las mujeres* serie
Gelatin silver print	Gelatina de plata

29.8 × 45.4 cm (11¾ × 17⅞ in.)
2007.65.39

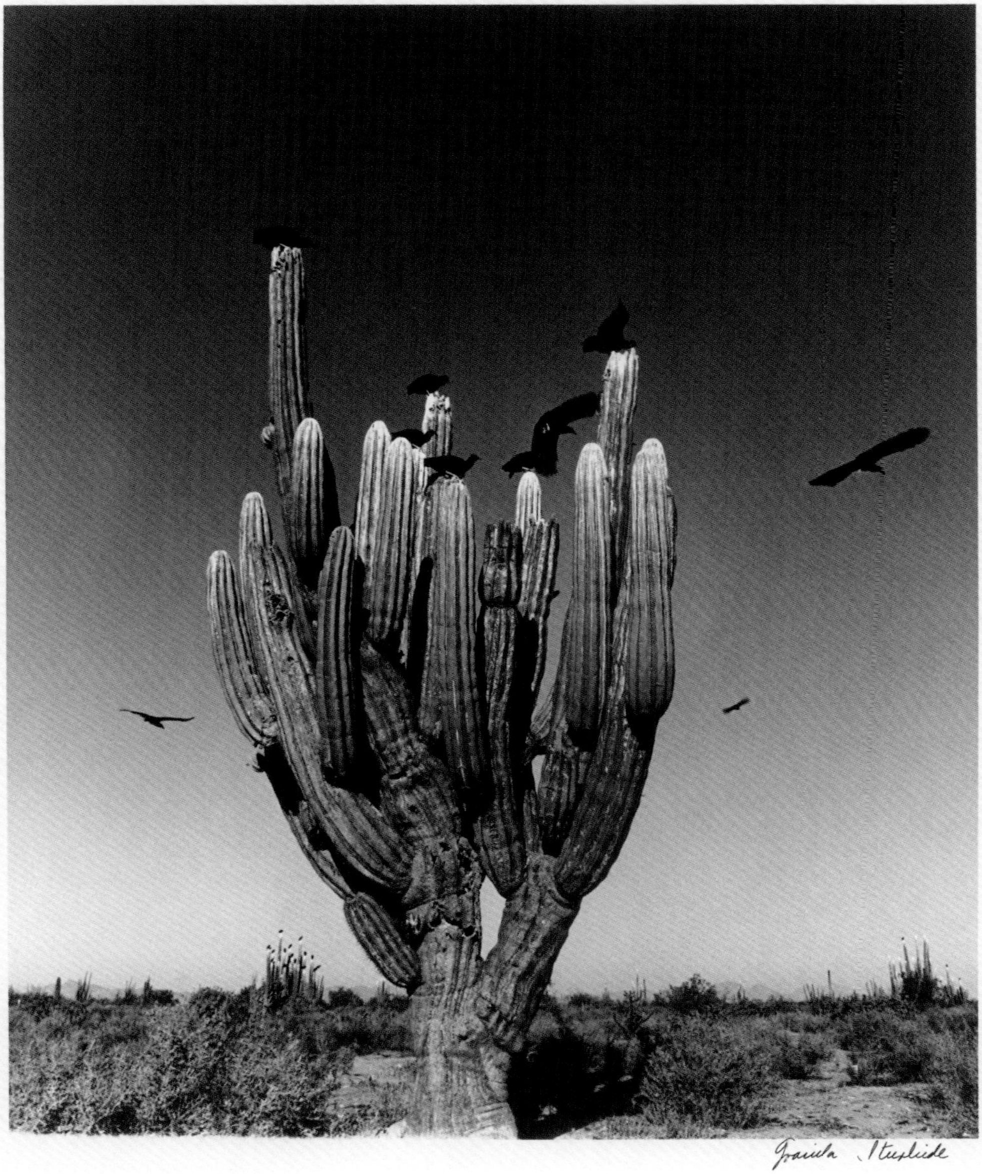

74

Graciela Iturbide (1942–)

Sahuaro	*Sahuaro*
Negative, 1979; printed later	Negativo, 1979; copia posterior
Those Who Live in the Sand series	*Los que viven en la arena* serie
Gelatin silver print	Gelatina de plata

30 × 25.5 cm (11 13/16 × 10 1/16 in.)
2007.65.41

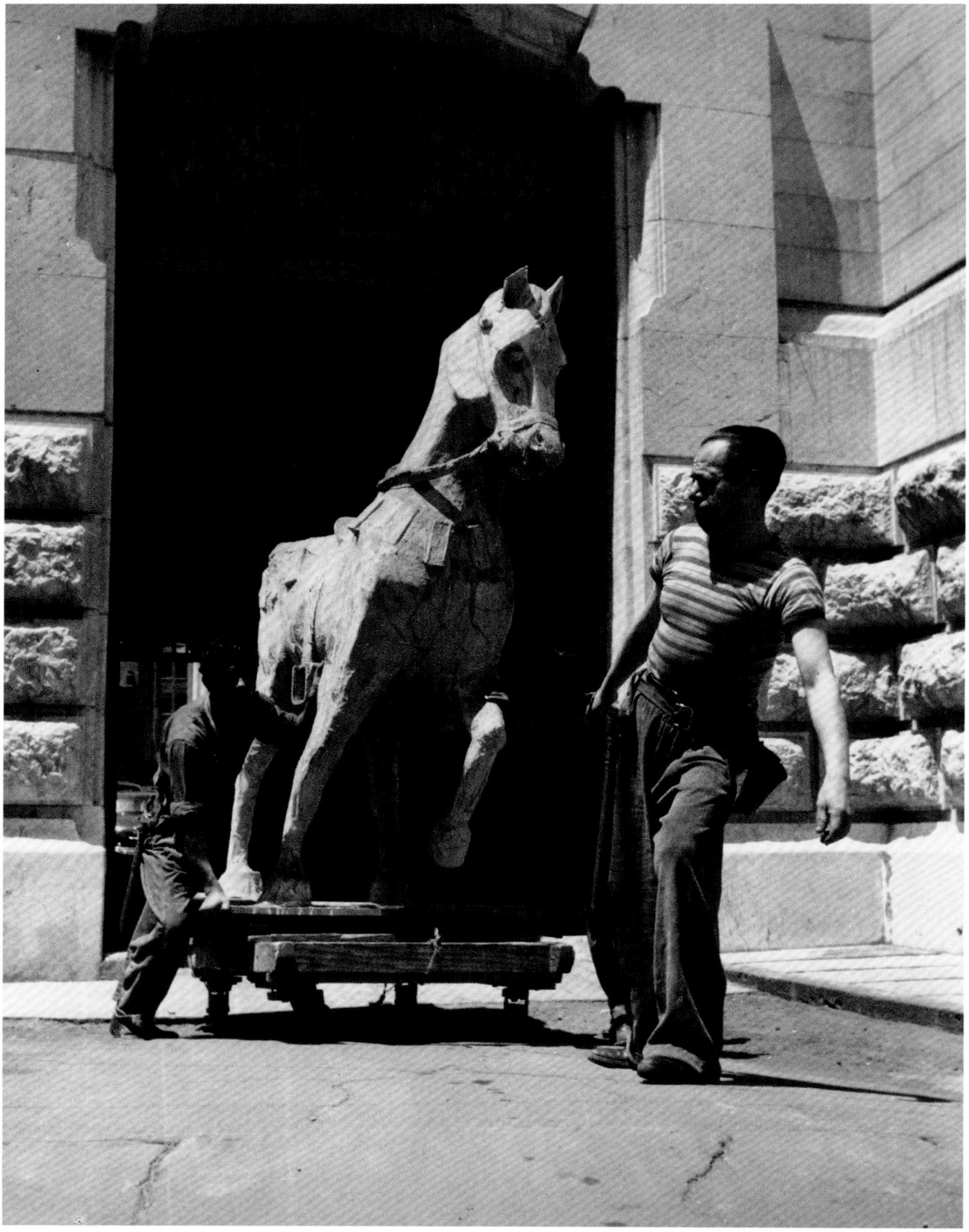

75

Lola Álvarez Bravo (1903–1993)

Leaving the Opera House	*Saliendo de la ópera*
Negative, ca. 1950; print, 1981	Negativo, ca. 1950; copia, 1981
Gelatin silver print	Gelatina de plata

22.9 × 18.2 cm (9 × 7³⁄₁₆ in.)
2023.127.28

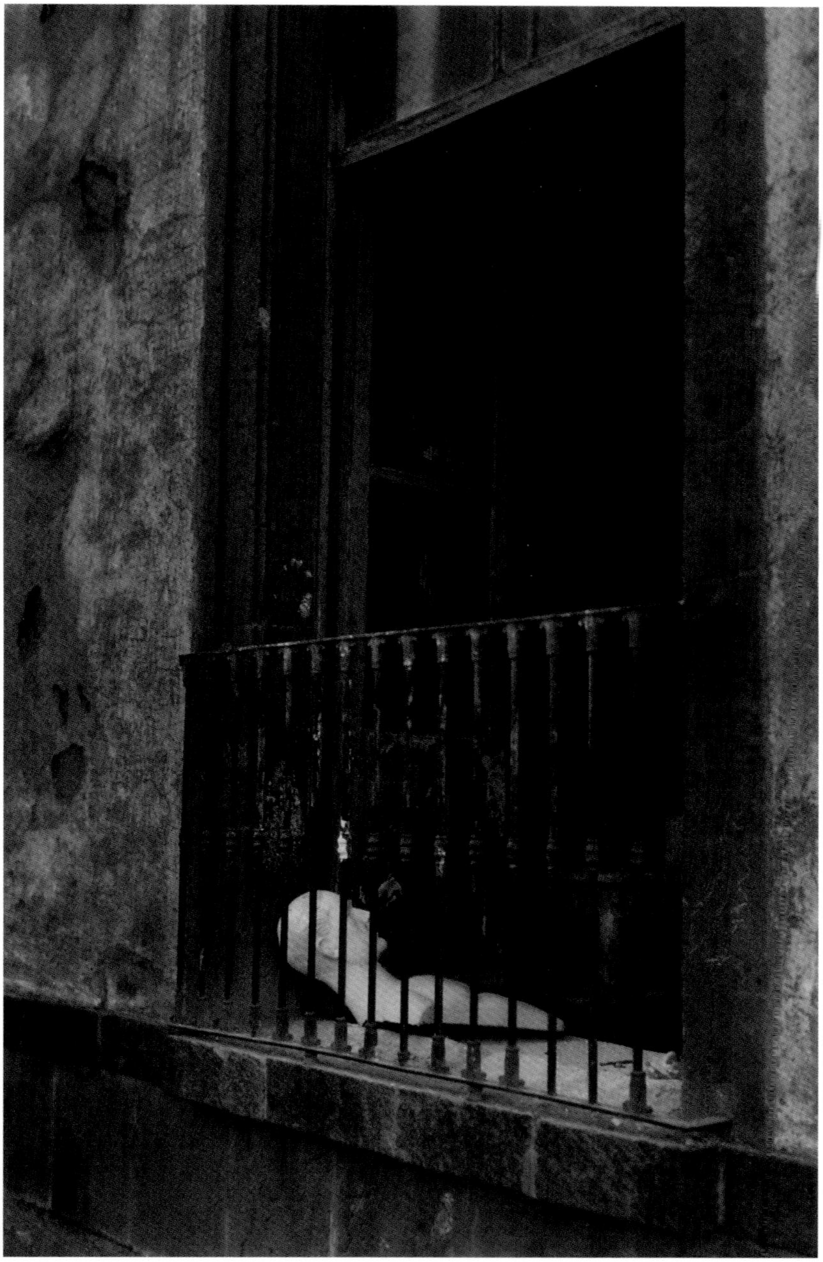

76

Lola Álvarez Bravo (1903–1993)

The Abandoned One	*El abandonado*
ca. 1940s	ca. década de 1940
Gelatin silver print	Gelatina de plata

23.1 × 15.2 cm (9⅛ × 6 in.)
2023.127.20

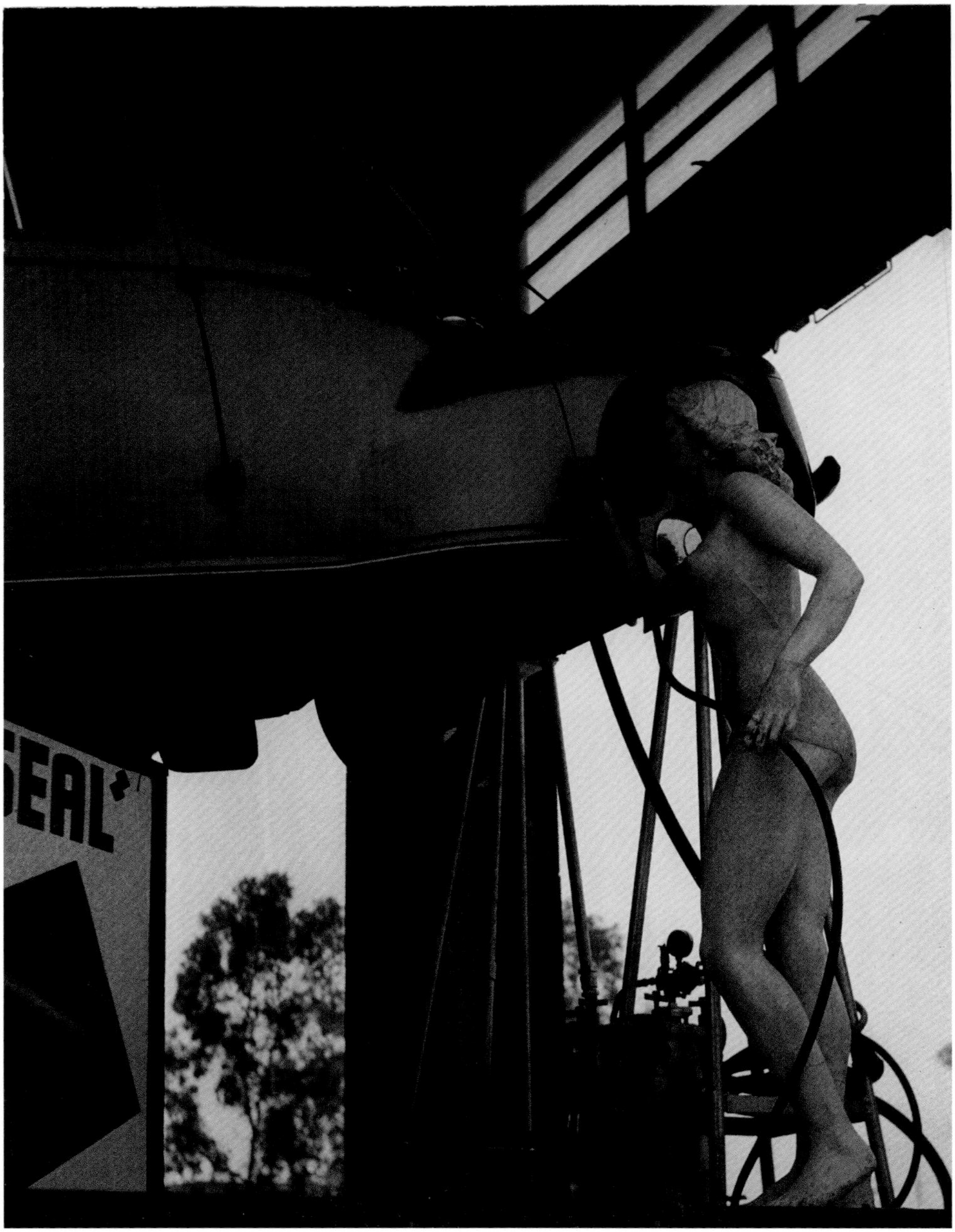

77

Lola Álvarez Bravo (1903–1993)

Destiny Haunts You	*El destino te persigue*
ca. 1950s	ca. década de 1950
Gelatin silver print	Gelatina de plata

23.9 × 18.6 cm (9 7/16 × 7 5/16 in.)
2023.127.34

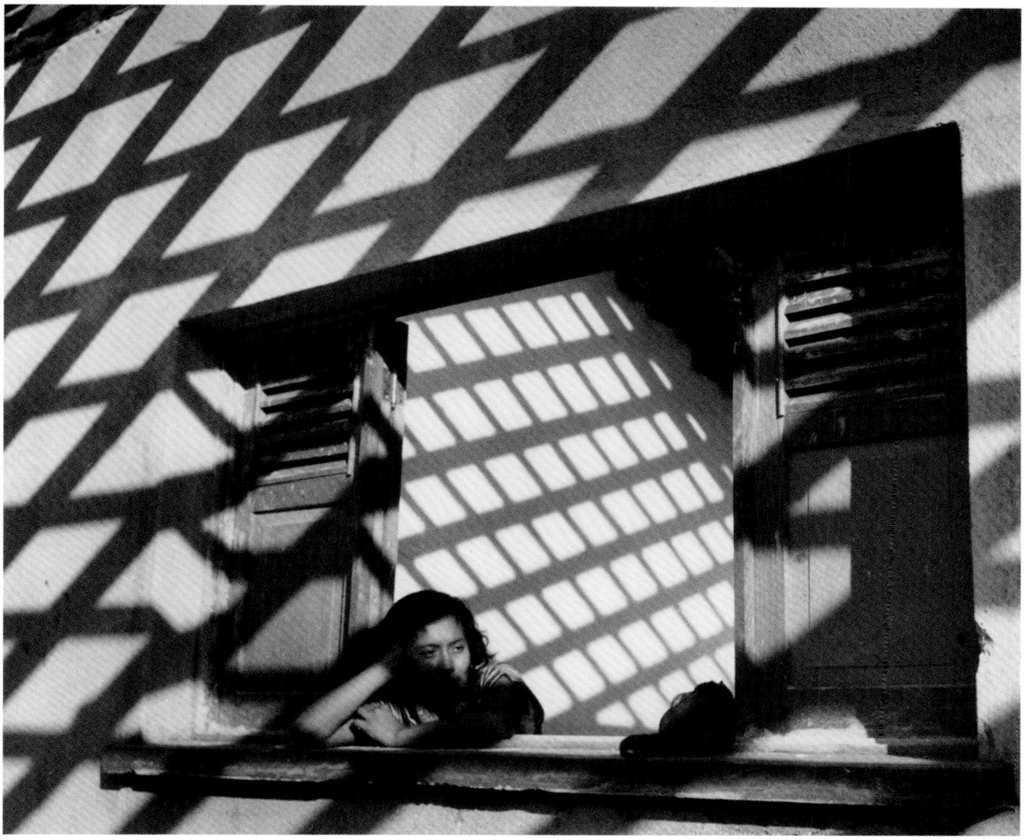

78

Lola Álvarez Bravo (1903–1993)

In Her Own Prison	*En su propia cárcel*
1950	1950
Gelatin silver print	Gelatina de plata

18.7 × 22.6 cm (7⅜ × 8⅞ in.)
2023.127.25

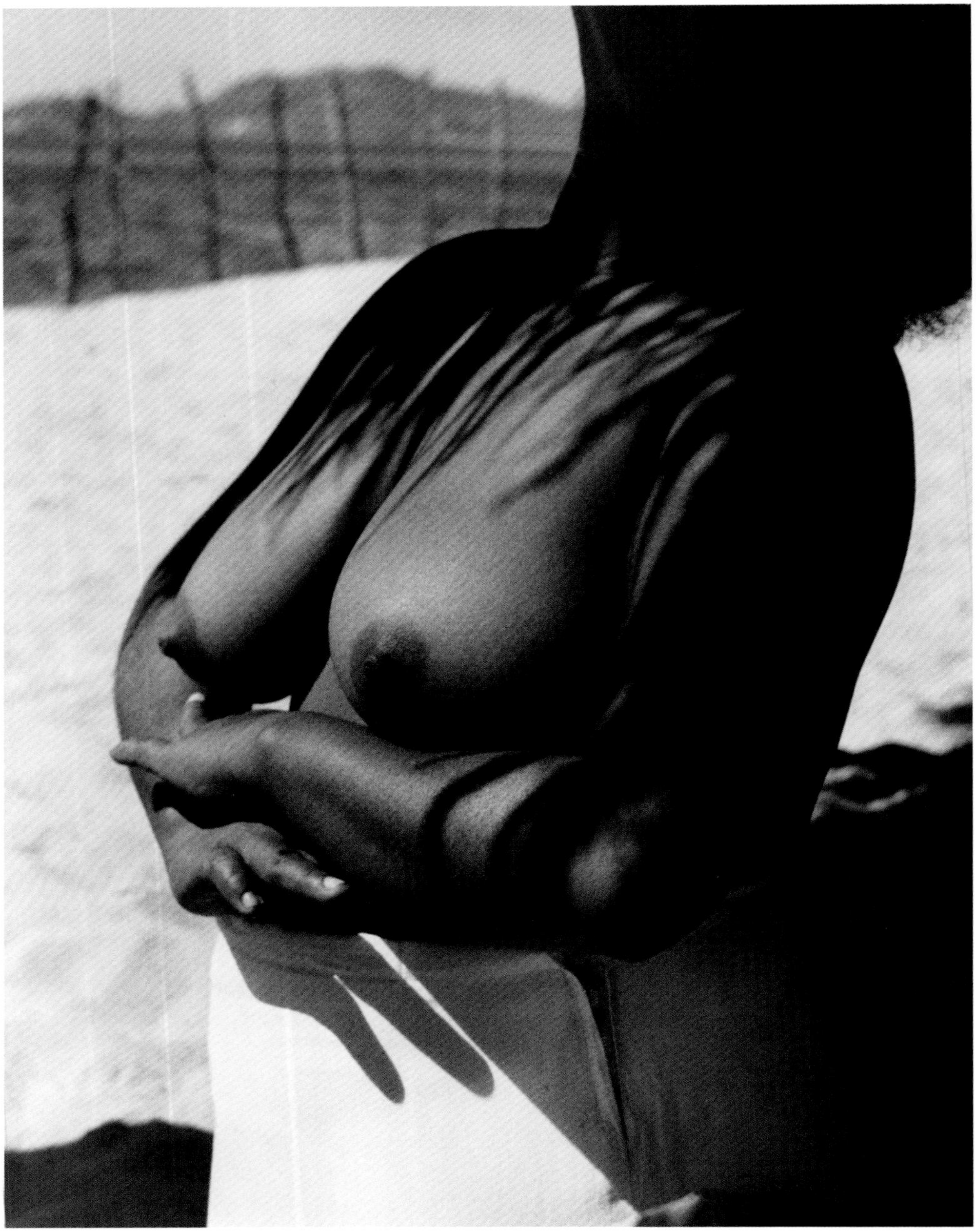

79

Lola Álvarez Bravo (1903–1993)

Triptych of the Martyrdoms III	*Tríptico de los martirios III*
Negative, 1950; print, 1981	Negativo, 1950; copia, 1981
Gelatin silver print	Gelatina de plata

23 × 18.1 cm (9 1/16 × 7 1/8 in.)
2023.127.24

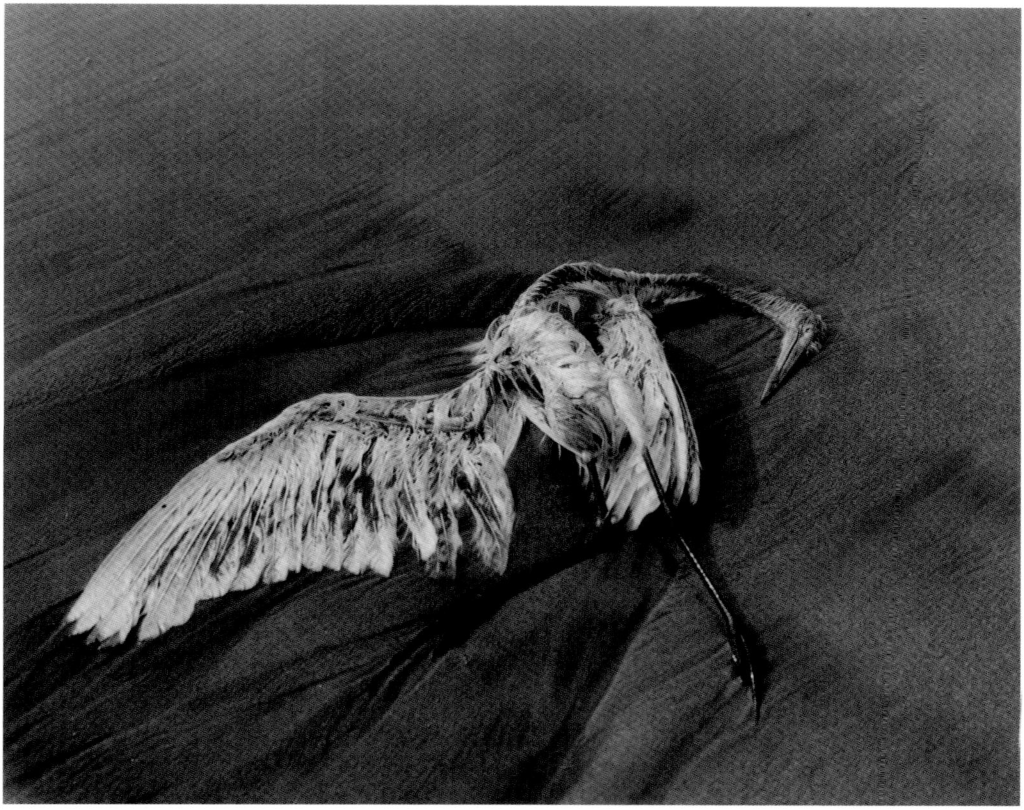

80

Lola Álvarez Bravo (1903–1993)

Tribute (Tribute to Salvador Toscano)	*Homenaje (Homenaje a Salvador Toscano)*
Negative, 1949; print, 1981	Negativo, 1949; copia, 1981
Gelatin silver print	Gelatina de plata

18 × 23.1 cm (7 1⁄16 × 9 1⁄8 in.)
2023.127.15

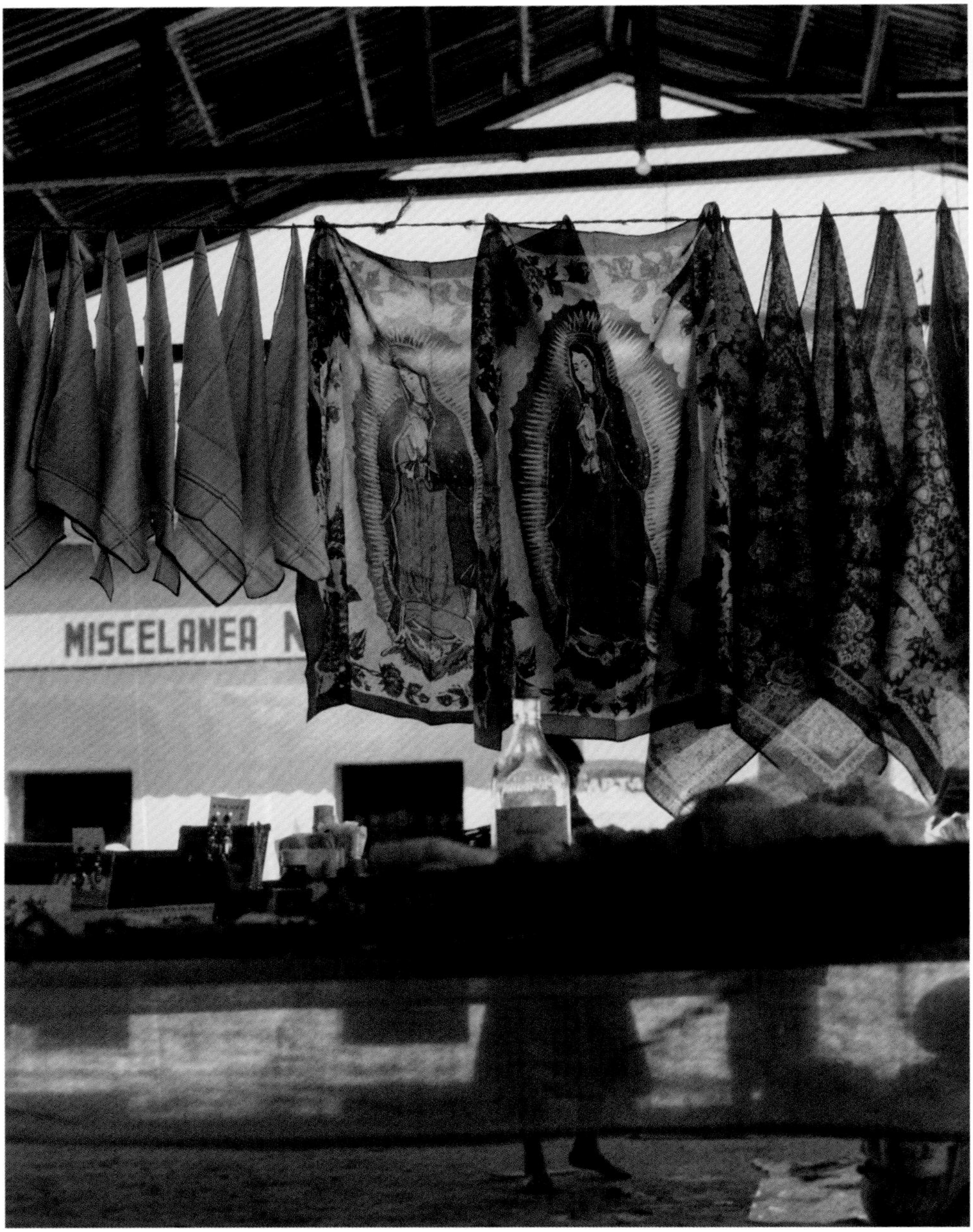

81

Lola Álvarez Bravo (1903–1993)

The Patroness	*La patrona*
Negative, ca. 1950–60;	Negativo, ca. 1950–60;
print, 1980s	copia, década de 1980
Gelatin silver print	Gelatina de plata

24.2 × 19.4 cm (9 ½ × 7 ⅝ in.)
2023.127.31

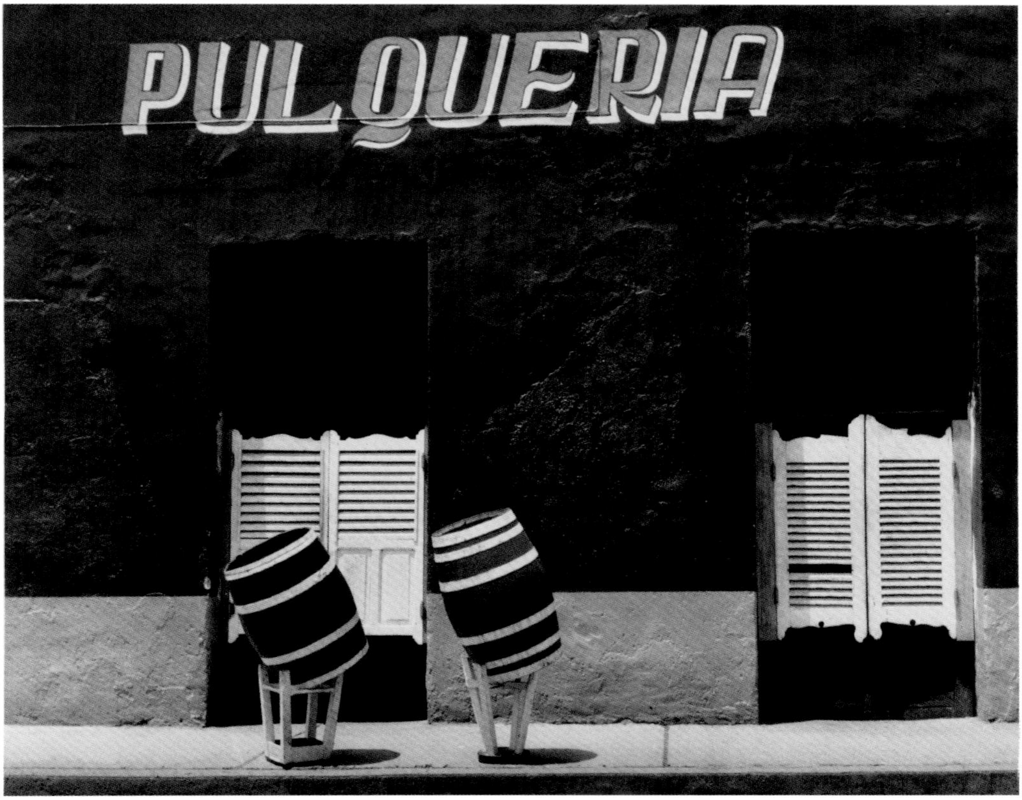

82

Manuel Carrillo (1906–1989)

Pulque Bar, Toluca	*Pulquería, Toluca*
Negative, 1970; print, 1981	Negativo, 1970; copia, 1981
Gelatin silver print	Gelatina de plata

20.1 × 25.7 cm (7 15⁄16 × 10 1⁄8 in.)
2023.130.10

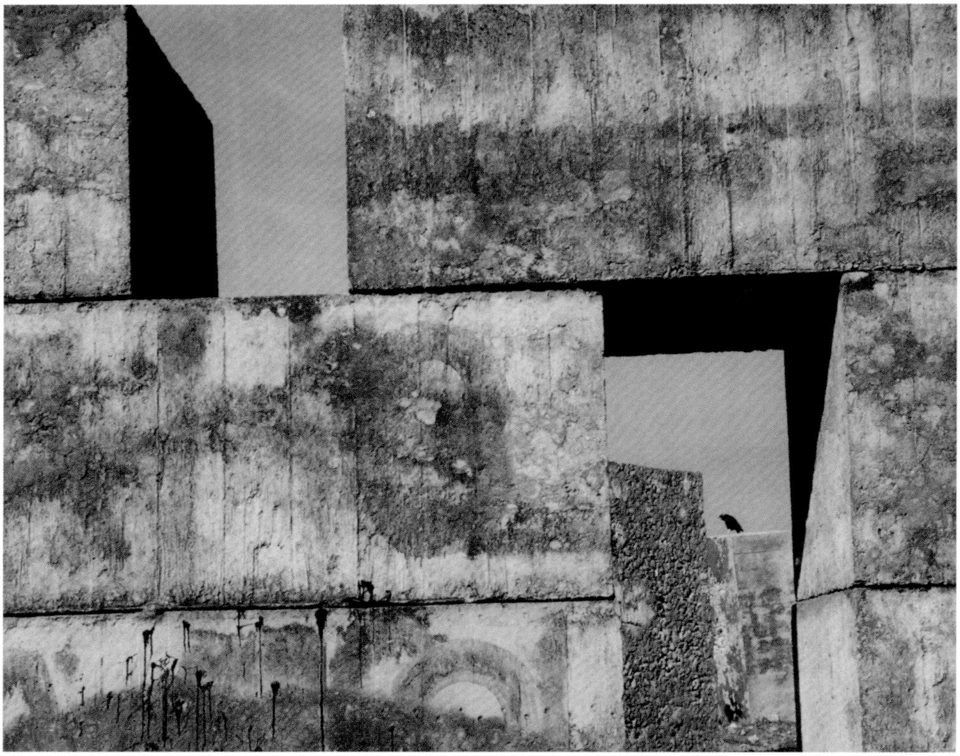

83

Manuel Carrillo (1906–1989)

Untitled	Sin título
ca. 1960	ca. 1960
Gelatin silver print	Gelatina de plata

20.2 × 25.7 cm (7 15/16 × 10 1/8 in.)
2023.129.33

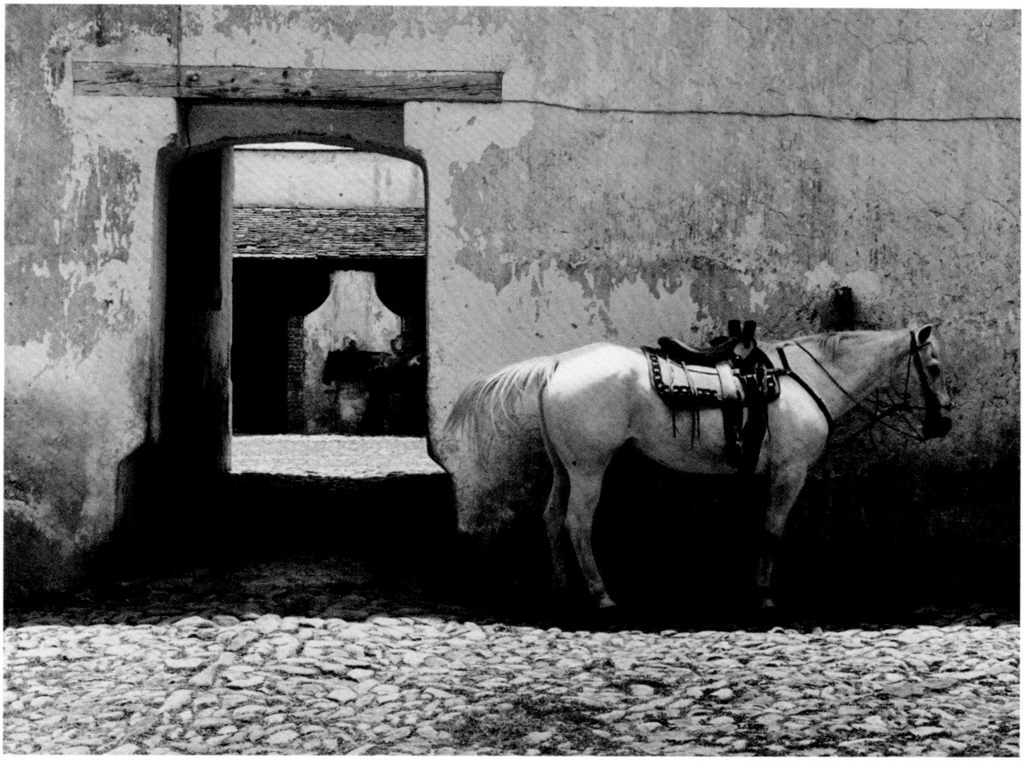

84

Mariana Yampolsky (1925–2002)

Stable, Tecajete, Hidalgo	*Caballeriza, Tecajete, Hidalgo*
1982	1982
Gelatin silver print	Gelatina de plata

34.5 × 46.8 cm (13 9⁄16 × 18 7⁄16 in.)
2023.143.5

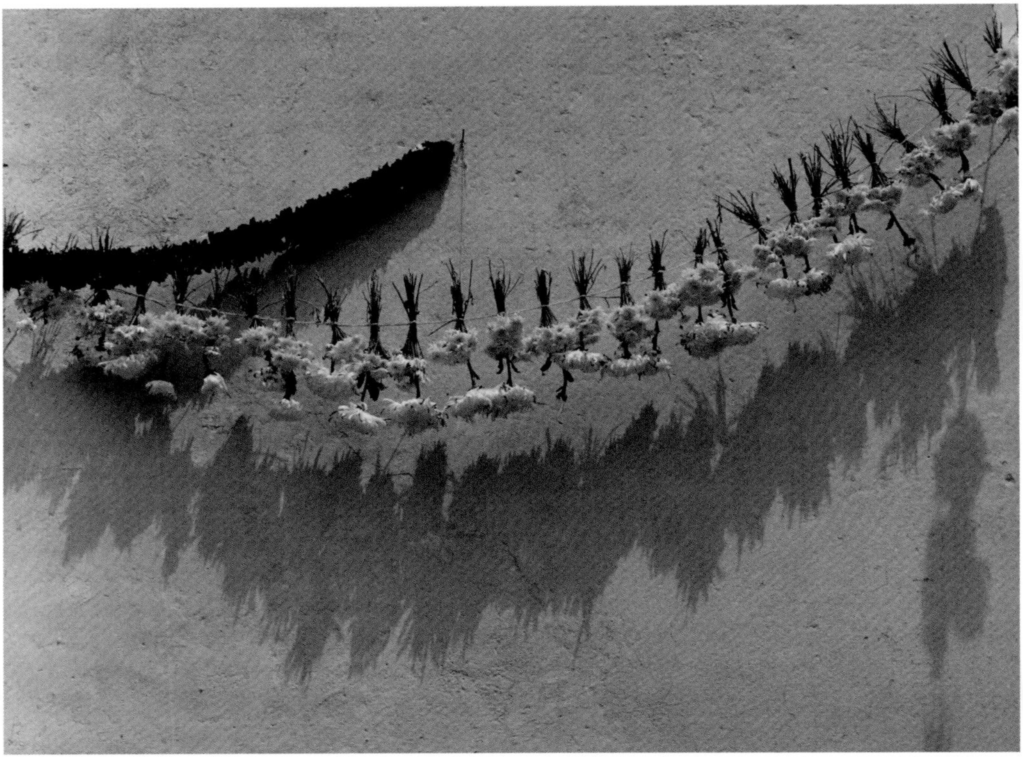

85

Mariana Yampolsky (1925–2002)

Pendant Ornament, Santa Rosa de Lima, State of Mexico	*Adorno colgante, Santa Rosa de Lima, Estado de México*
1990	1990
Gelatin silver print	Gelatina de plata

33.6 × 45.7 cm (13¼ × 18 in.)
2023.143.2

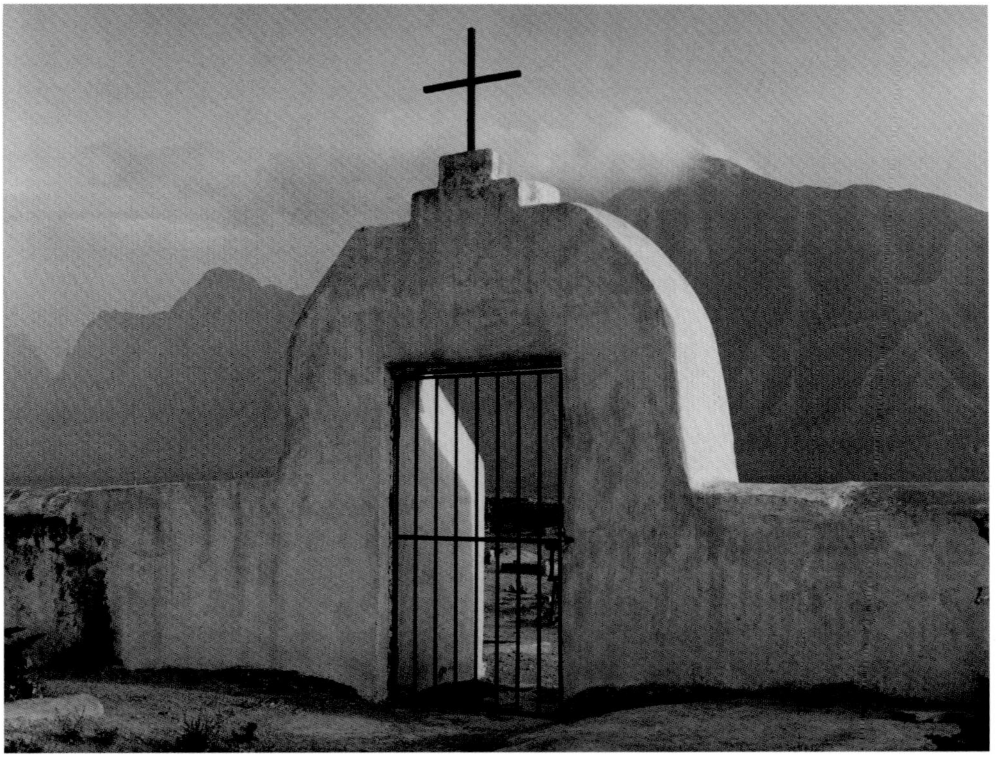

86

Mariana Yampolsky (1925–2002)

Cemetery	*Cementerio*
Negative, 1990; printed later	Negativo, 1990; copia posterior
Gelatin silver print	Gelatina de plata

35.8 × 47.1 cm (14 1/8 × 18 9/16 in.)
2023.143.9

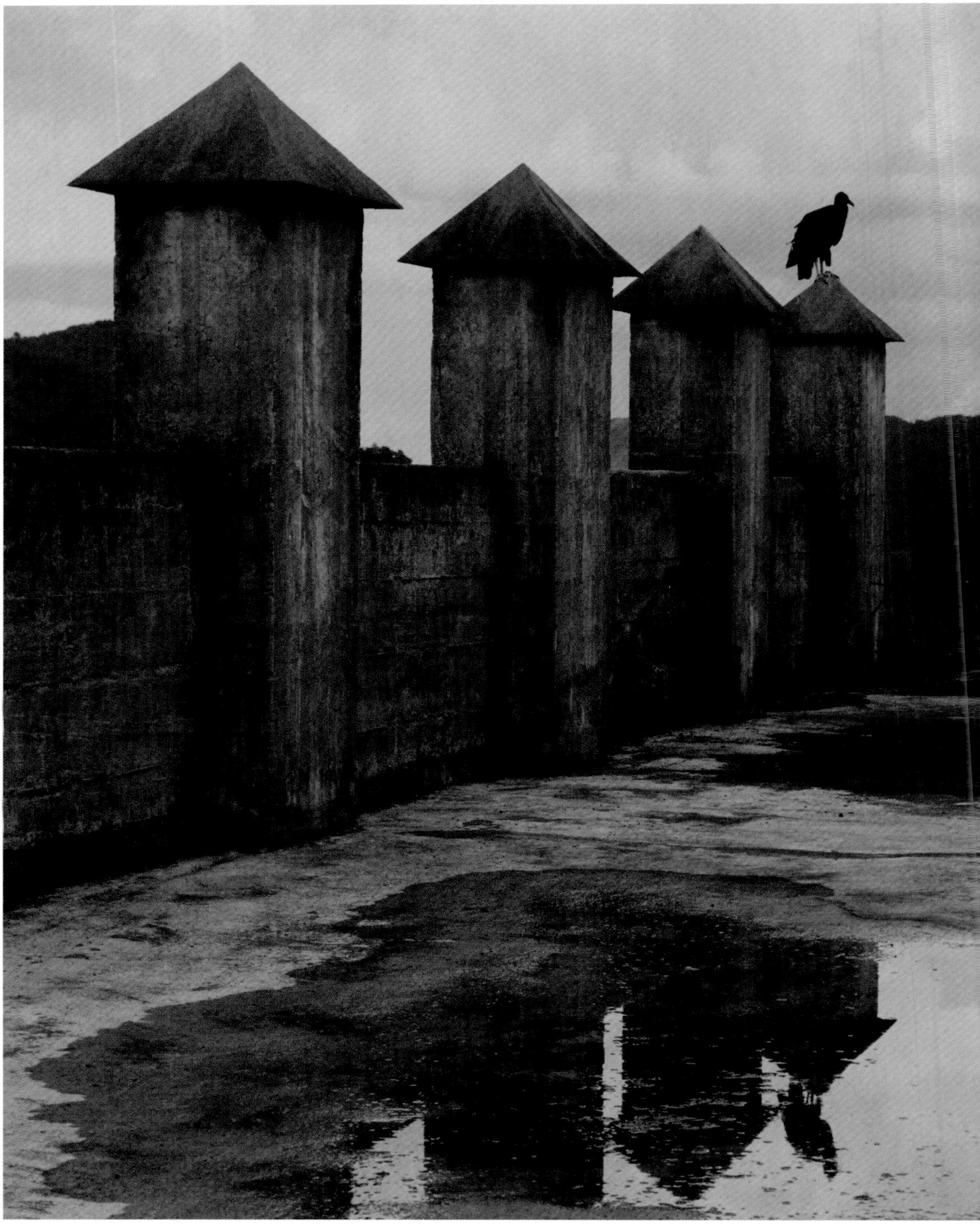

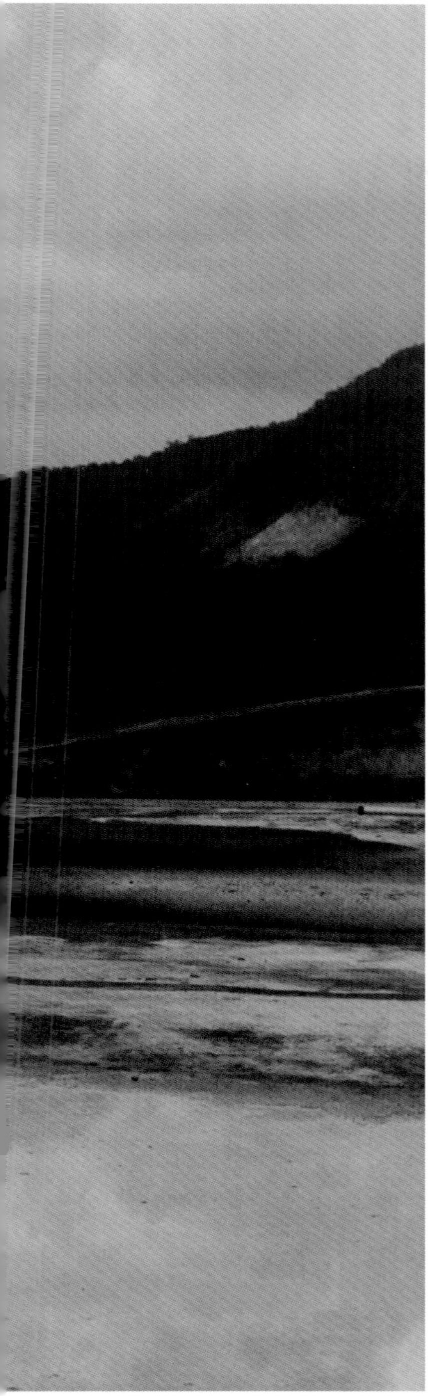

87

Flor Garduño (1957–)

The Waiting Time	*La espera*
1980	1980
Gelatin silver print	Gelatina de plata

34.3 × 41 cm (13½ × 16⅛ in.)
2023.132

THE EYE THINKS, THOUGHT SEES

In 1931 Manuel and Lola Álvarez Bravo opened an art gallery in their house in Mexico City that hosted the *Permanent Exhibition of Modern Mexican Painting*. This exhibition displayed works by artists who would soon become some of the premier names in the Mexican visual arts, among them Diego Rivera, Rufino Tamayo, María Izquierdo, and David Alfaro Siqueiros. Manuel Álvarez Bravo was twenty-nine years old and working during the day as an accountant at the Government Accountability Office. According to a review of the exhibition, he lamented that there was "no specific place where artists [could] gather, not only to exhibit their works ... but also to exchange ideas and opinions."[1] These conditions inspired the couple to create their own art space, which in addition to serving as a location for such exchange also had a commercial purpose: Photographic reproductions of the exhibited paintings were sold at 50 centavos (half a Mexican peso) apiece.[2]

The connections between the two photographers and these artists as well as other Mexican intellectuals, which were as much personal as professional, continued and deepened during the course of the subsequent years. The Álvarez Bravos took many portraits of these figures, which were often used to illustrate press notes and publications, and made reproductions of their artworks. They also sometimes recorded the artists' process—for example, photographing the execution of a work step by step. Manuel Álvarez Bravo's *Diego Rivera Painting the Lerma Pumping Station* (plate 94), taken in 1951, shows the painter beginning to work on *Water, Origin of Life on Earth*, a mural at the Cárcamo de Dolores.[3] Partially submerged in the water and therefore regarded as the first underwater mural in the world, *Water* was conceived with the objective of integrating public art into a functional building; its subject matter is based on the uses of water in Mexican culture, with clear references to Meso-American cultures.

Among the photographs donated by Greenberg and Steinhauser to the Getty Museum are a number of portraits of artists, including Siqueiros, Tamayo, Frida Kahlo, Isabel Villaseñor, and Francisco Toledo, and of writers, like Octavio Paz and Juan Rulfo, taken in different contexts from the 1930s to the 1970s. These visual artists, intellectuals, and writers shared various bonds of friendship that, to paraphrase Paz, encouraged them to think with their eyes and see with their thoughts. The work of Héctor García, a photojournalist who focused on social issues, delves into the political facets of some of these artists' lives, such as his photo of an imprisoned Siqueiros in 1960 (plate 99), when

EL OJO PIENSA, EL PENSAMIENTO VE

En 1931, Manuel y Lola Álvarez Bravo abrieron una galería de arte en su casa de Ciudad de México que albergó la *Exposición permanente de pintura moderna mexicana*. Allí se mostraban obras de quienes serían grandes nombres de las artes plásticas mexicanas, incluidos Diego Rivera, Rufino Tamayo, María Izquierdo y David Alfaro Siqueiros, entre otros. Manuel Álvarez Bravo tenía veintinueve años y aún trabajaba durante el día en su oficio contable en la Contraloría. Según una reseña de la exposición, lamentaba que no había "un lugar determinado donde puedan reunirse los artistas, no sólo para exhibir sus obras [...] sino como centro de intercambio de pareceres y opiniones."[1] Estas condiciones inspiraron a la pareja a crear su propio espacio artístico, el cual, además de funcionar como un lugar para dicho intercambio, también era una iniciativa comercial: reproducciones fotográficas de las pinturas expuestas se encontraban en venta a 50 centavos (medio peso mexicano) cada una.[2]

El vínculo de los fotógrafos con estos artistas y con otros intelectuales mexicanos, de manera tanto personal como profesional, continuó y se profundizó a lo largo de los años. Los Álvarez Bravo no solo realizaron numerosos retratos de ellos, que serían usados para ilustrar un sinfín de notas y publicaciones, sino que también generaron reproducciones de sus obras. En ocasiones también documentaban el proceso creativo de los artistas, fotografiando, por ejemplo, el paso a paso del trabajo en los grandilocuentes murales. La fotografía de Manuel Álvarez Bravo titulada *Diego Rivera pintando el Cárcamo del Lerma* (lámina 94), tomada en 1951, muestra al pintor comenzando a trabajar en *Agua, origen de la vida en la Tierra*, un mural en el Cárcamo de Dolores.[3] Parcialmente sumergido bajo el agua y, por lo tanto, considerado el primer mural submarino del mundo, *Agua* fue concebido con el objetivo de integrar el arte público a un edificio funcional; su temática se basa en los usos del agua en la cultura mexicana, con claras referencias a las culturas mesoamericanas.

Las fotografías donadas por Greenberg y Steinhauser al Getty Museum incluyen varios retratos de artistas, entre ellos Siqueiros, Tamayo, Frida Kahlo, Isabel Villaseñor y Francisco Toledo, y de escritores, como Octavio Paz y Juan Rulfo, tomados en diferentes contextos desde la década de 1930 hasta la de 1970. Estos artistas visuales, intelectuales y escritores compartían diversos lazos de amistad y cooperación que, para parafrasear a Paz, les animaban a pensar con los ojos y ver con los pensamientos. La obra de Héctor García, fotoperiodista centrado

the painter was accused of "social dissolution," a charge utilized to repress those who questioned the government and promoted social movements.[4]

Lola Álvarez Bravo maintained close relations with all of these figures but especially with Kahlo. The friendship between these two creative women, who both had turbulent marriages and few female role models in their respective fields, is reflected in the multiple portraits that Álvarez Bravo made of her friend, such as those from about 1944 (plate 92) and 1951 (plate 96).[5] More than fifty years later, working in this same lineage, Graciela Iturbide was invited to photograph Kahlo's belongings that had been stored in the Casa Azul, the painter's family home.[6] Iturbide took the opportunity to create a new portrait of the deceased and by then world-famous artist by photographing some of her most personal objects, such as her orthopedic prostheses, the utensils employed in her care during her last illness, and some of her political posters (plates 104–13). Through two series of photographs, one in black and white and the other in color, Iturbide explores and reinterprets the passage of time, closing a circle of references to those artists—painters, photographers, and writers—of Mexican modernism.

en temas sociales, profundiza en la faceta política de algunos de estos artistas, como en su foto de Siqueiros encarcelado en 1960 (lámina 99), cuando el pintor fue acusado de "disolución social," un cargo utilizado para reprimir a quienes cuestionaban al gobierno y promovían movimientos sociales.[4]

Lola Álvarez Bravo mantuvo un vínculo estrecho con muchas de estas figuras, pero especialmente con Kahlo. La amistad entre estas mujeres creativas, ambas con matrimonios turbulentos y escasos referentes en sus respectivas áreas de trabajo, se refleja en los múltiples retratos que Álvarez Bravo hizo de su amiga, como los realizados alrededor de 1944 (lámina 92) y 1951 (lámina 96).[5] Más de cincuenta años después, como en una herencia de linajes, Graciela Iturbide fue invitada a fotografiar las pertenencias de Kahlo que se conservaban en la Casa Azul, la casa familiar de la pintora.[6] Iturbide aprovechó la oportunidad para crear un nuevo retrato de la artista fallecida y ya mundialmente famosa, fotografiando algunos de sus objetos más personales, como sus prótesis ortopédicas, los utensilios empleados en su cuidado durante la última etapa de su enfermedad y algunos de sus afiches políticos (láminas 104–13). A través de dos series de fotografías, una en blanco y negro y otra en color, Iturbide explora y reinterpreta el paso del tiempo, cerrando un círculo de referencias sobre aquellos artistas —pintores, fotógrafos y escritores— de la modernidad mexicana.

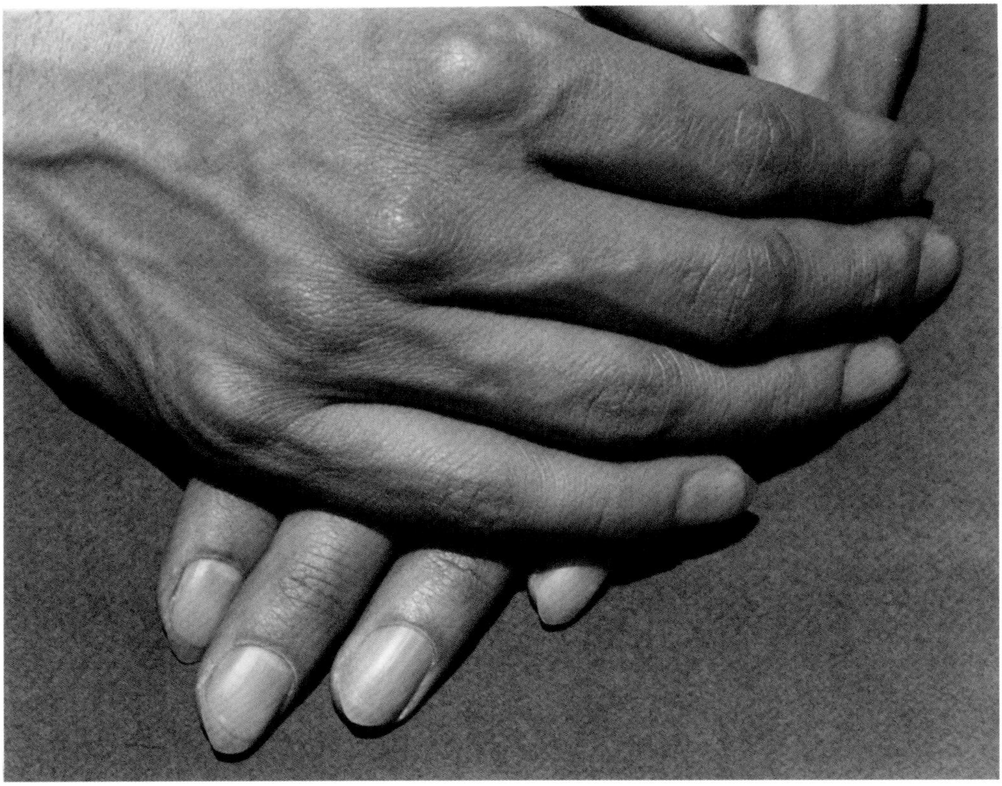

88

Manuel Álvarez Bravo (1902–2002)

Study of Tamayo's Hands	*Estudio de manos de Tamayo*
Negative, 1931; print, 1998	Negativo, 1931; copia, 1998
Gelatin silver print	Gelatina de plata

18.6 × 23.8 cm (7 5/16 × 9 3/8 in.)
2000.75.10

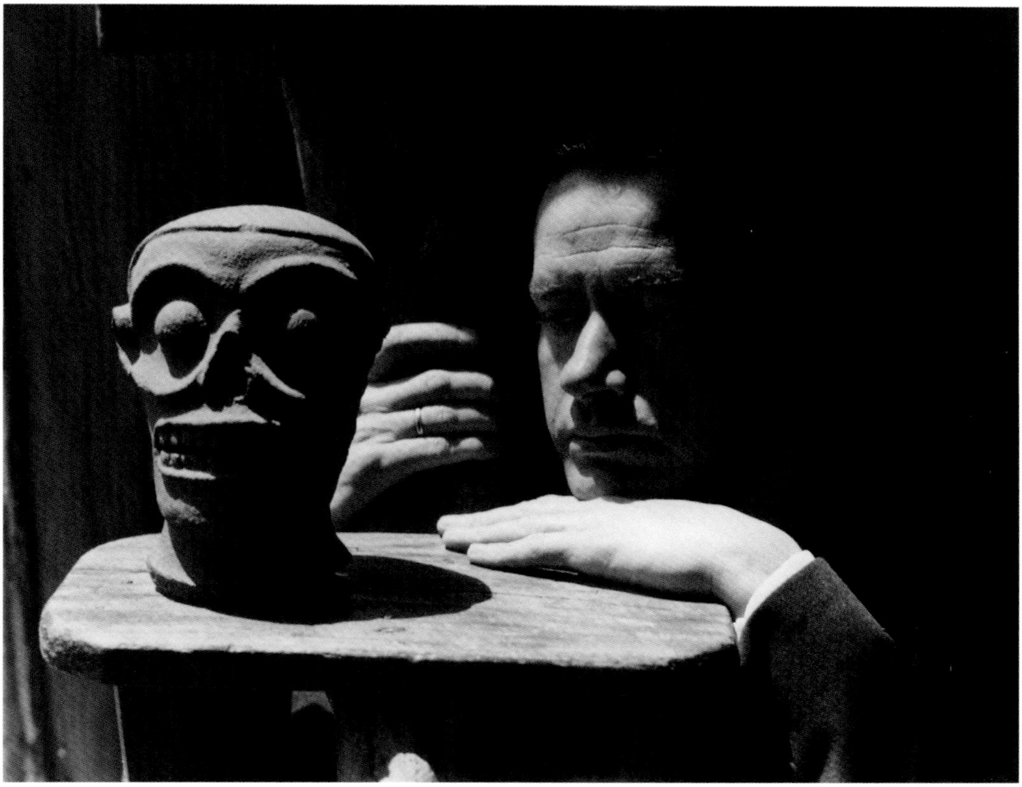

89

Manuel Álvarez Bravo (1902–2002)

Juan Rulfo	*Juan Rulfo*
ca. 1940	ca. 1940
Gelatin silver print	Gelatina de plata

18.6 × 24.4 cm (7 5⁄16 × 9 5⁄8 in.)
2003.507.27

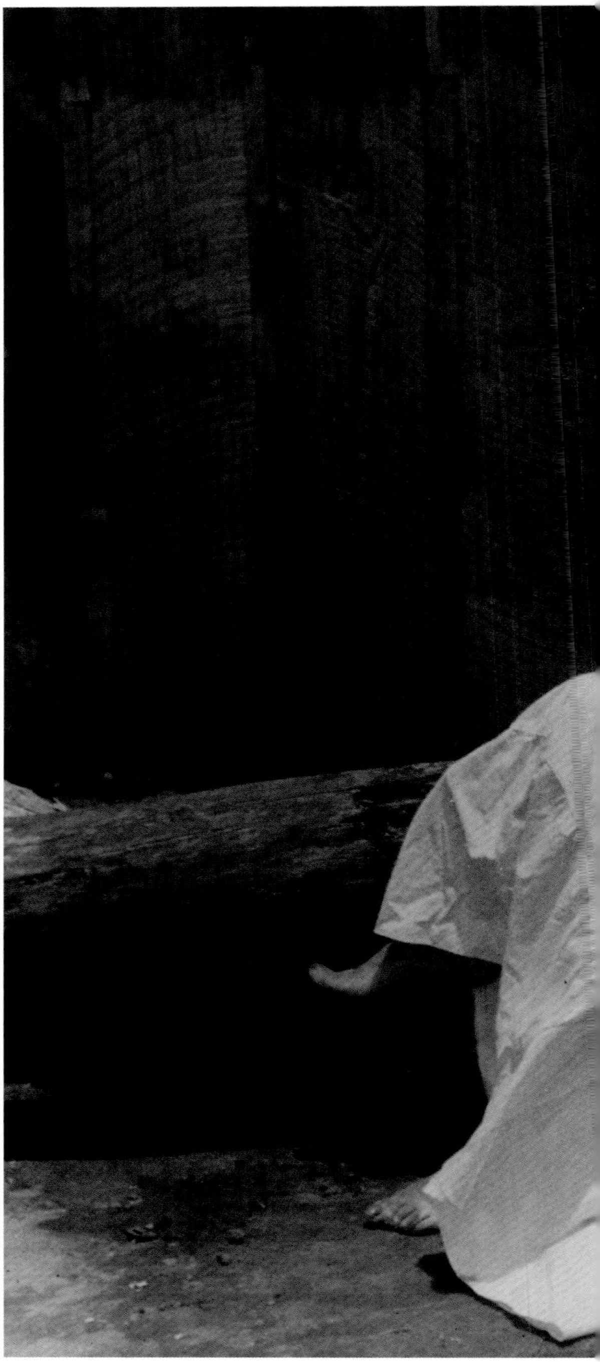

90

Lola Álvarez Bravo (1903–1993)

The Reverie (Isabel Villaseñor)	*El ensueño (Isabel Villaseñor)*
1941	1941
Gelatin silver print	Gelatina de plata

17.4 × 23.5 cm (6⅞ × 9¼ in.)
2023.127.5

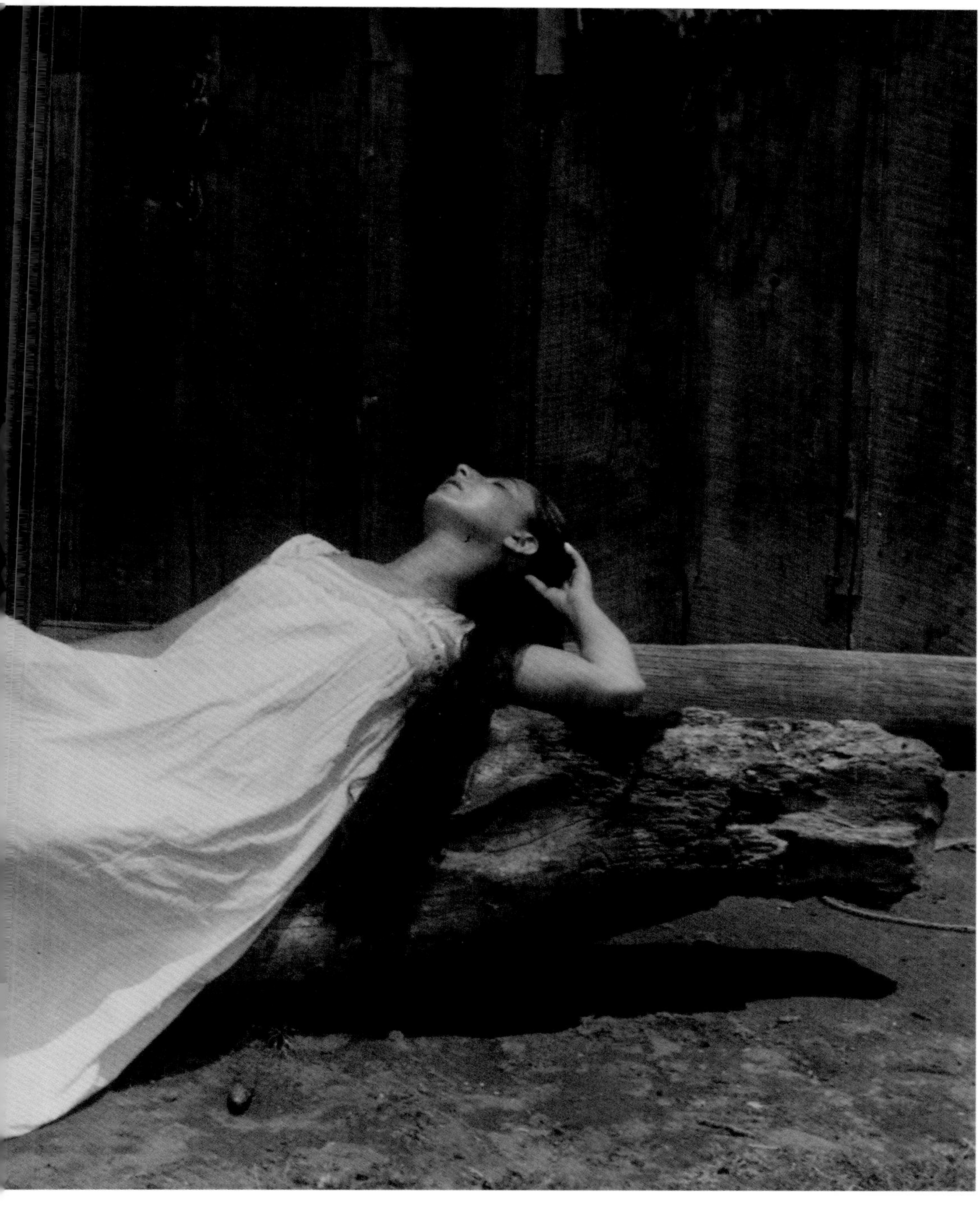

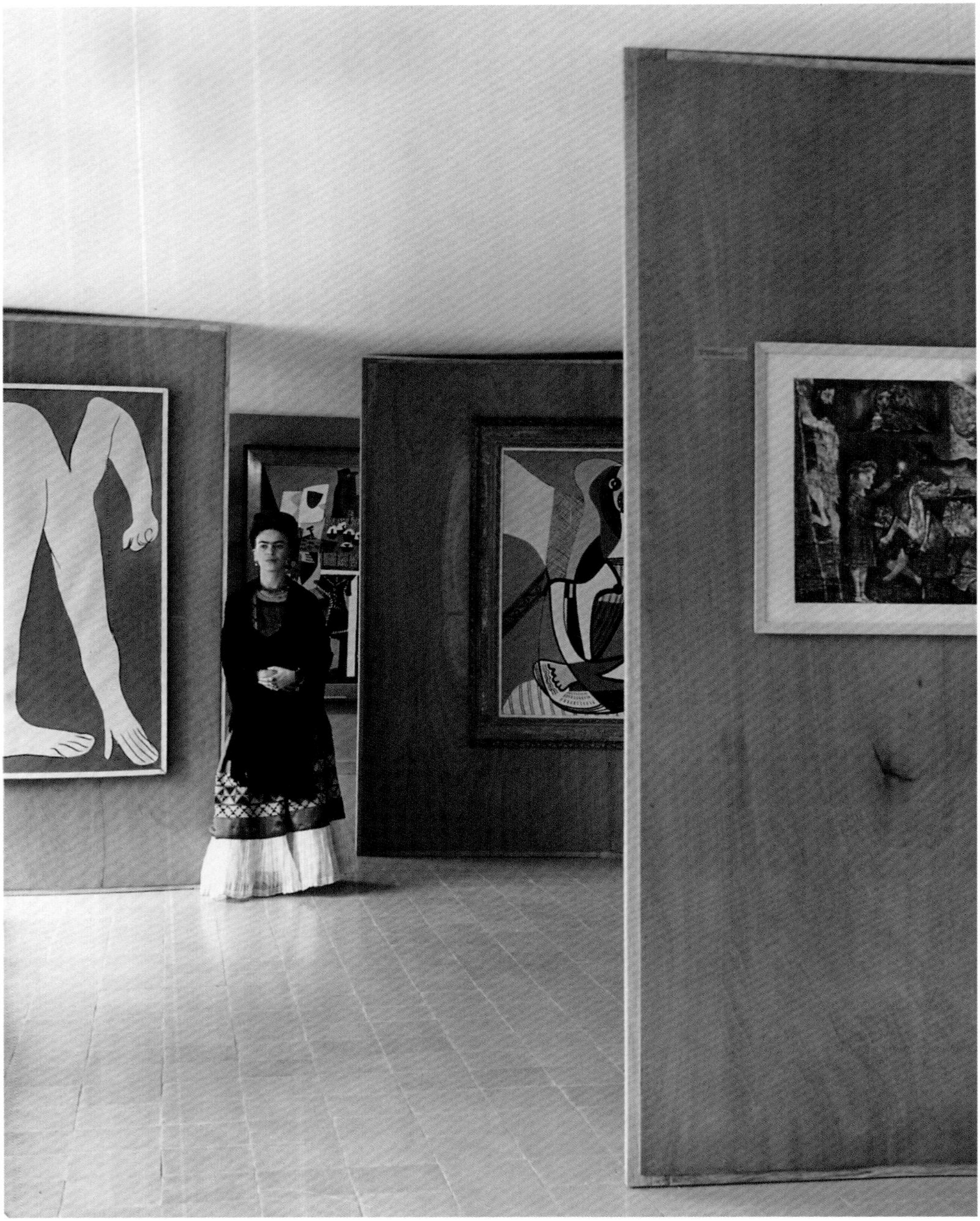

91

Manuel Álvarez Bravo (1902–2002)

Frida Kahlo at the Picasso Exhibition Organized by the Society of Modern Art	*Frida Kahlo en la exposición de Picasso organizada por la Sociedad de Arte Moderno*
1944	1944
Gelatin silver print	Gelatina de plata

24.2 × 19.1 cm (9 ½ × 7 ½ in.)
2003.507.42

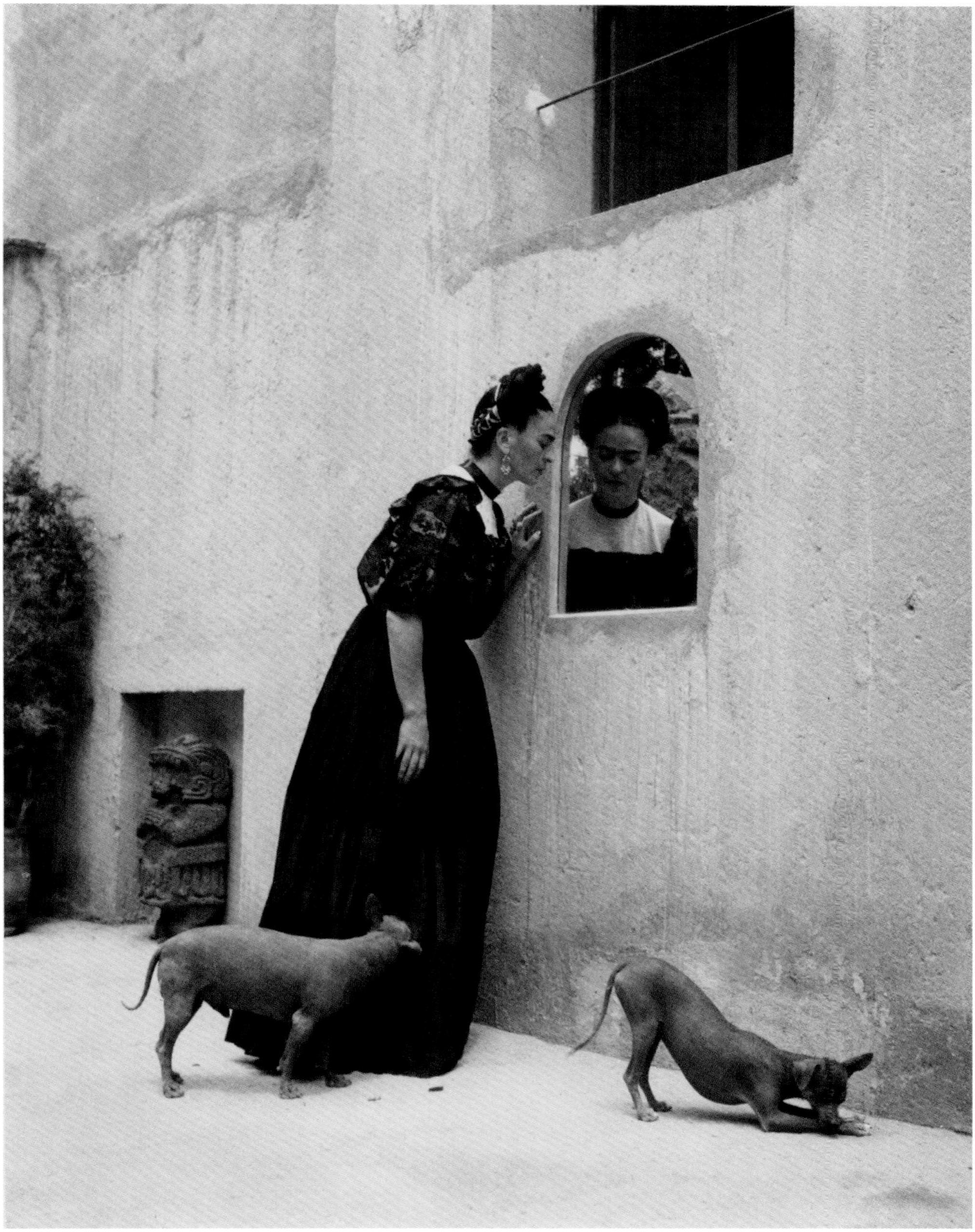

92

Lola Álvarez Bravo (1903–1993)

Frida Kahlo	*Frida Kahlo*
Negative, ca. 1944; print, 1981	Negativo, ca. 1944; copia, 1981
Gelatin silver print	Gelatina de plata

31.1 × 24.6 cm (12¼ × 9 11/16 in.)
2023.127.9

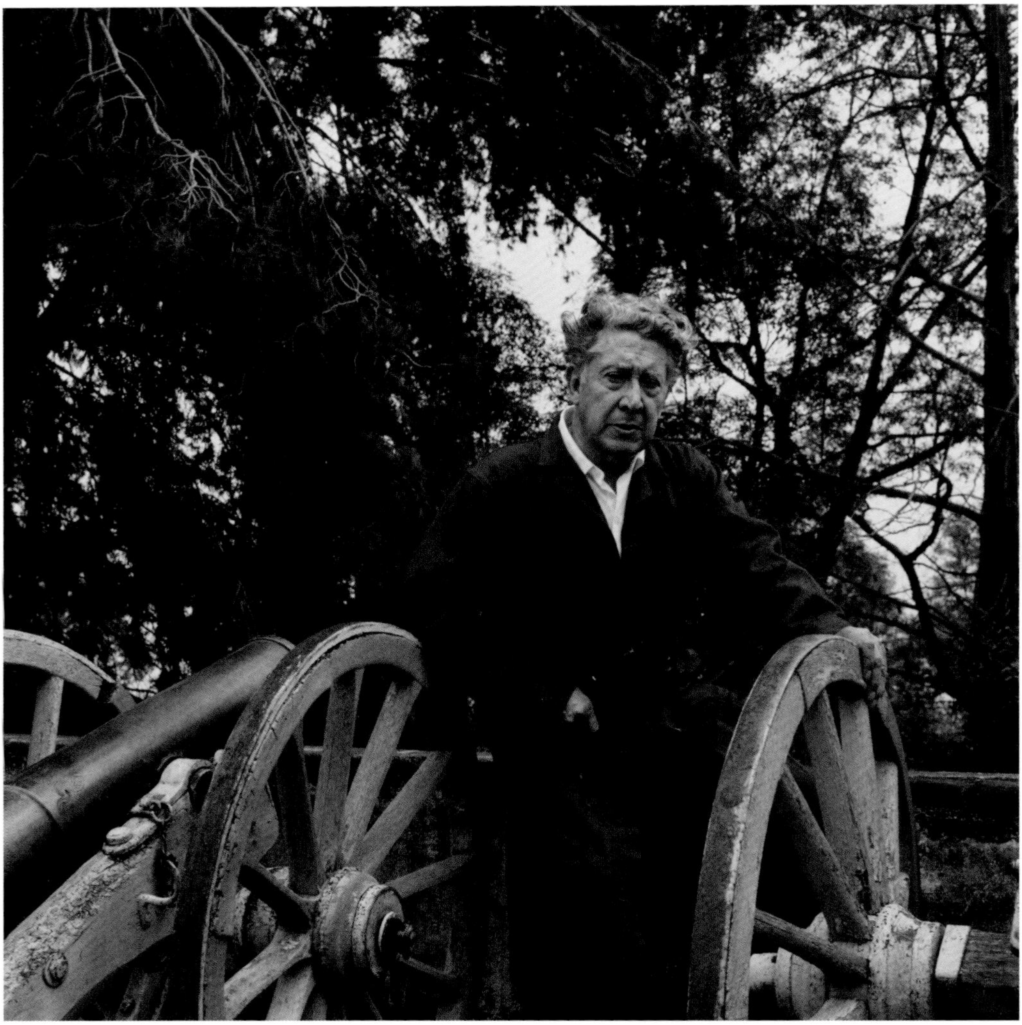

93

Lola Álvarez Bravo (1903–1993)

David Alfaro Siqueiros	*David Alfaro Siqueiros*
Negative, 1945;	Negativo, 1945;
print, ca. 1980s	copia, ca. década de 1980
Gelatin silver print	Gelatina de plata

17.8 × 17.8 cm (7 × 7 in.)
2023.127.11

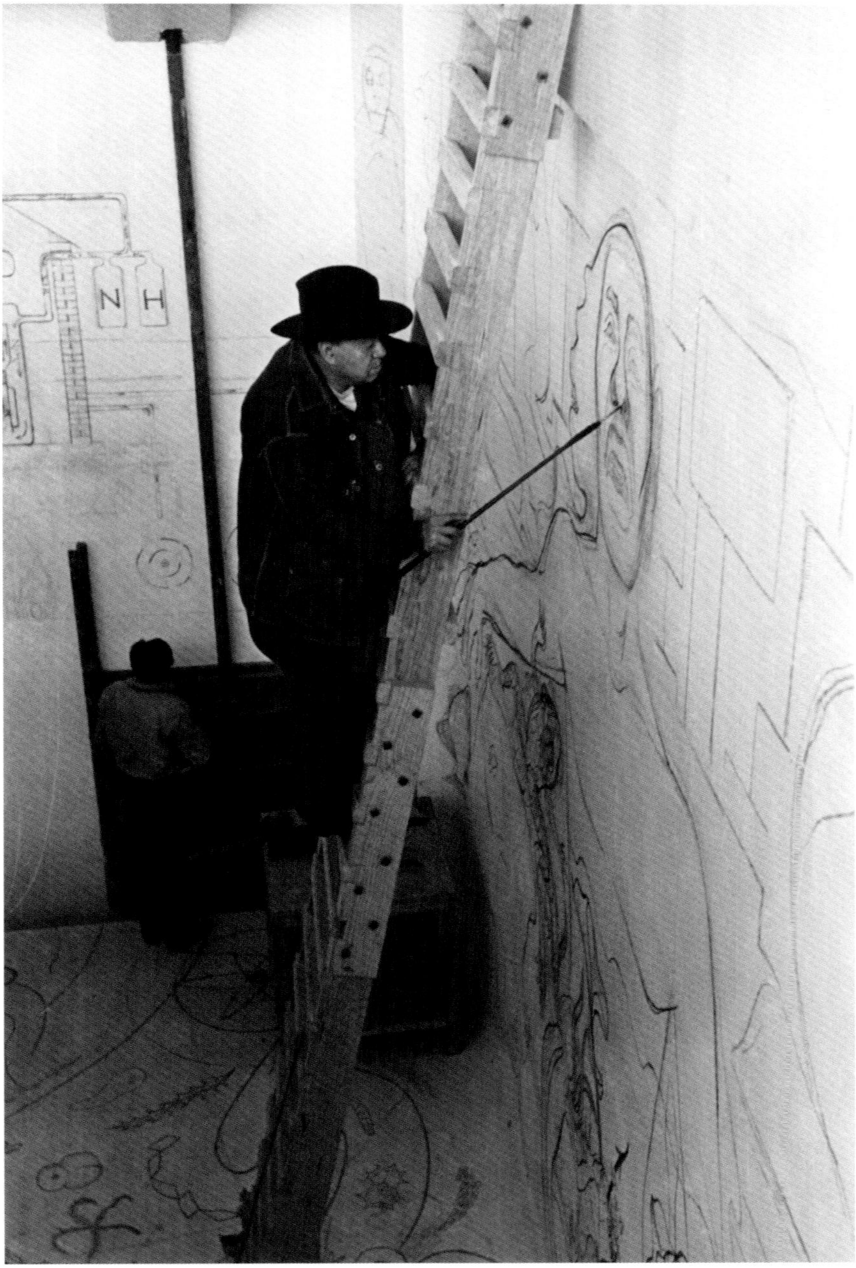

94

Manuel Álvarez Bravo (1902–2002)

Diego Rivera Painting the Lerma Pumping Station	*Diego Rivera pintando el Cárcamo del Lerma*
1951	1951
Gelatin silver print	Gelatina de plata

24.4 × 16.4 cm ($9\frac{5}{8} \times 6\frac{7}{16}$ in.)
2003.507.43

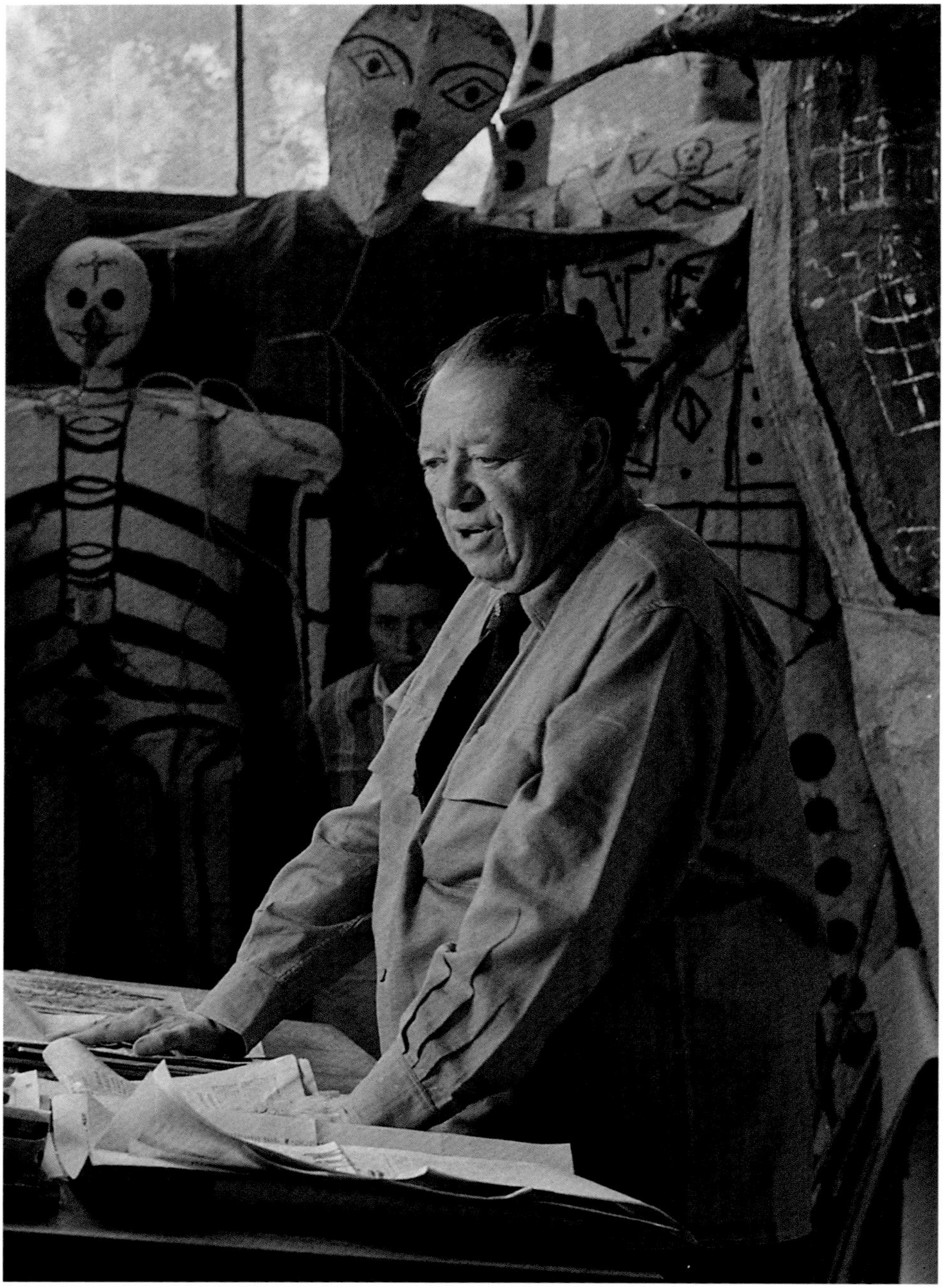

95

Héctor García (1923–2012)

Diego Rivera Among His "Judases"	*Diego Rivera entre sus "Judases"*
1956	1956
Gelatin silver print	Gelatina de plata

24.1 × 17.8 cm (9½ × 7 in.)
2025.118.4

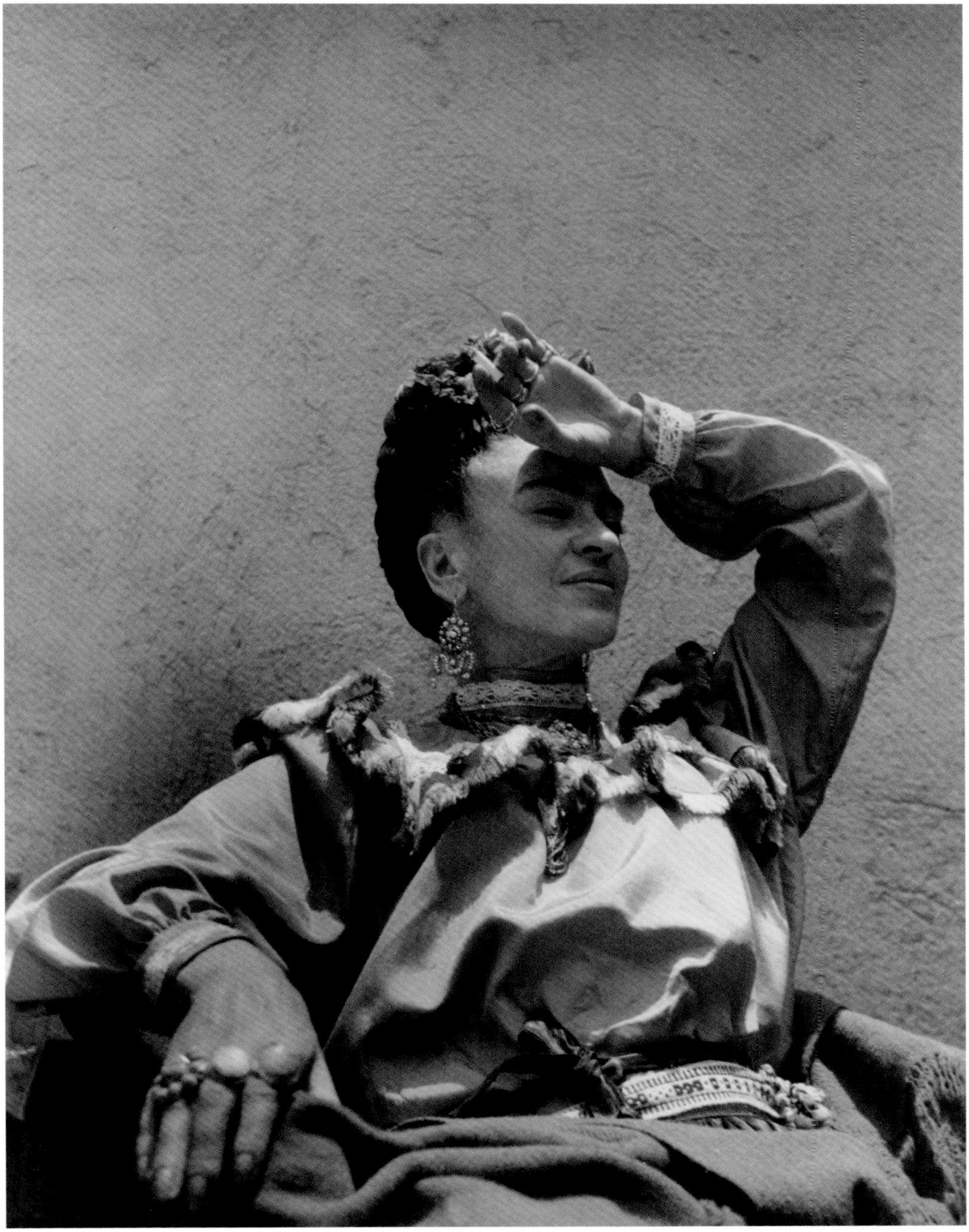

96

Lola Álvarez Bravo (1903–1993)

Frida Kahlo	*Frida Kahlo*
Negative, ca. 1951; printed later	Negativo, ca. 1951; copia posterior
Gelatin silver print	Gelatina de plata

22.9 × 18.1 cm (9 × 7⅛ in.)
2023.127.32

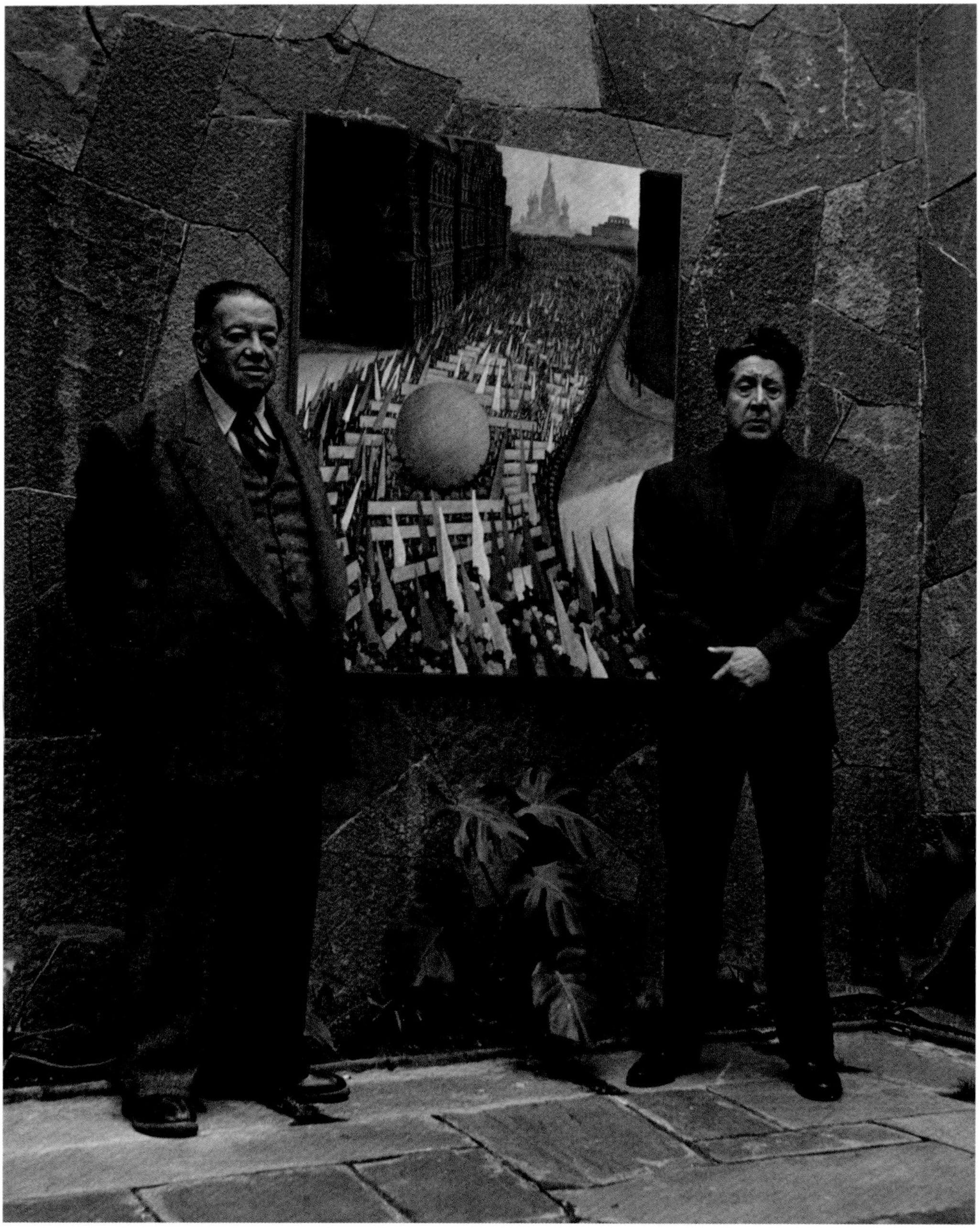

97

Rodrigo Moya (1934–2025)

Diego and Siqueiros	*Diego y Siqueiros*
Negative, 1957; print, 2004	Negativo, 1957; copia, 2004
Gelatin silver print	Gelatina de plata

47.6 × 38.4 cm (18 ¾ × 15 ⅛ in.)
2023.140.1

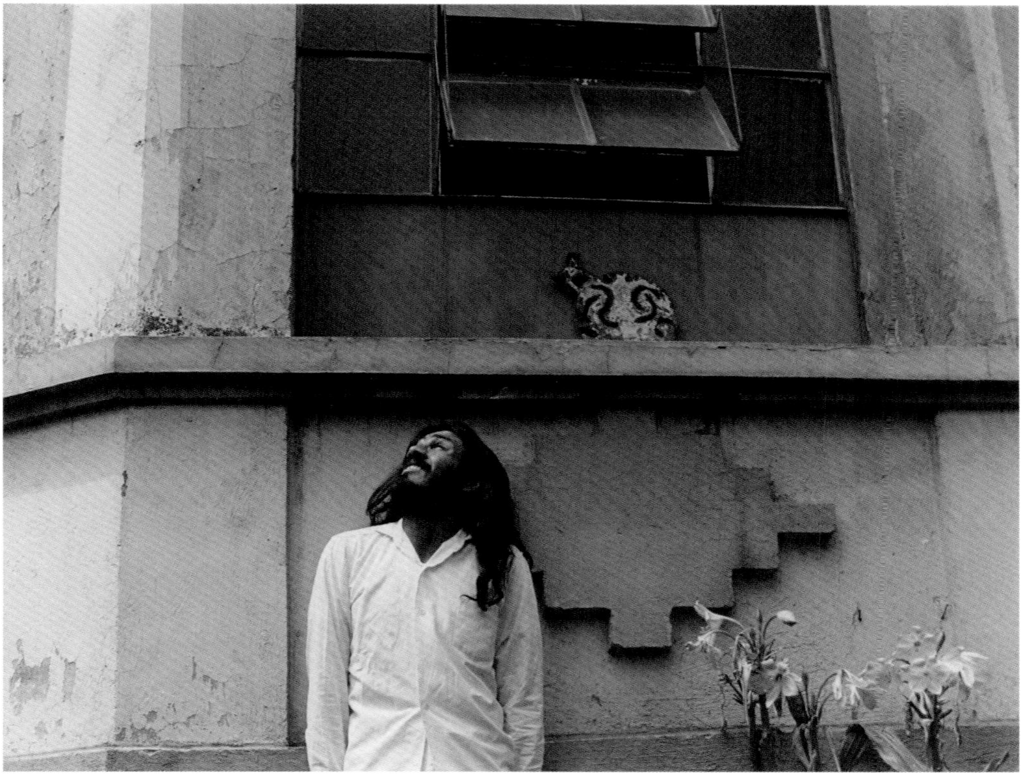

98

Manuel Álvarez Bravo (1902–2002)

Francisco Toledo	*Francisco Toledo*
1960	1960
Gelatin silver print	Gelatina de plata

18.7 × 24.8 cm (7⅜ × 9¾ in.)
2003.507.47

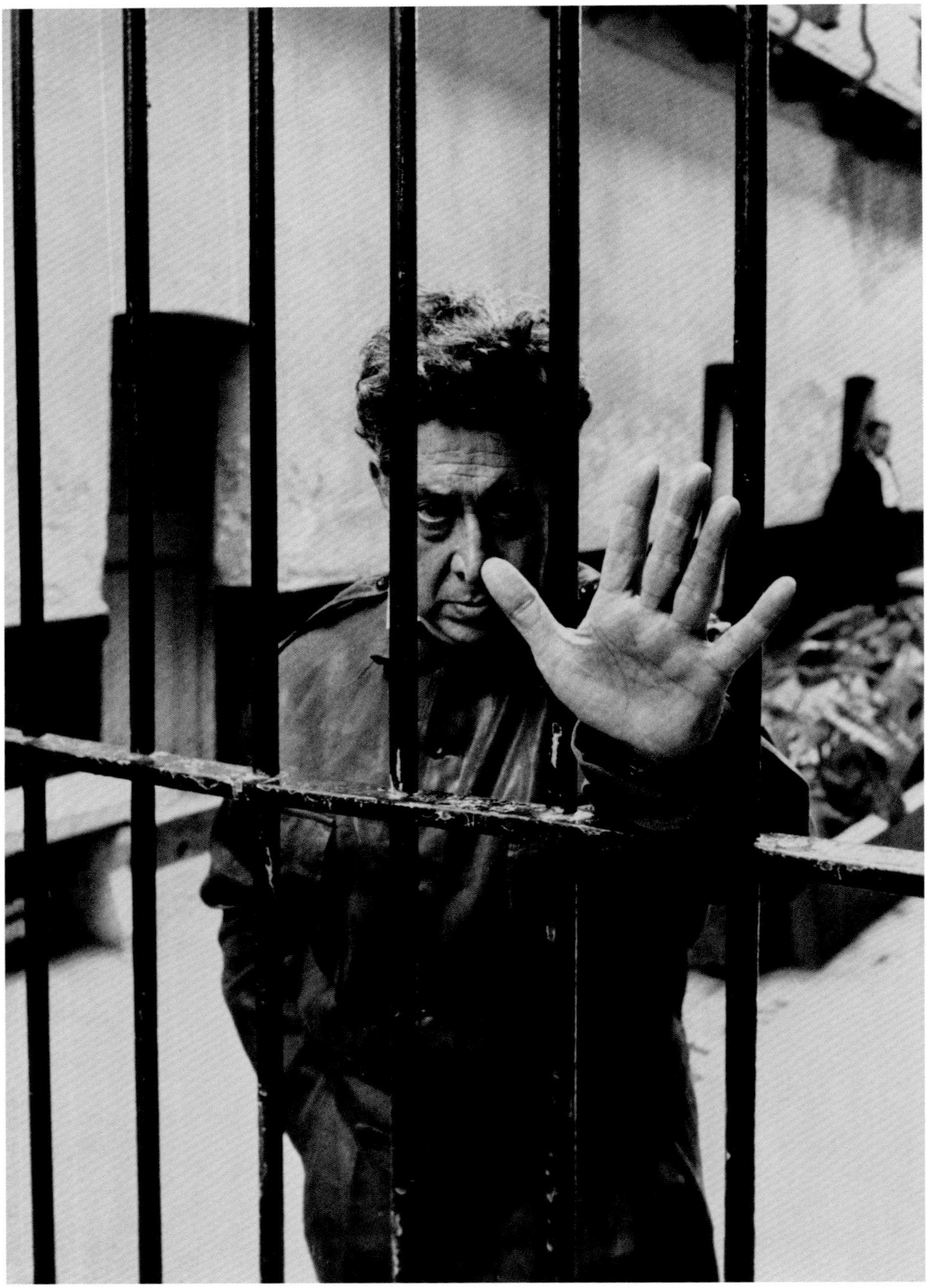

99

Héctor García (1923–2012)

Siqueiros in Lecumberri Prison	*Siqueiros en Lecumberri*
1960	1960
Gelatin silver print	Gelatina de plata

17.7 × 12.9 cm (6 15/16 × 5 1/16 in.)
2023.131.2

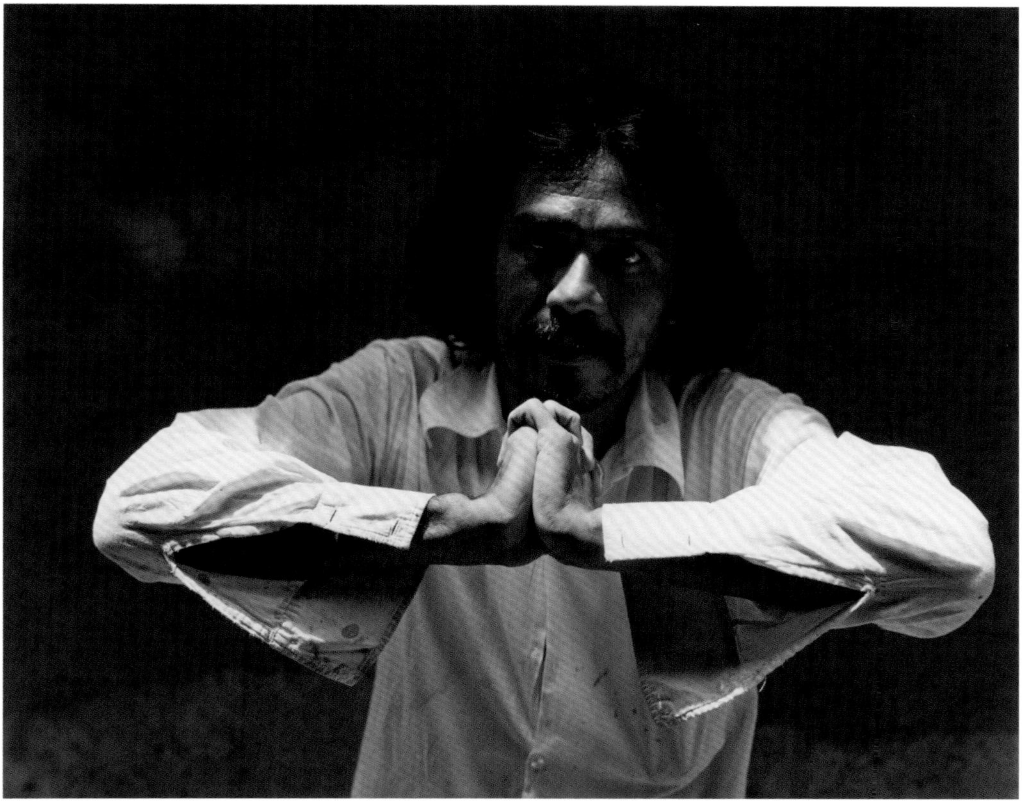

100

Lola Álvarez Bravo (1903–1993)

Francisco Toledo	*Francisco Toledo*
Negative, 1970; print, ca. 1980s	Negativo, 1970; copia, ca. década de 1980
Gelatin silver print	Gelatina de plata

24.6 × 31.5 cm (9 11/16 × 12 3/8 in.)
2023.127.39

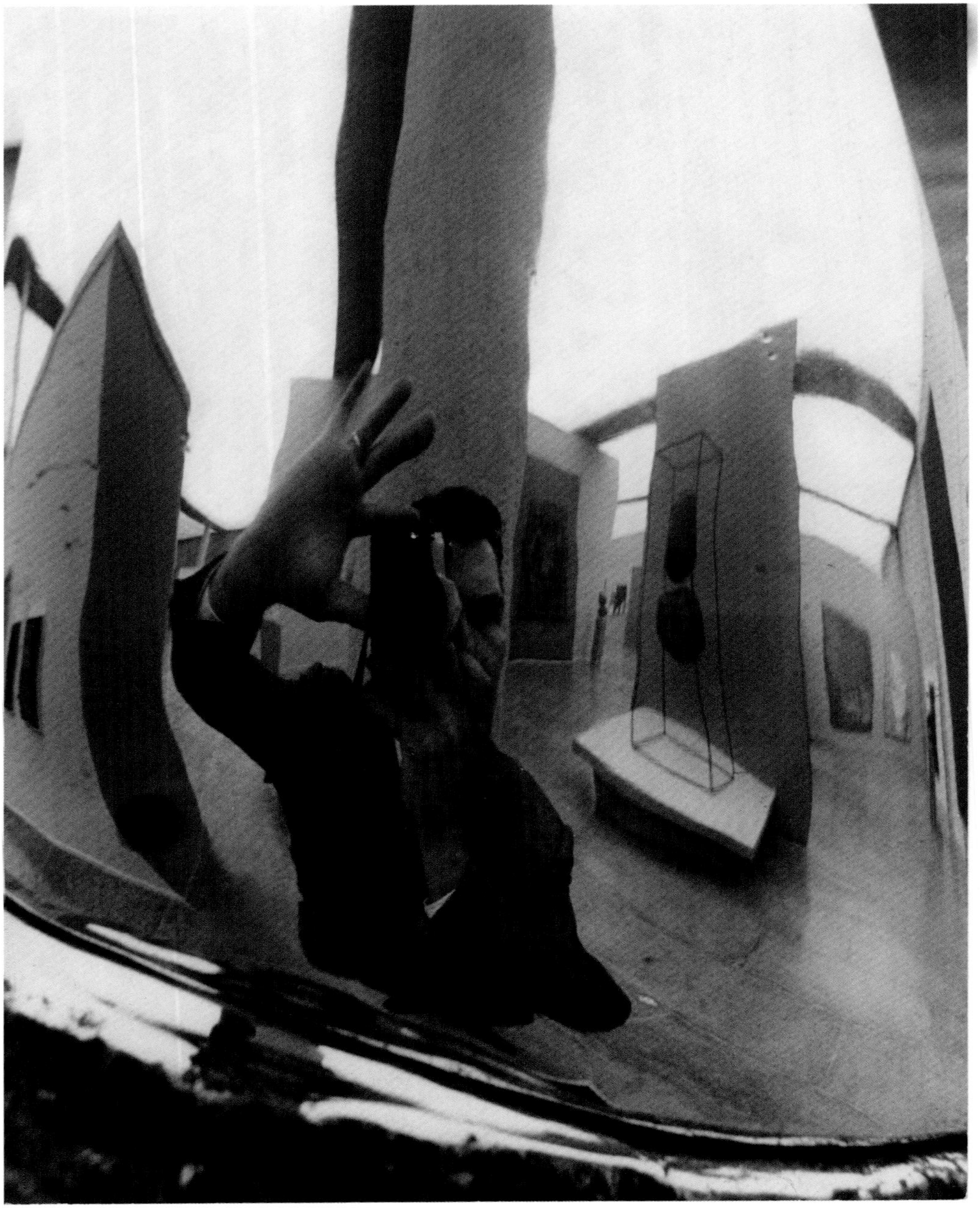

101

Héctor García (1923–2012)

Self-Portrait	*Autorretrato*
1975	1975
Gelatin silver print	Gelatina de plata

25.4 × 20.3 cm (10 × 8 in.)
2025.118.5

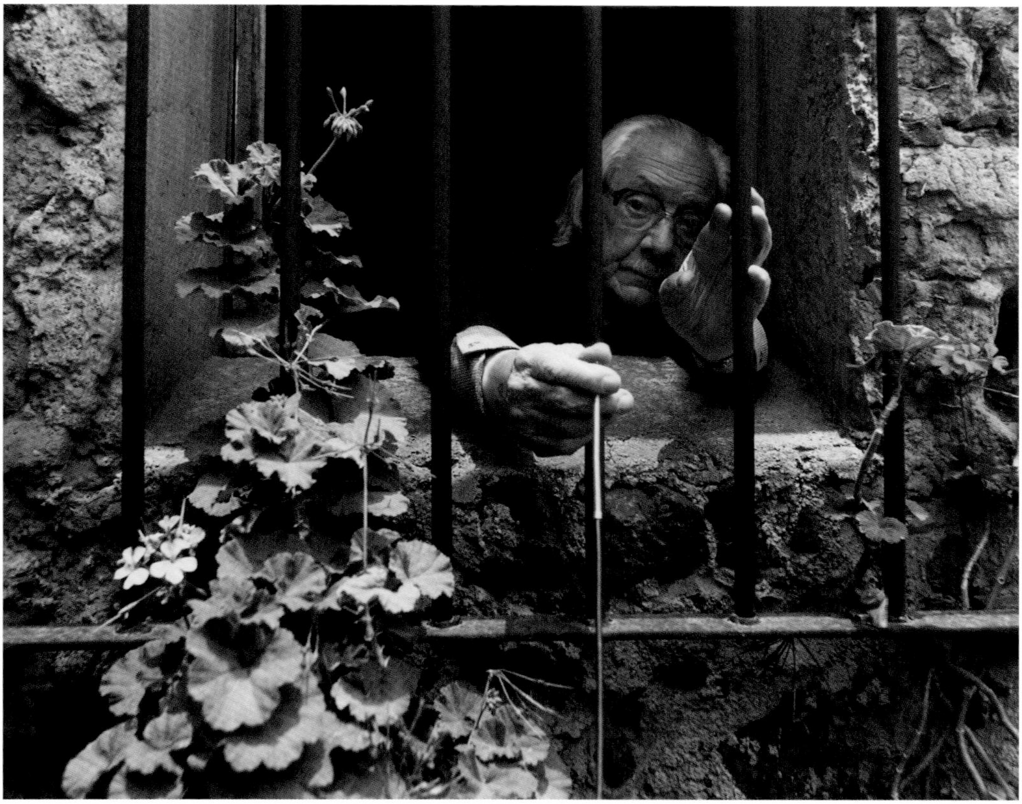

102

Manuel Álvarez Bravo (1902–2002)

Self-Portrait	*Autorretrato*
1980	1980
Gelatin silver print	Gelatina de plata

19.1 × 24.3 cm (7 ½ × 9 ⁹⁄₁₆ in.)
2003.507.13

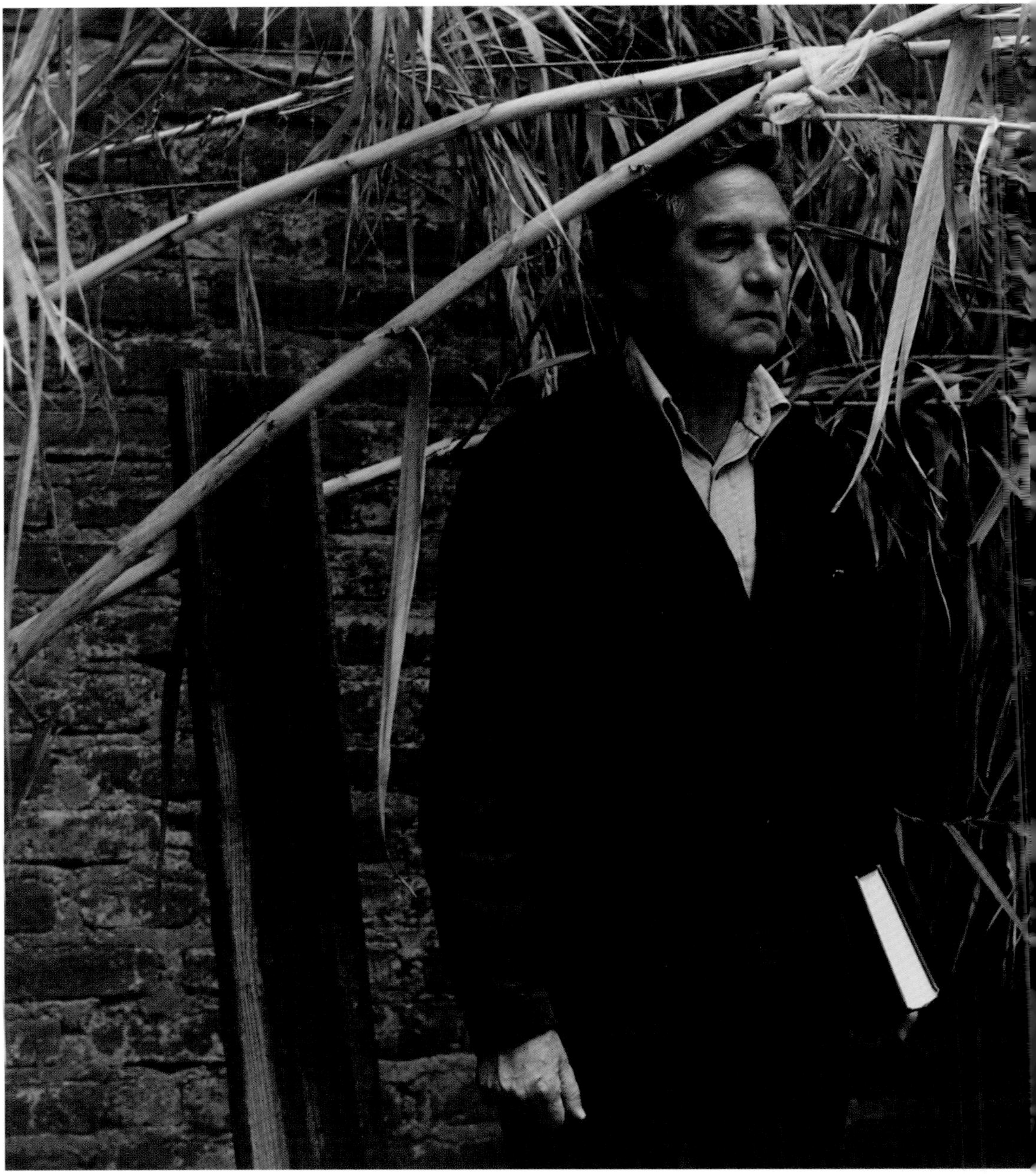

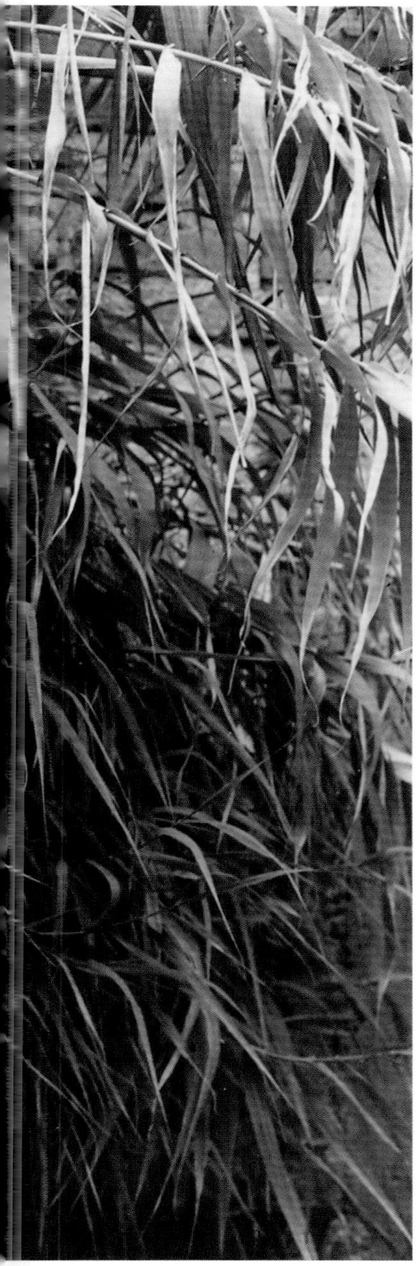

103

Manuel Álvarez Bravo (1902–2002)

Octavio Paz	*Octavio Paz*
Negative, 1977; print, ca. 1985	Negativo, 1977; copia, ca. 1985
Gelatin silver print	Gelatina de plata

18.2 × 24 cm (7³⁄₁₆ × 9⁷⁄₁₆ in.)
2003.507.56

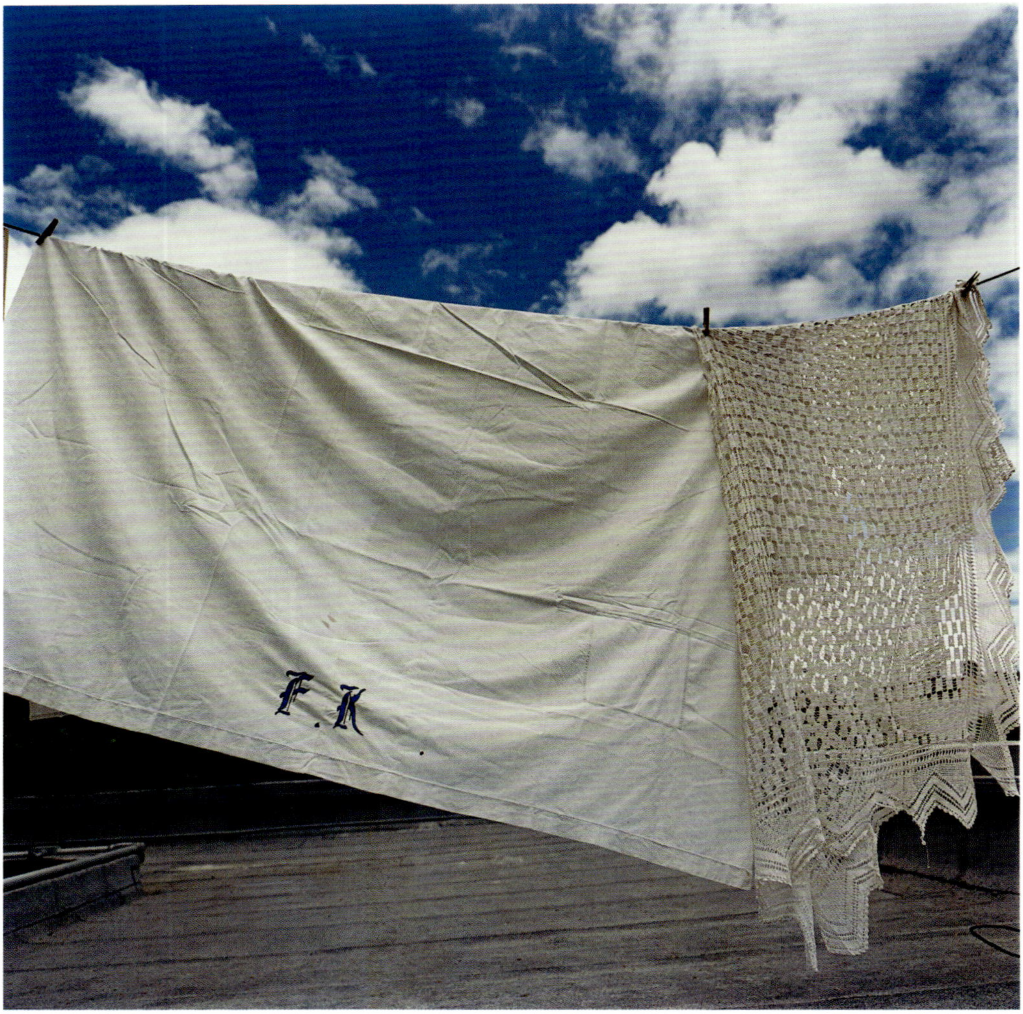

104

Graciela Iturbide (1942–)

Untitled	Sin título
Negative, 2005; print, 2007	Negativo, 2005; copia, 2007
Frida's Bathroom series	*El baño de Frida* serie
Dye imbibition print	Impresión por dye imbibition

29.8 × 30.2 cm (11¾ × 11⅞ in.)
2014.89.2

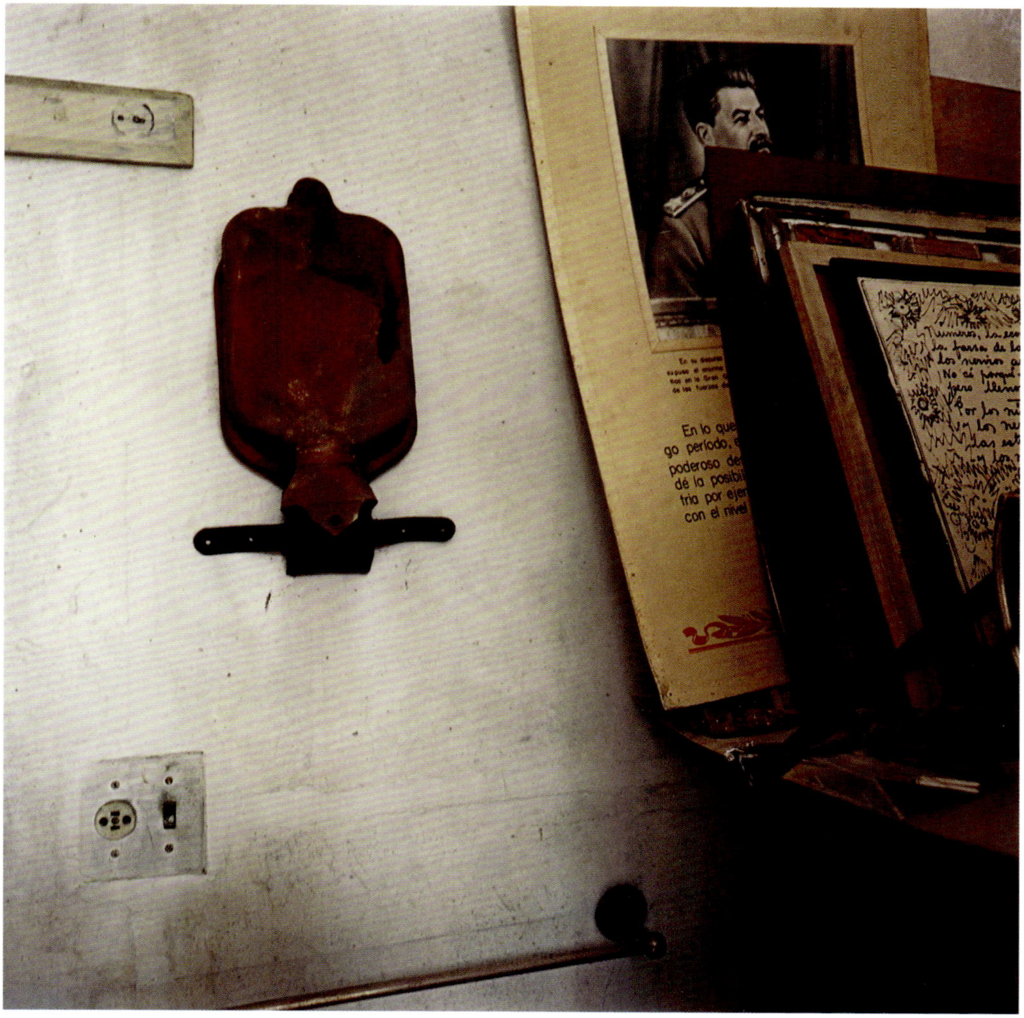

105

Graciela Iturbide (1942–)

Untitled	Sin título
Negative, 2005; print, 2007	Negativo, 2005; copia, 2007
Frida's Bathroom series	*El baño de Frida* serie
Dye imbibition print	Impresión por dye imbibition

29.8 × 30.2 cm (11¾ × 11⅞ in.)
2014.89.4

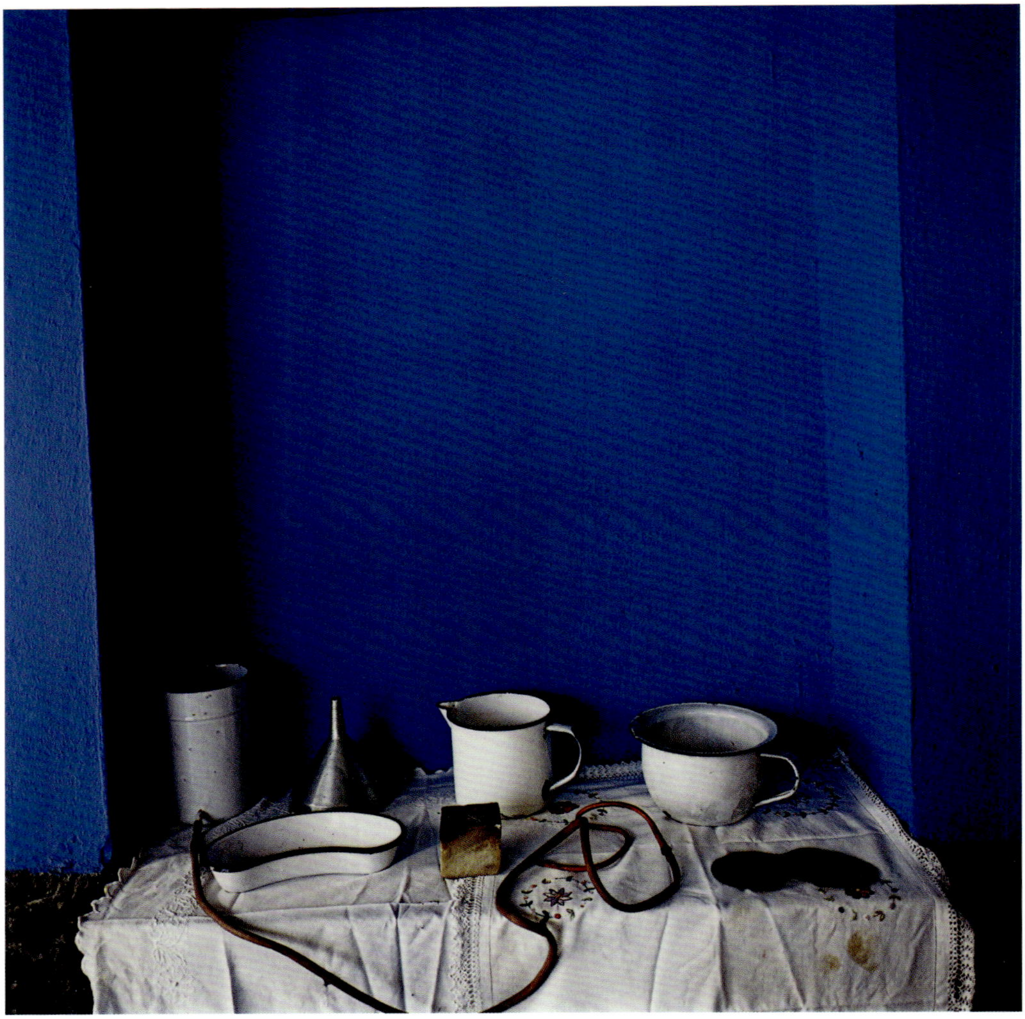

106

Graciela Iturbide (1942–)

Untitled	Sin título
Negative, 2005; print, 2007	Negativo, 2005; copia, 2007
Frida's Bathroom series	*El baño de Frida* serie
Dye imbibition print	Impresión por dye imbibition

29.8 × 30.2 cm (11¾ × 11⅞ in.)
2014.89.1

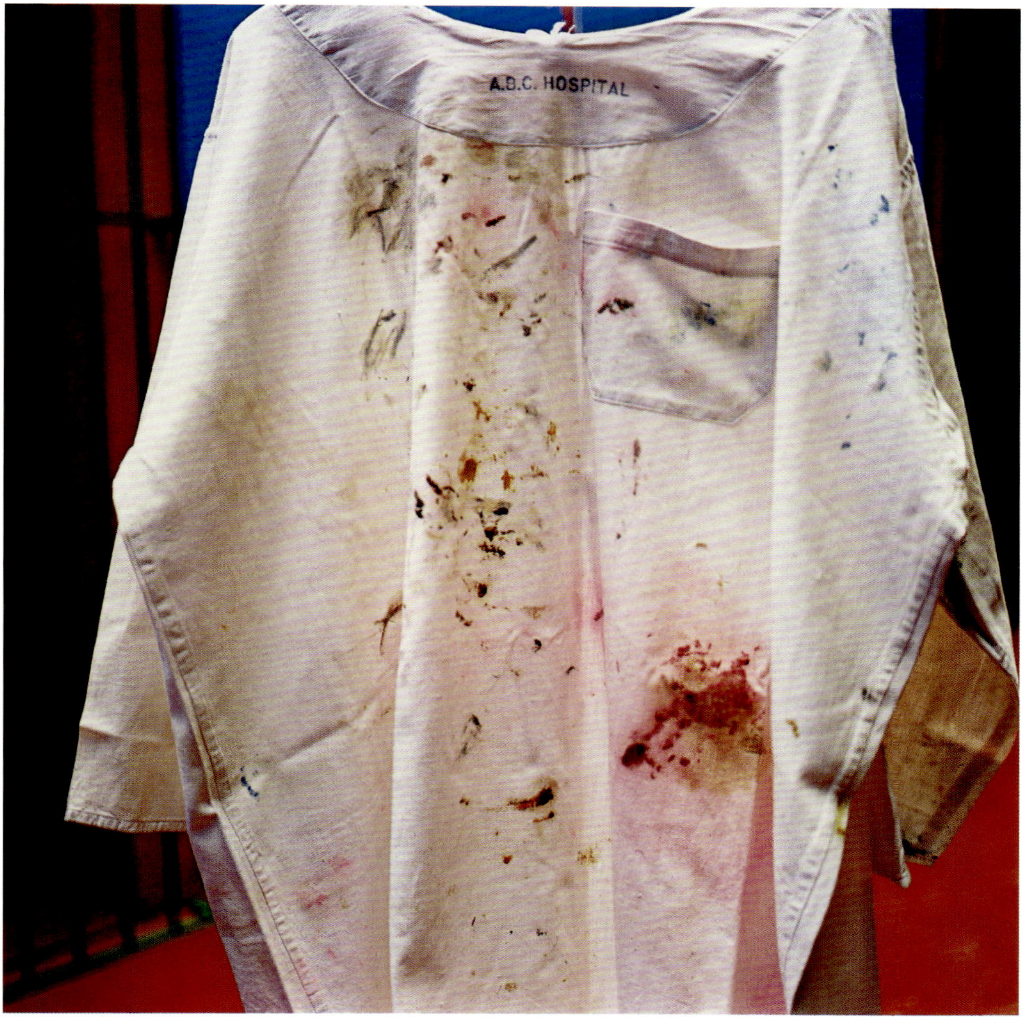

107

Graciela Iturbide (1942–)

Untitled	Sin título
Negative, 2005; print, 2007	Negativo, 2005; copia, 2007
Frida's Bathroom series	*El baño de Frida* serie
Dye imbibition print	Impresión por dye imbibition

29.8 × 30.2 cm (11¾ × 11⅞ in.)
2014.89.5

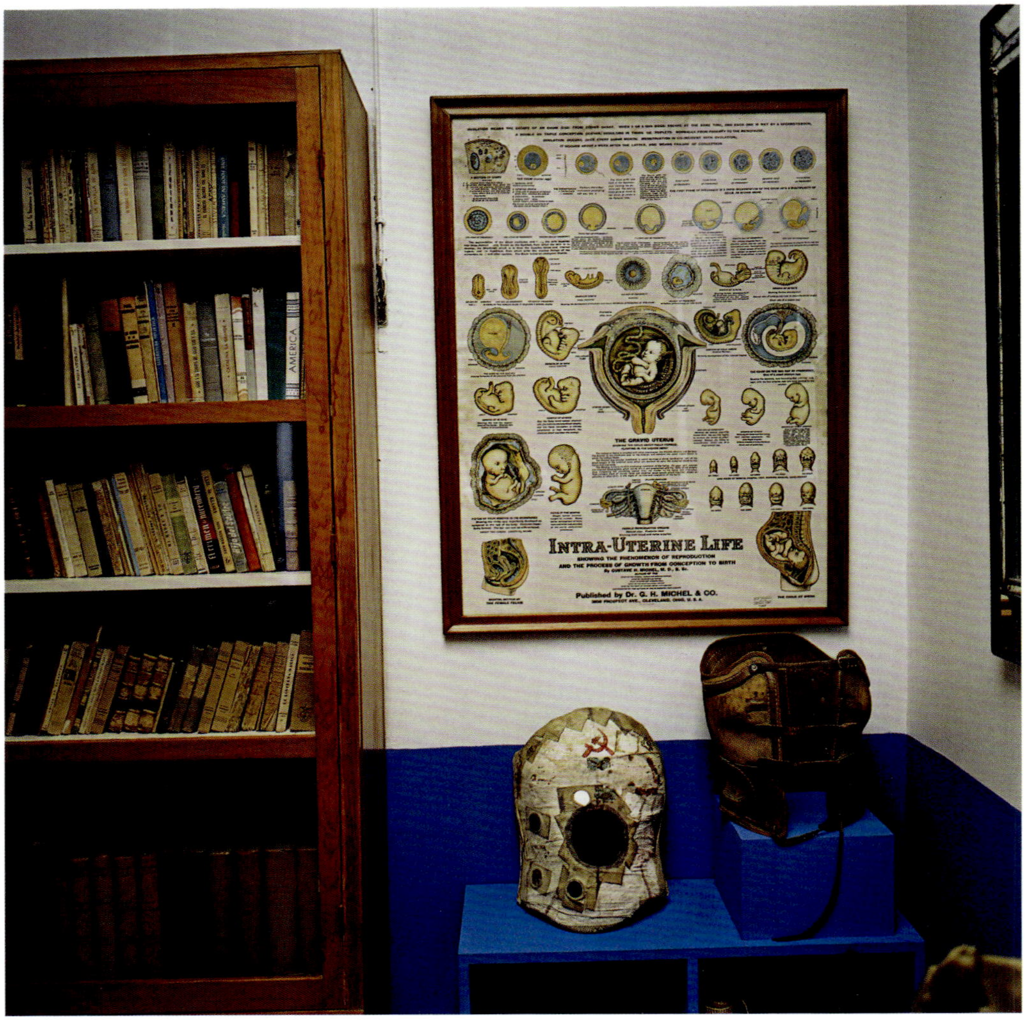

108

Graciela Iturbide (1942–)

Untitled	Sin título
Negative, 2005; print, 2007	Negativo, 2005; copia, 2007
Frida's Bathroom series	*El baño de Frida* serie
Dye imbibition print	Impresión por dye imbibition

29.8 × 30.2 cm (11¾ × 11⅞ in.)
2014.89.6

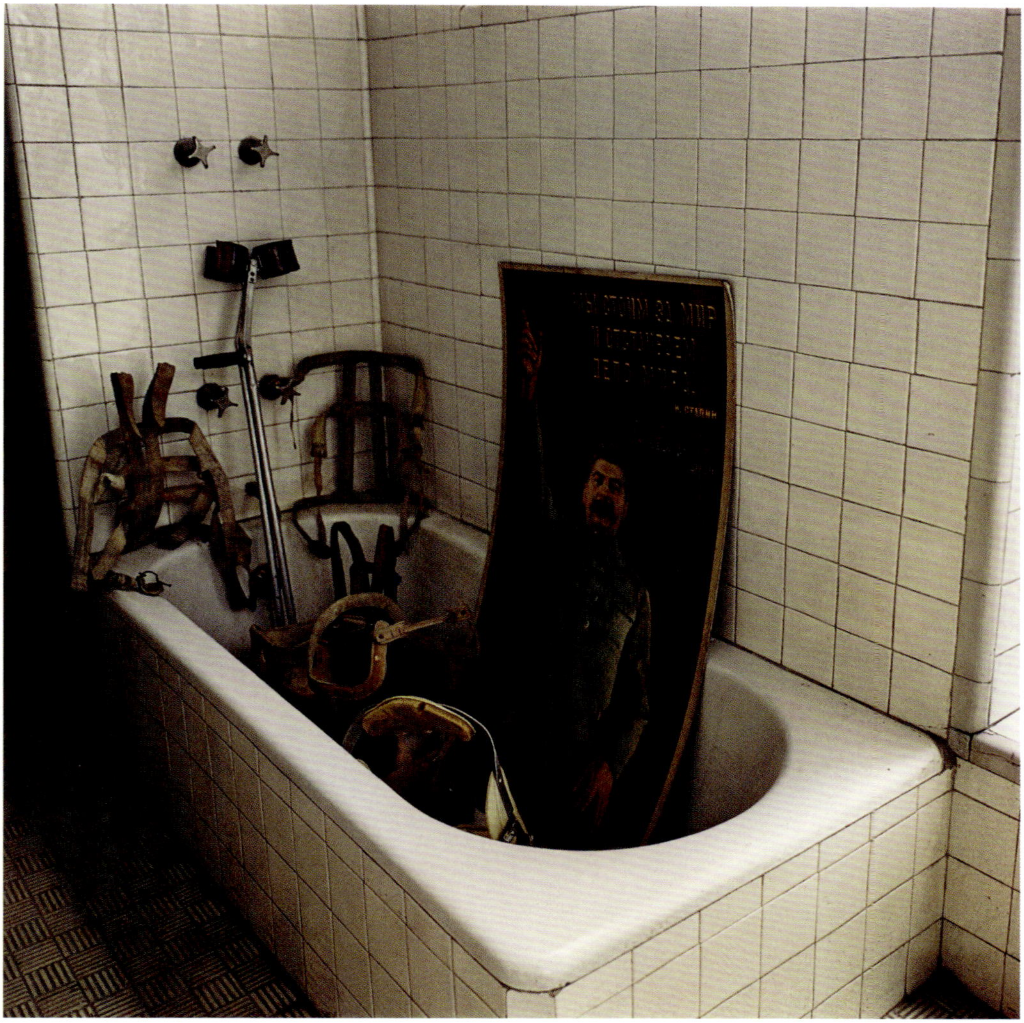

109

Graciela Iturbide (1942–)

Untitled	Sin título
Negative, 2005; print, 2007	Negativo, 2005; copia, 2007
Frida's Bathroom series	*El baño de Frida* serie
Dye imbibition print	Impresión por dye imbibition

29.8 × 30.2 cm (11¾ × 11⅞ in.)
2014.89.3

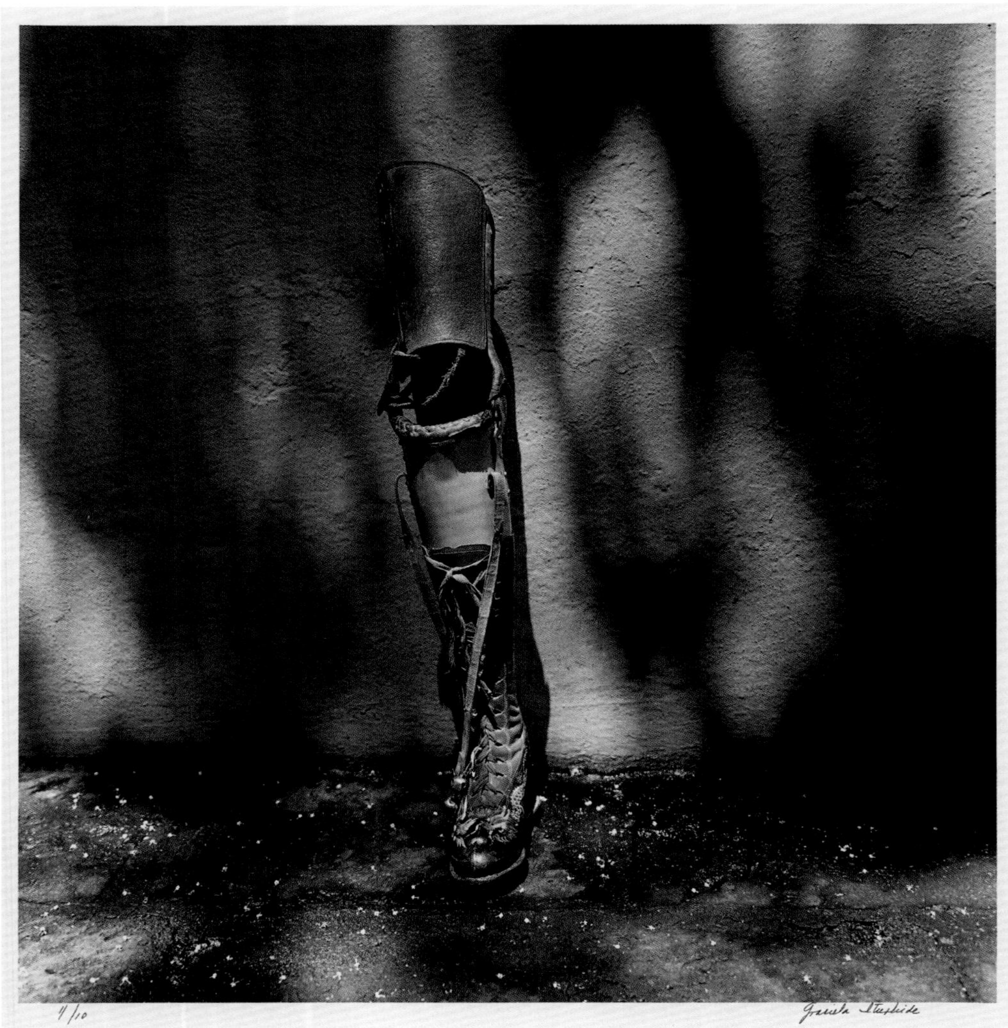

110–13

Graciela Iturbide (1942–)

Untitled — Sin título
2007 — 2007
Frida's Bathroom series — *El baño de Frida* serie
Gelatin silver prints — Gelatinas de plata

45.7 × 45.7 cm (18 × 18 in.), 2014.88.5
45.4 × 46 cm (17⅞ × 18⅛ in.), 2014.88.6
45.7 × 45.7 cm (18 × 18 in.), 2014.88.1
45.7 × 45.7 cm (18 × 18 in.), 2014.88.4

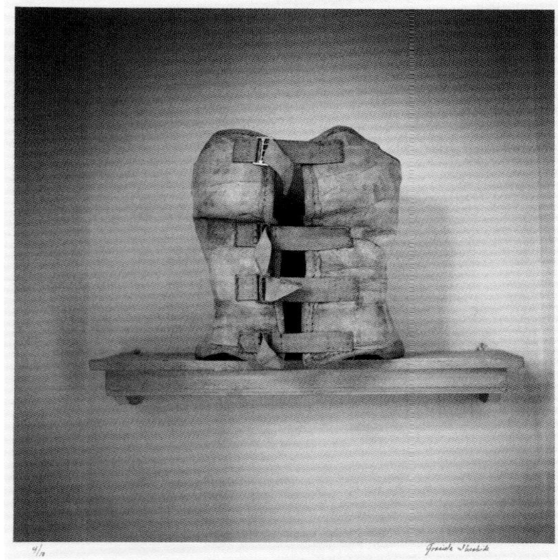

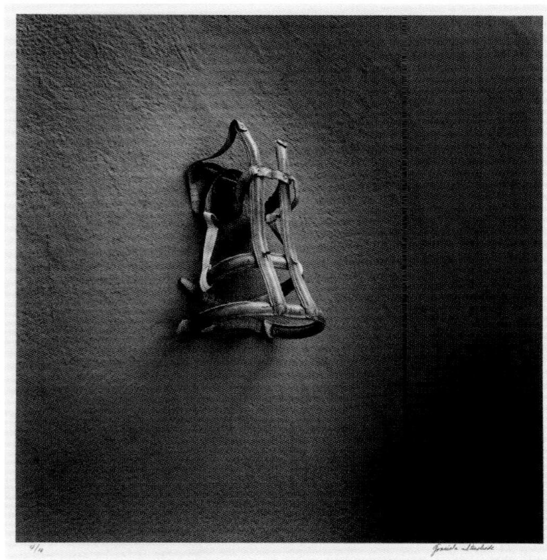

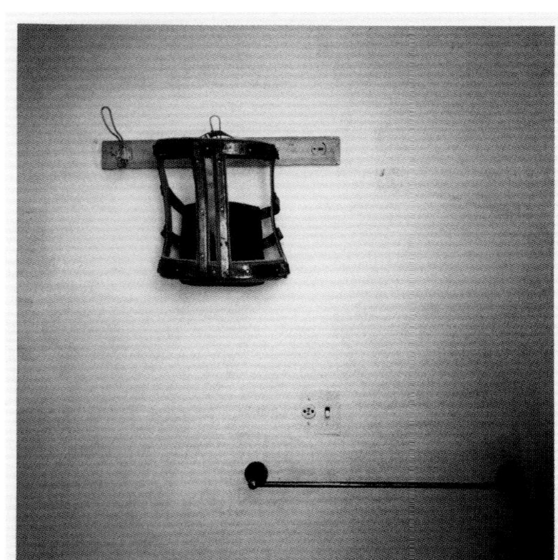

TIME NEVER STOPS FLOWING

Mexico is characterized by a type of dynamism that harmonizes novelty with tradition and change with historical continuity, in a palimpsest of layers that build upon, rather than forget, the past. This quality is especially relevant in urban areas. The photographs in this section delve deeper into this topic, offering different perspectives on how photographers relate to and reflect the socioeconomic and political conditions of their time.

Starting in the 1940s, the government of Mexico implemented a profound change in its economic policy, encouraging industrial activity as the axis of a new model of national development, subject to the parameters of the dominant international economy.[1] This period of "stabilizing development," which lasted until 1970, became known as the "Milagro mexicano" (Mexican miracle), but it produced mixed results, most notably an exacerbation of inequality. A growing segment of the rural population began to settle in the margins of major cities, serving as a reserve industrial labor pool necessary for the functioning of this economic model. An image that succinctly conveys the contradictory effects of this process is Héctor García's *Between Progress and Development* (plate 114), in which a barefoot boy stares at the camera, standing between two automobiles that are facing one another, as though about to collide.[2] Other photographs reflect facets of this era by depicting workers and objects linked to industrial development, particularly in construction, like Manuel Carrillo's *The Bricklayer* (plate 125) and Lola Álvarez Bravo's *Hurry Up* (plate 126).

This last artist in particular produced photographs of workers that are especially noteworthy since she made her most personal work while also fulfilling documentary commissions for various journals, such as *El Maestro Rural* in the 1930s, articulating these two facets of her artistic production.[3] Among the Lola Álvarez Bravo photographs that Greenberg and Steinhauser donated to the Getty Museum are several that depict workers taking breaks—looking for shade inside some pipes (plate 128) or napping under a truck loaded with bales (plate 129). In yet another, railway workers sit at rest at a train station (plate 130). All of these show the flip side of productivity. In *Add, Subtract, and Multiply* (plate 131), a man, presumably a passenger, analyzes the prices of first- and second-class train tickets to cities in Mexico, departing from Lagos de Moreno, the photographer's city of birth—thus introducing an autobiographical detail.

During this period, tourism was also heavily promoted, with the publication of illustrated books playing an important role. This was the backdrop for the 1946 publication of *Nueva grandeza mexicana* by Salvador Novo, a chronicle of the modernization of Mexico City that touted the capital's new prosperity and political stability.[4] The book was reissued in 1967 in English as *New Mexican Grandeur* (see fig. 6), profusely illustrated with photographs by Héctor García.[5] This new edition featured pictures taken expressly for the project as well as others from García's archive, such as his 1952 work *The Little Horse of*

EL TIEMPO NO CESA DE FLUIR

México se caracteriza por un tipo de dinamismo que armoniza la novedad con la tradición y el cambio con la continuidad histórica, en un palimpsesto de capas que se construyen sobre el pasado, en lugar de olvidarlo. Esta cualidad es especialmente relevante en los ámbitos urbanos. Las fotografías de esta sección profundizan en esta temática, ofreciendo diferentes perspectivas sobre cómo los fotógrafos se relacionan y abordan a través de la cámara a las condiciones socioeconómicas y políticas de su época.

A partir de la década de 1940, el Gobierno de México implementó una serie de cambios en su política económica, fomentando la actividad industrial como eje de un nuevo modelo de desarrollo nacional sujeto a los parámetros de la economía internacional dominante.[1] Este período de "desarrollo estabilizador," que se prolongó hasta 1970, se conoció como el "milagro mexicano" pero produjo resultados ambivalentes, entre los que destaca el agravamiento de la desigualdad. Un segmento cada vez mayor de la población rural comenzó a establecerse en las afueras de las grandes ciudades, sirviendo como reserva de mano de obra industrial necesaria para el funcionamiento de este modelo económico. Una fotografía que transmite de manera sucinta los efectos contradictorios de este proceso es *Entre el progreso y el desarrollo* (lámina 114), de Héctor García, en la que un niño descalzo mira fijamente a la cámara, de pie entre dos automóviles que se enfrentan, como si estuvieran a punto de chocar.[2] Otras fotografías reflejan facetas de esta época al representar a trabajadores y objetos vinculados al desarrollo industrial, especialmente en la construcción, como *El albañil* (lámina 125), de Manuel Carrillo, y *Apúrense* (lámina 126), de Lola Álvarez Bravo.

En particular de esta última autora se destacan las fotografías de trabajadores, ya que Lola Álvarez Bravo desarrolló su obra más personal mientras producía encargos de corte documental comisionados para diversas publicaciones, como en los años 30 para *El Maestro Rural*, articulando estas dos facetas en su producción.[3] Entre sus fotografías que Greenberg y Steinhauser donaron al Getty Museum hay varias que muestran obreros en momentos de descanso, por ejemplo buscando sombra dentro de unas tuberías (lámina 128) o durmiendo la siesta bajo un camión cargado de fardos (lámina 129). En otra, trabajadores ferroviarios esperan sentados en una estación de tren (lámina 130). Todas ellas muestran la contracara de la productividad. En *Suma, resta y multiplica* (lámina 131), un hombre, probablemente un pasajero, analiza los precios de los billetes de tren de primera y segunda clase a ciudades de México con salida desde Lagos de Moreno, la ciudad natal de la fotógrafa, introduciendo así un detalle autobiográfico.

Durante este periodo también se impulsó, entre otros aspectos, el turismo, para lo cual la publicación de libros ilustrados desempeñó un importante papel. Este fue el telón de fondo para la publicación en 1946 de *Nueva grandeza mexicana*, de Salvador Novo, una crónica sobre la

Paseo de la Reforma (plate 115), which shows the increasing traffic in Mexico City along one of the capital's main avenues. García's *Traffic* (plate 116) similarly reflects this urban concern, one that would continue to grow in the second half of the twentieth century. Published against this same backdrop was *Acapulco en el sueño* (Acapulco in dreams; see fig. 5), published in 1951 by Francisco Tario, who commissioned Lola Álvarez Bravo to create photographs to accompany his text. Taking advantage of a recently constructed highway that connected Mexico City with the port of Acapulco, Tario's book used images and literary fragments to depict the customs, recreational activities, and landscapes of the coastal enclave. Álvarez Bravo's photographs, including *Tribute* (plate 80), were crucial to making this publication one of the most outstanding moments in both artists' careers.[6]

Some decades later, in the 1990s, Pablo Ortiz Monasterio's photographic series *The Last City* depicted the consequences of the social- and city-planning promises described by Novo. The highways and urban sprawl of magnificent—or monstrous—Mexico City assume a contemporary dimension in these images, as depicted in *A Little Waltz* (plate 134) and *Silver, Concrete, and Gold* (plate 135).[7]

The most recent work featured in this volume is a selection from Ortiz Monasterio's 2017 forty-three-photograph series *Do They Disappear?*, which the artist created in response to the 2014 forced disappearance of forty-three students from the Ayotzinapa Rural Teachers College in the state of Guerrero.[8] Reacting to massive demonstrations that protested the crime and demanded answers—still not given—Ortiz Monasterio intervened with select photographs from his archive, adding inscriptions to them. Some subtly include the numbers *1* to *43*, representing the disappeared students (plates 140, 143, 144). Others convey urgency through their inscriptions—"Se los llevaron" (They took them away) (plate 141) and "Vivos los queremos" (We want them back alive) (plate 142)—echoing the demands for a search for the victims and for justice that still today resound in Mexico. Once again, photography is a medium that echoes its historical moment. As we look back at each instant captured, these images reveal the vital role they play as instruments of memory and a means of action for a society that does not forget.

modernización de Ciudad de México que destacaba la nueva prosperidad y estabilidad política de la capital.[4] El libro se reeditó en 1967 en inglés bajo el título *New Mexican Grandeur* (ver la fig. 6), profusamente ilustrado con fotografías de Héctor García.[5] Esta nueva edición complementó visualmente al relato con fotos tomadas especialmente para el proyecto junto con otras provenientes del archivo de García, como su foto de 1952 *El caballito del Paseo de la Reforma* (lámina 115), que da cuenta del aumento del tráfico vehicular en Ciudad de México a lo largo de una de las principales avenidas de la capital. Otra foto de García, *Tránsito* (lámina 116), refleja de manera similar esta preocupación, que iría en aumento durante la segunda mitad del siglo XX. En este mismo contexto, y aprovechando la reciente construcción de una autopista que conectaba Ciudad de México con el puerto de Acapulco, Francisco Tario publicó en 1951 *Acapulco en el sueño* (ver la fig. 5), encargándole a Lola Álvarez Bravo fotografías para acompañar su texto. Así, el libro utiliza imágenes y fragmentos literarios para describir las costumbres, paisajes y opciones de actividades recreativas que brindaba aquel enclave costero. Las fotografías de Álvarez Bravo, entre ellas *Homenaje* (lámina 80), fueron fundamentales para que esta publicación se convirtiera en uno de los hitos más destacados en las carreras de ambos artistas.[6]

Décadas más tarde, en los años 90, la serie fotográfica *La última ciudad*, de Pablo Ortiz Monasterio, retrató las consecuencias de las promesas sociales y urbanísticas descritas por Novo. Las autopistas y la expansión urbana de la magnífica —o monstruosa— Ciudad de México adquieren una dimensión contemporánea en estas imágenes, como se muestra en *Un valsecito* (lámina 134) y *Plata, cemento y oro* (lámina 135).[7]

El trabajo más reciente incluido en este volumen pertenecen a *Desaparecen?*, una serie de cuarenta y tres fotografías realizada por Ortiz Monasterio en 2017 en respuesta a la desaparición forzada de cuarenta y tres estudiantes de la Escuela Normal Rural de Ayotzinapa, en el estado de Guerrero, en 2014.[8] Tras las masivas movilizaciones populares que se sucedieron en repudio y búsqueda de respuestas —aún no encontradas—, Ortiz Monasterio intervino fotografías seleccionadas de su archivo personal, introduciendo varias inscripciones. Algunas incorporan de una manera sutil los números del 1 al 43, representando a los estudiantes desaparecidos (láminas 140, 143, 144). Otras nos interpelan a través de frases que proclaman "Se los llevaron" (lámina 141) y "Vivos los queremos" (lámina 142), recordándonos las consignas de búsqueda y justicia que actualmente alza la sociedad mexicana. Una vez más, la fotografía es un medio que hace eco de su momento histórico. Al permitirnos mirar de otra manera cada instante capturado, estas imágenes revelan el papel vital que desempeñan como instrumentos de memoria y medio de acción para una sociedad que no olvida.

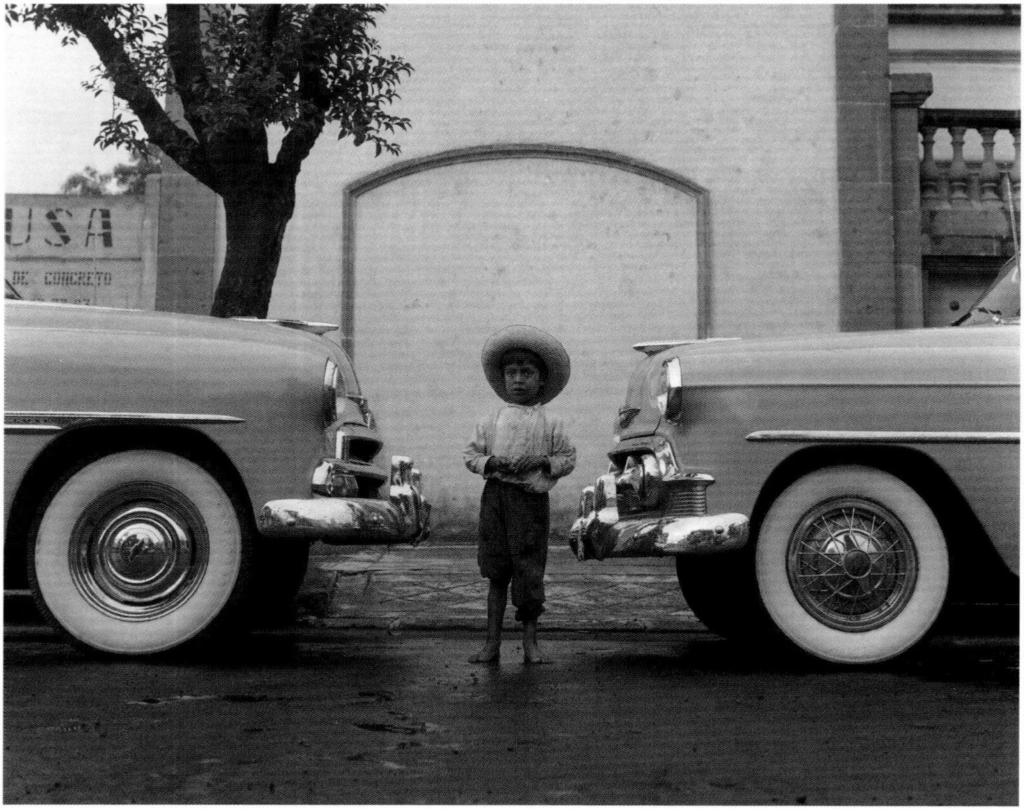

114

Héctor García (1923–2012)

Between Progress and Development	*Entre el progreso y el desarrollo*
1950	1950
Gelatin silver print	Gelatina de plata

27.9 × 35.6 cm (11 × 14 in.)
2025.118.1

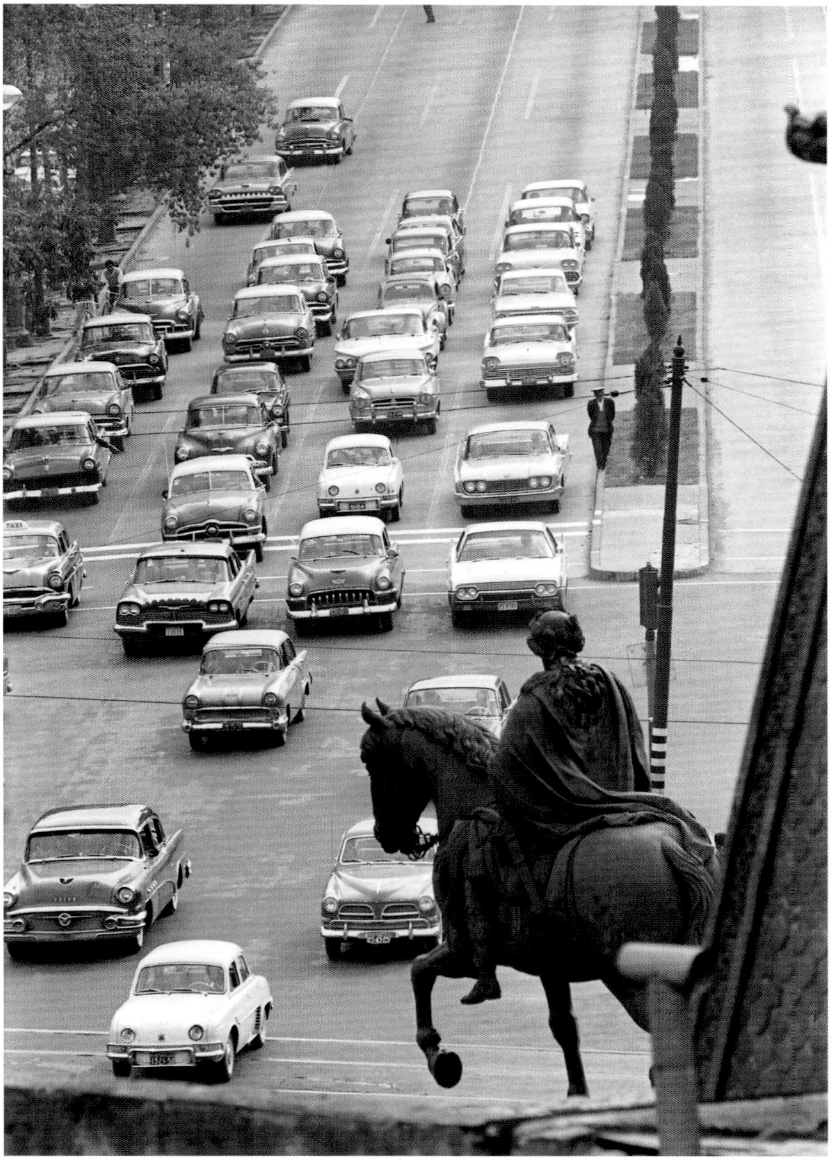

115

Héctor García (1923–2012)

The Little Horse of Paseo de la Reforma	*El caballito del Paseo de la Reforma*
1952	1952
Gelatin silver print	Gelatina de plata

34.3 × 24.1 cm (13½ × 9½ in.)
2025.118.3

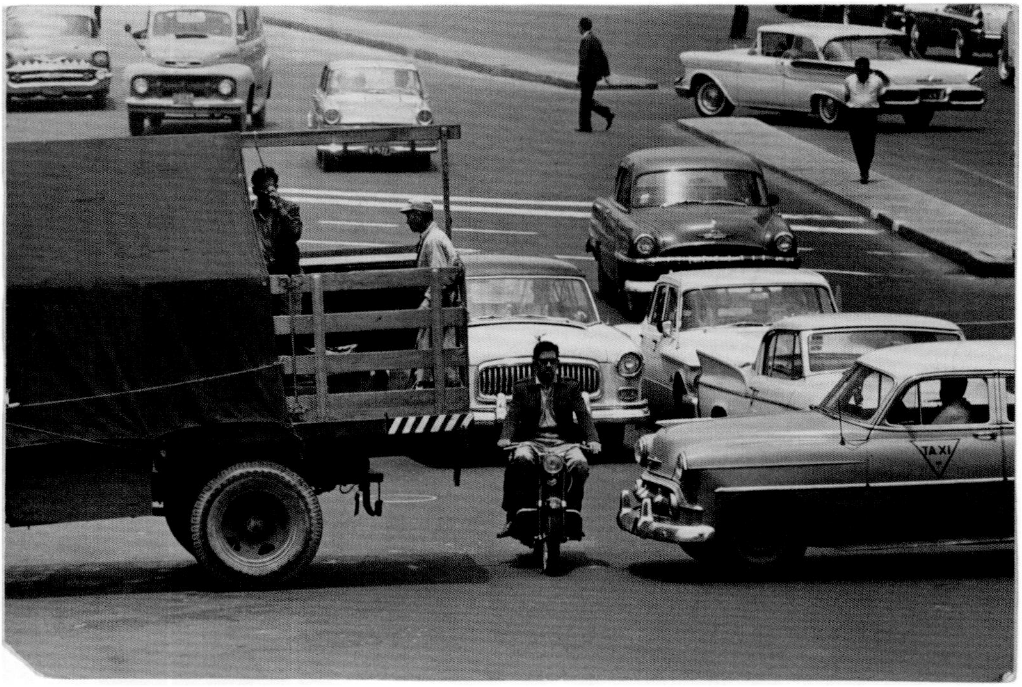

116

Héctor García (1923–2012)

Traffic	*Tránsito*
1950	1950
Gelatin silver print	Gelatina de plata

17.2 × 25.4 cm (6¾ × 10 in.)
2025.118.2

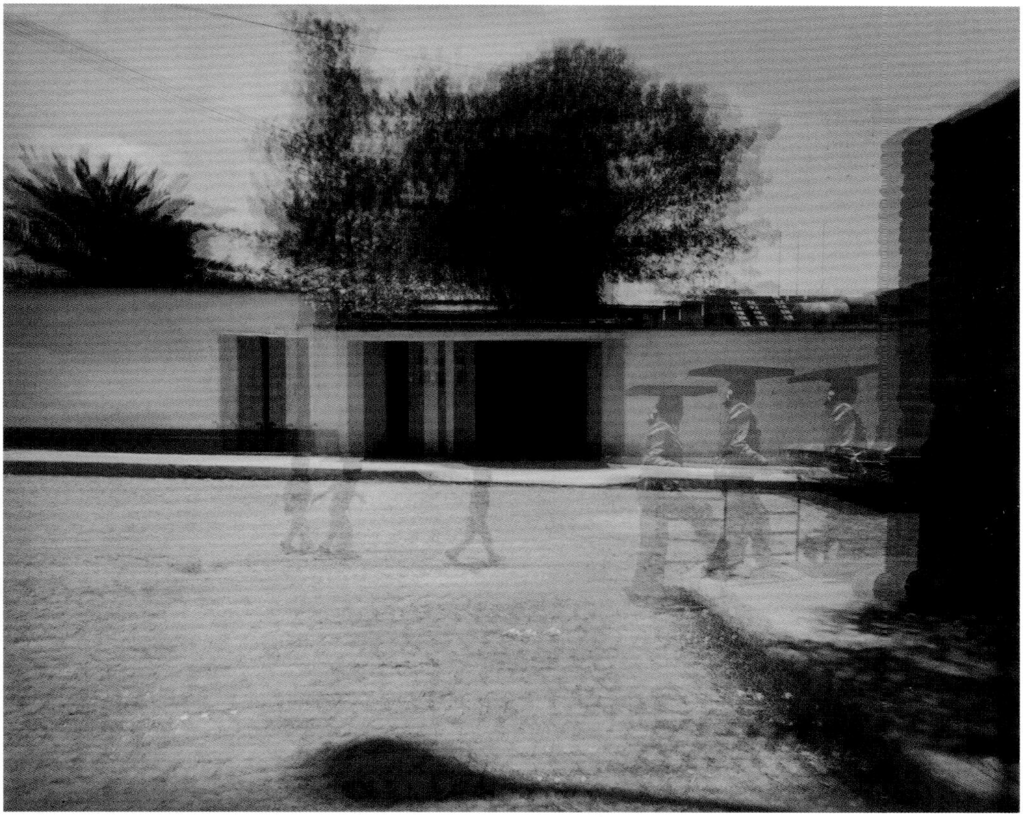

117

Manuel Álvarez Bravo (1902–2002)

Multiple Walk	*Caminata múltiple*
1976–77	1976–77
Gelatin silver print	Gelatina de plata

20.3 × 25.4 cm (8 × 10 in.)
2021.114.19

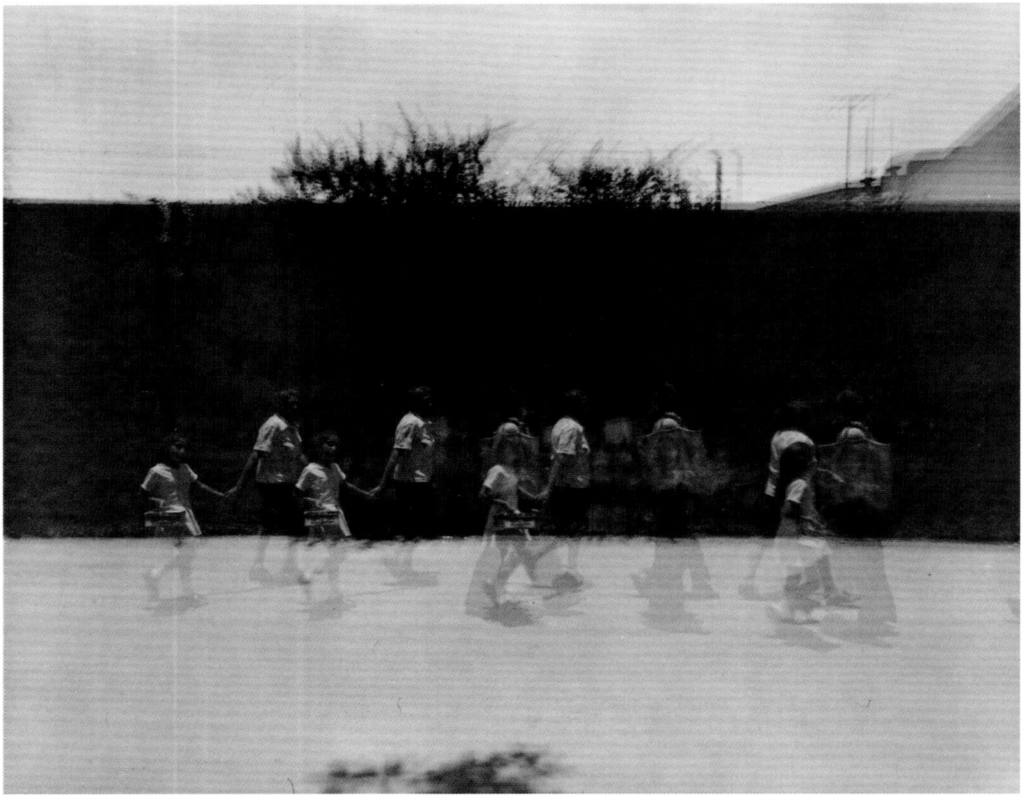

118

Manuel Álvarez Bravo (1902–2002)

Multiple Walk	*Caminata múltiple*
1976–77	1976–77
Gelatin silver print	Gelatina de plata

19.1 × 22.9 cm (7 ½ × 9 in.)
2009.111.38

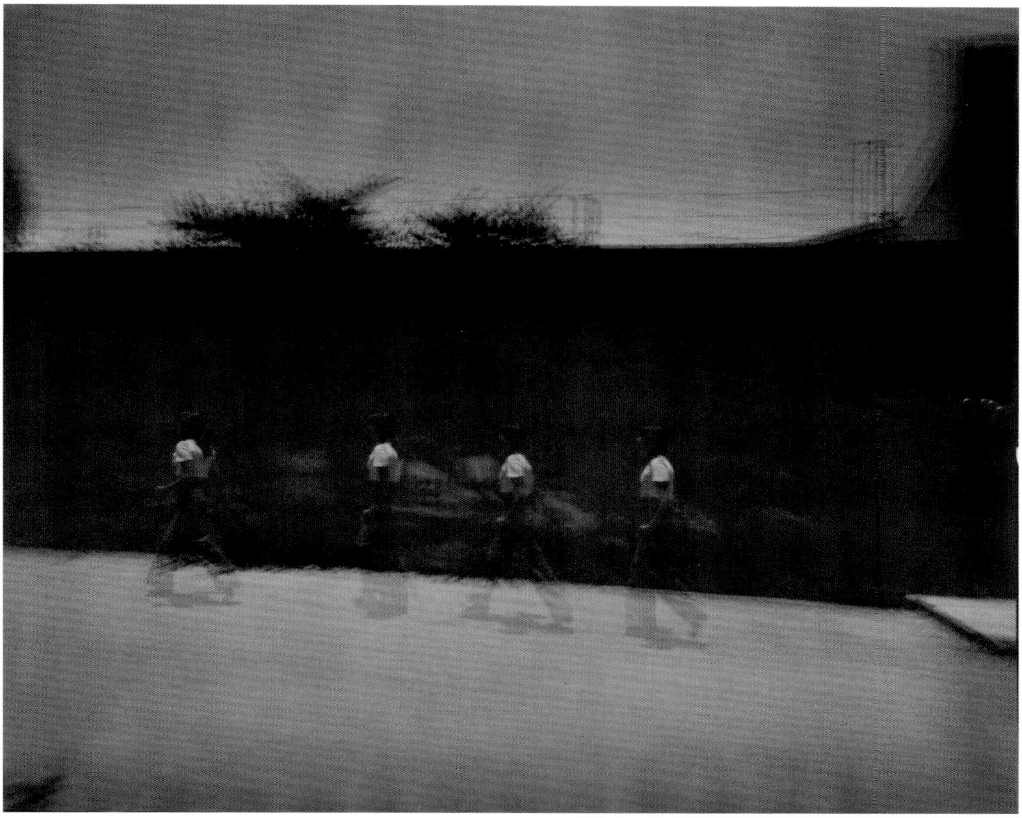

119

Manuel Álvarez Bravo (1902–2002)

Multiple Walk	*Caminata múltiple*
1976–77	1976–77
Gelatin silver print	Gelatina de plata

20.3 × 25.4 cm (8 × 10 in.)
2021.114.15

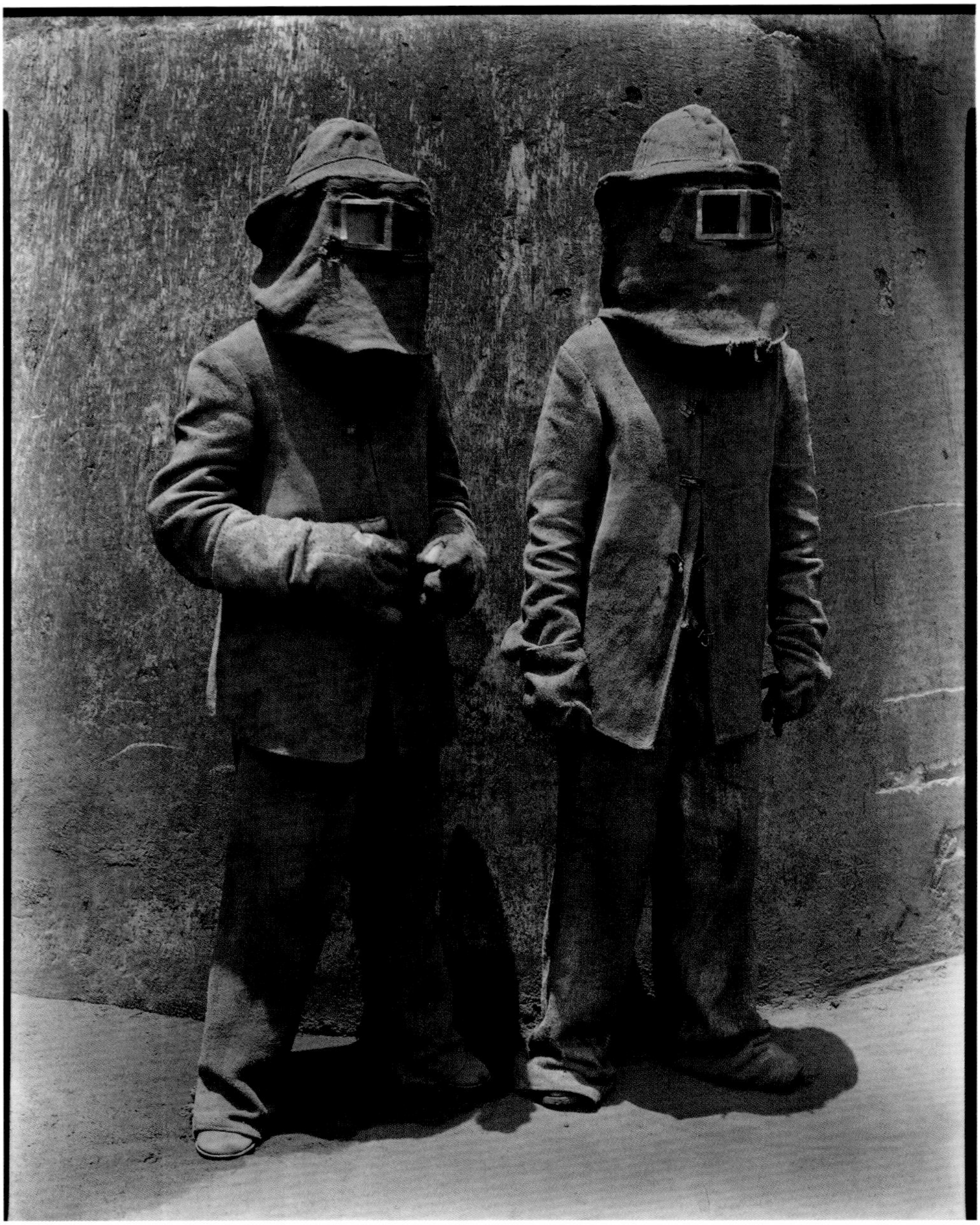

120

Manuel Álvarez Bravo (1902–2002)

Fire Workers	*Trabajadores del fuego*
Negative, 1935; print, ca. 1990	Negativo, 1935; copia, ca. 1990
Gelatin silver print	Gelatina de plata

24 × 19 cm (9 7/16 × 7 1/2 in.)
2001.31

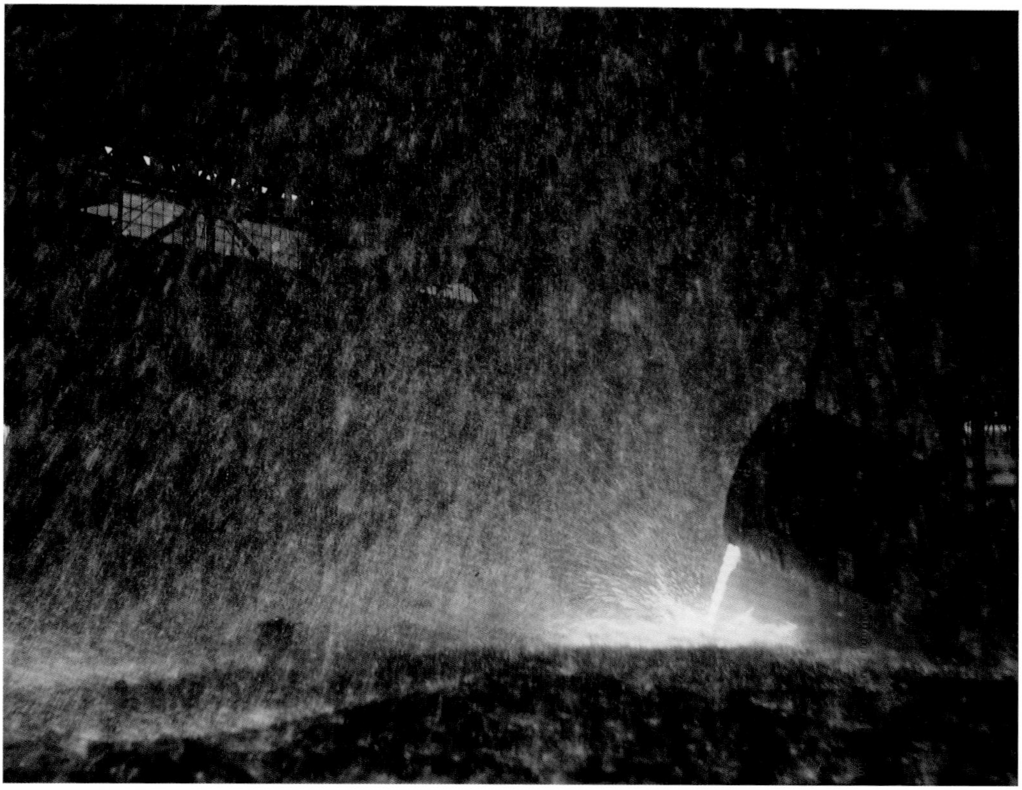

121

Manuel Álvarez Bravo (1902–2002)

Rain of Sparks	*Lluvia de chispas*
1935	1935
Gelatin silver print	Gelatina de plata

18.6 × 24.1 cm (7 5/16 × 9 1/2 in.)
2003.507.11

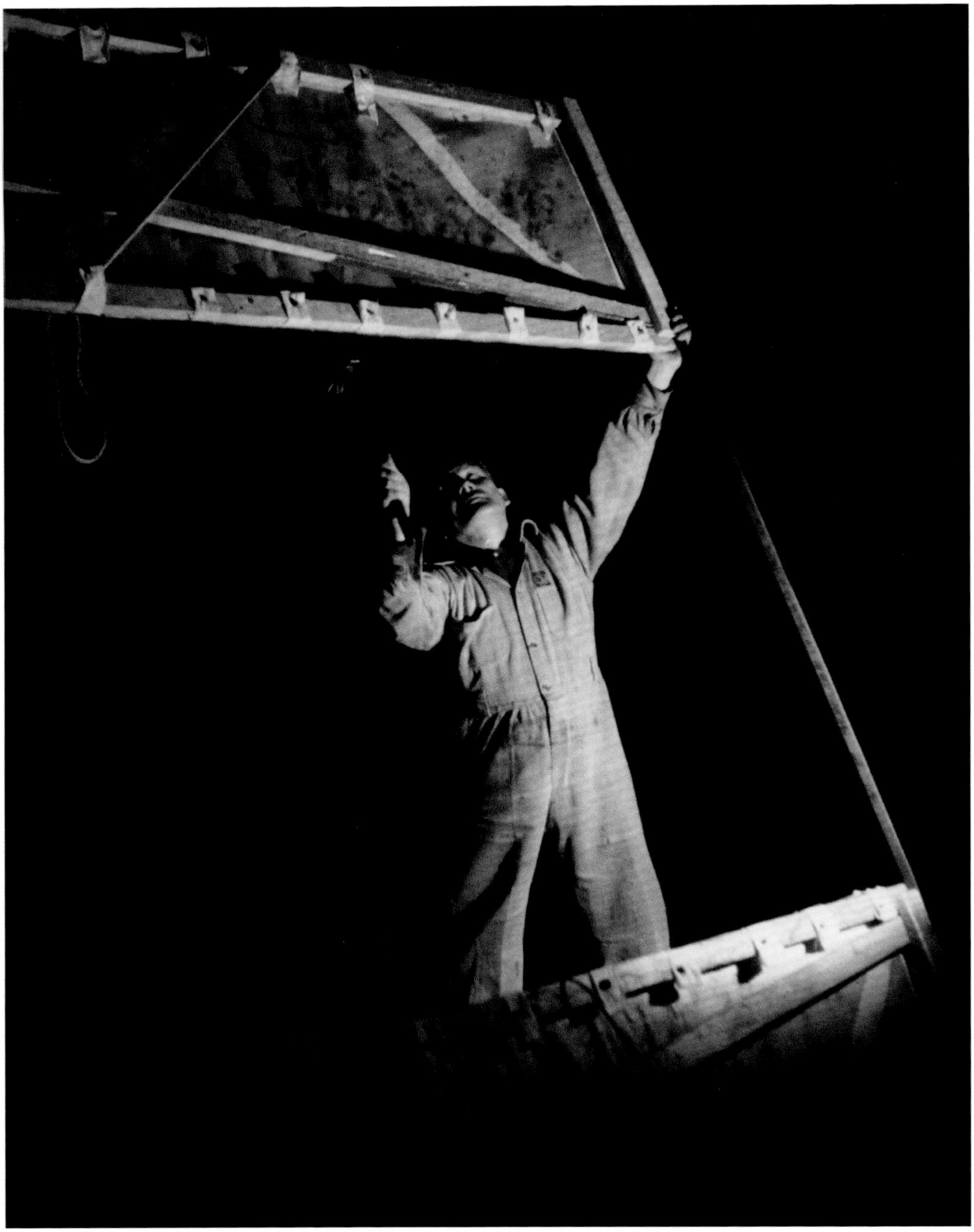

122

Lola Álvarez Bravo (1903–1993)

Untitled	Sin título
ca. 1940s	ca. década de 1940
Gelatin silver print	Gelatina de plata

22.4 × 18.2 cm (8 13/16 × 7 3/16 in.)
2023.127.21

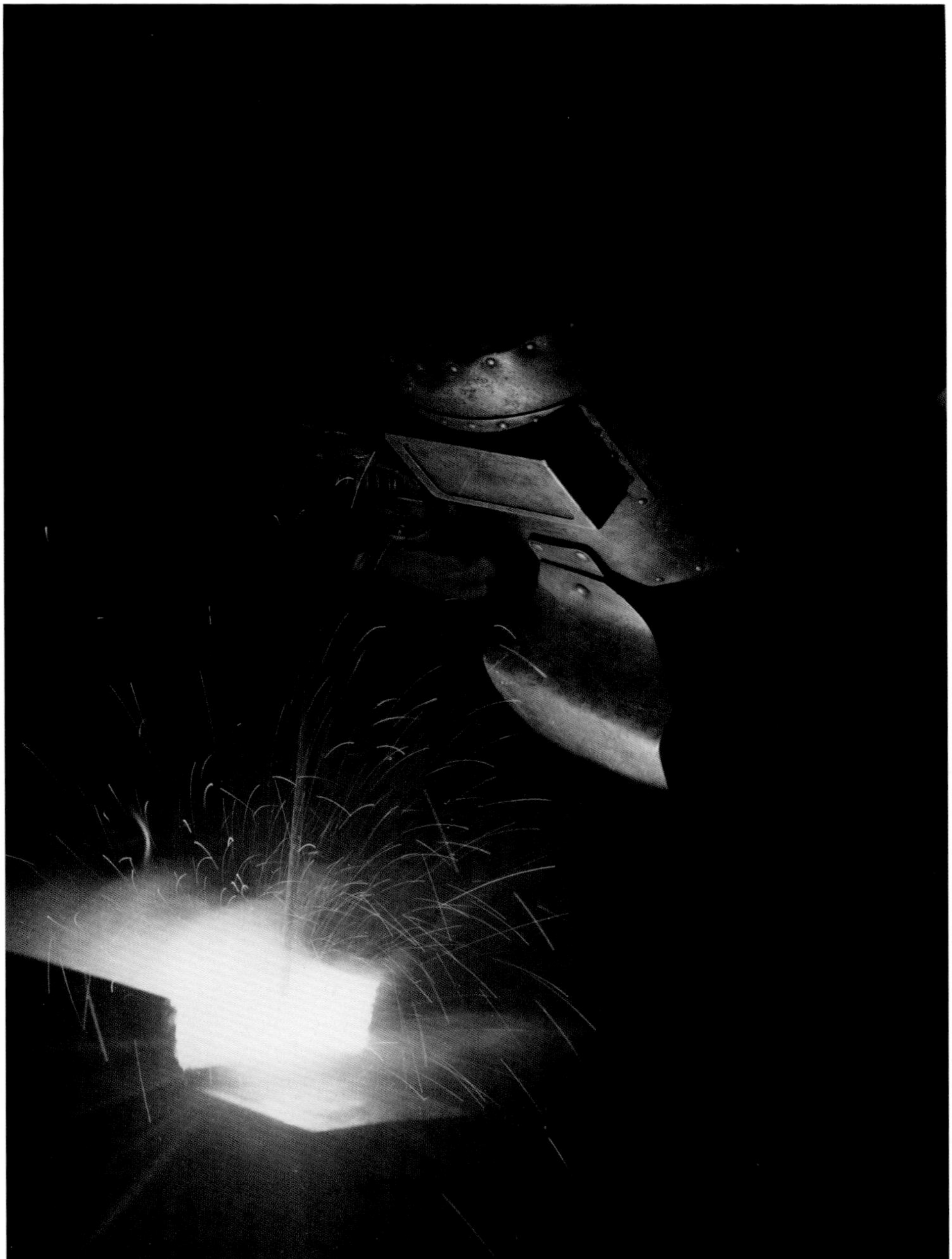

123

Manuel Álvarez Bravo (1902–2002)

The Spark	*La chispa*
1936	1936
Gelatin silver print	Gelatina de plata

24.5 × 18.4 cm (9 5⁄8 × 7 1⁄4 in.)
2003.507.31

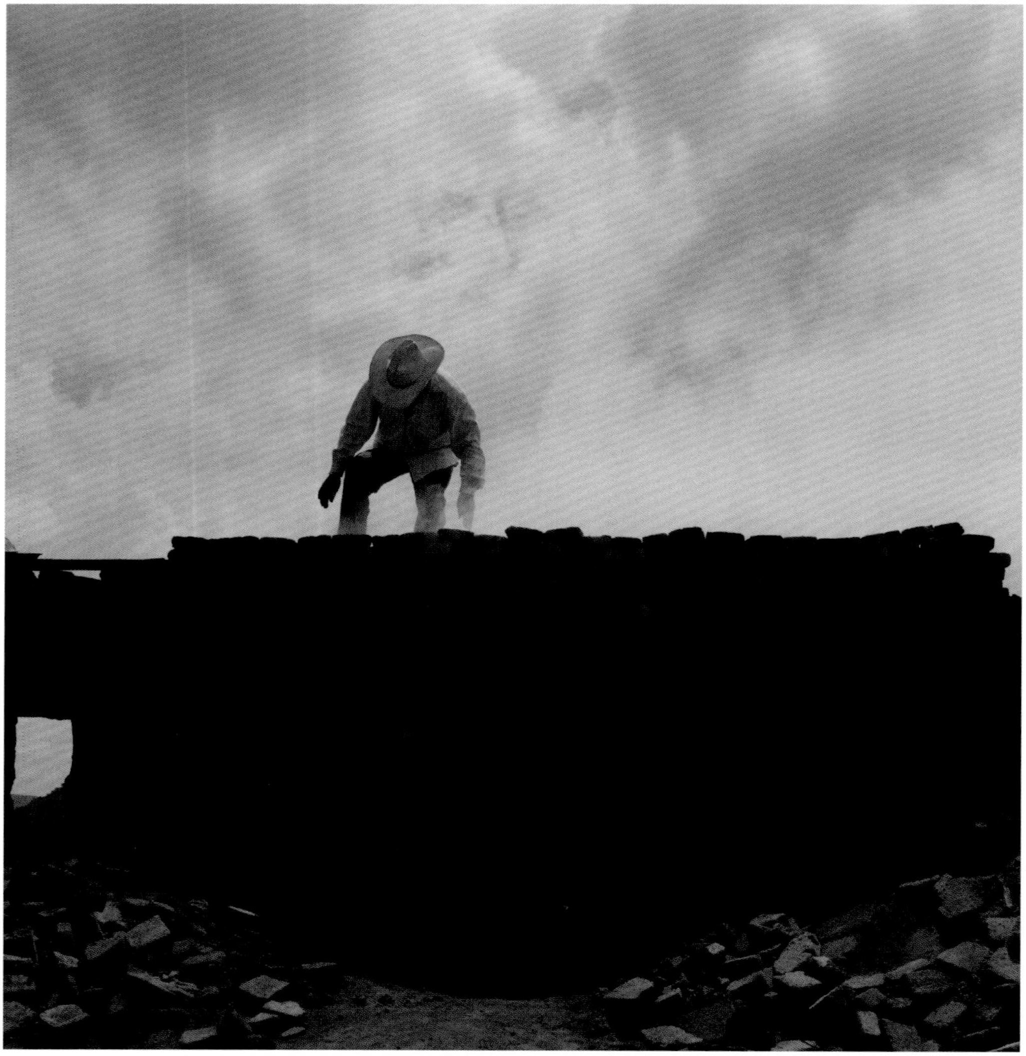

124

Mariana Yampolsky (1925–2002)

The Pottery Kiln, Guanajuato	*El horno de loza, Guanajuato*
1999	1999
Gelatin silver print	Gelatina de plata

24.1 × 23.4 cm (9 ½ × 9 $\frac{3}{16}$ in.)
2023.143.14

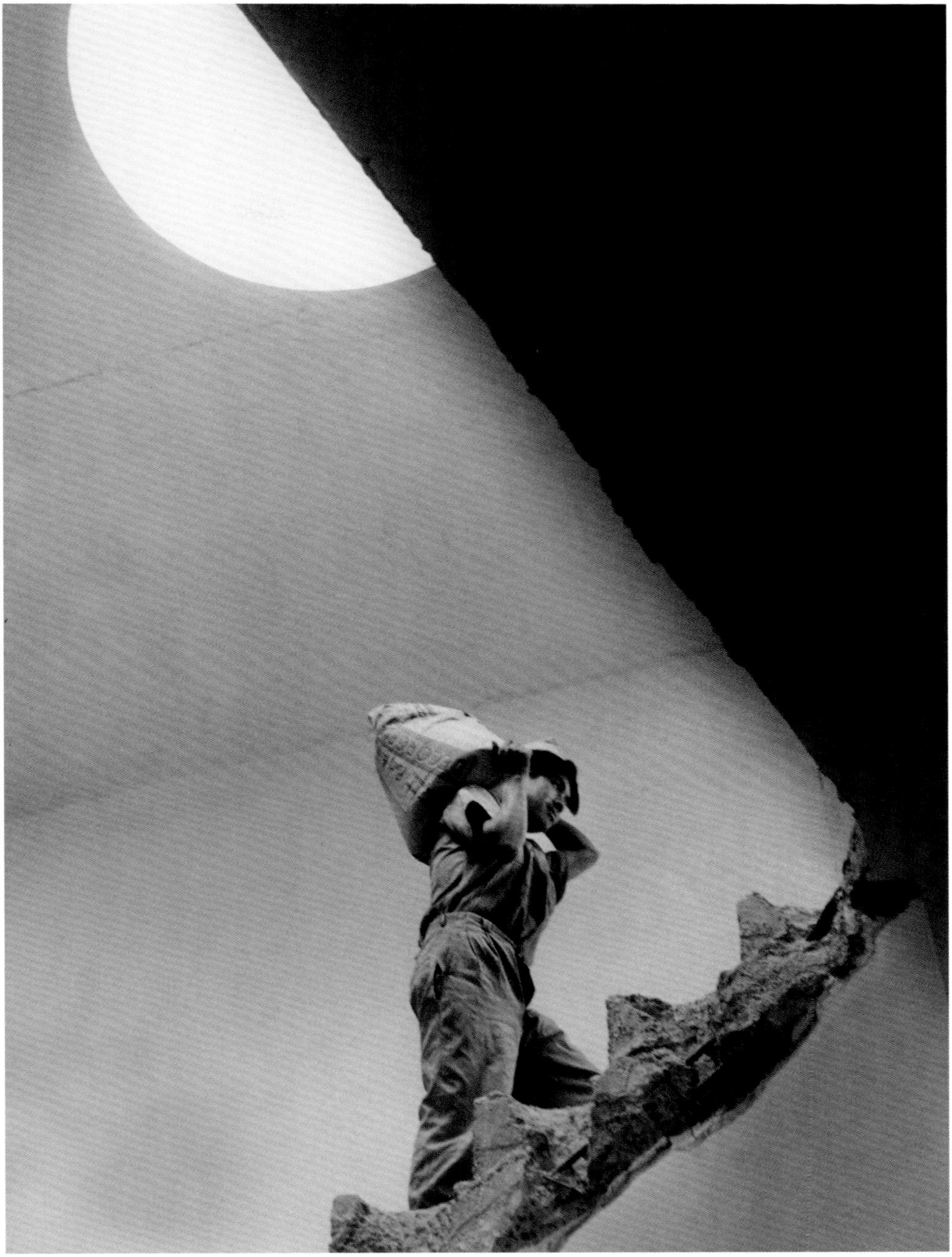

125

Manuel Carrillo (1906–1989)

The Bricklayer	*El albañil*
ca. 1960–70s	ca. década de 1960–70
Gelatin silver print	Gelatina de plata

30 × 22.9 cm (11 13⁄16 × 9 in.)
2023.129.32

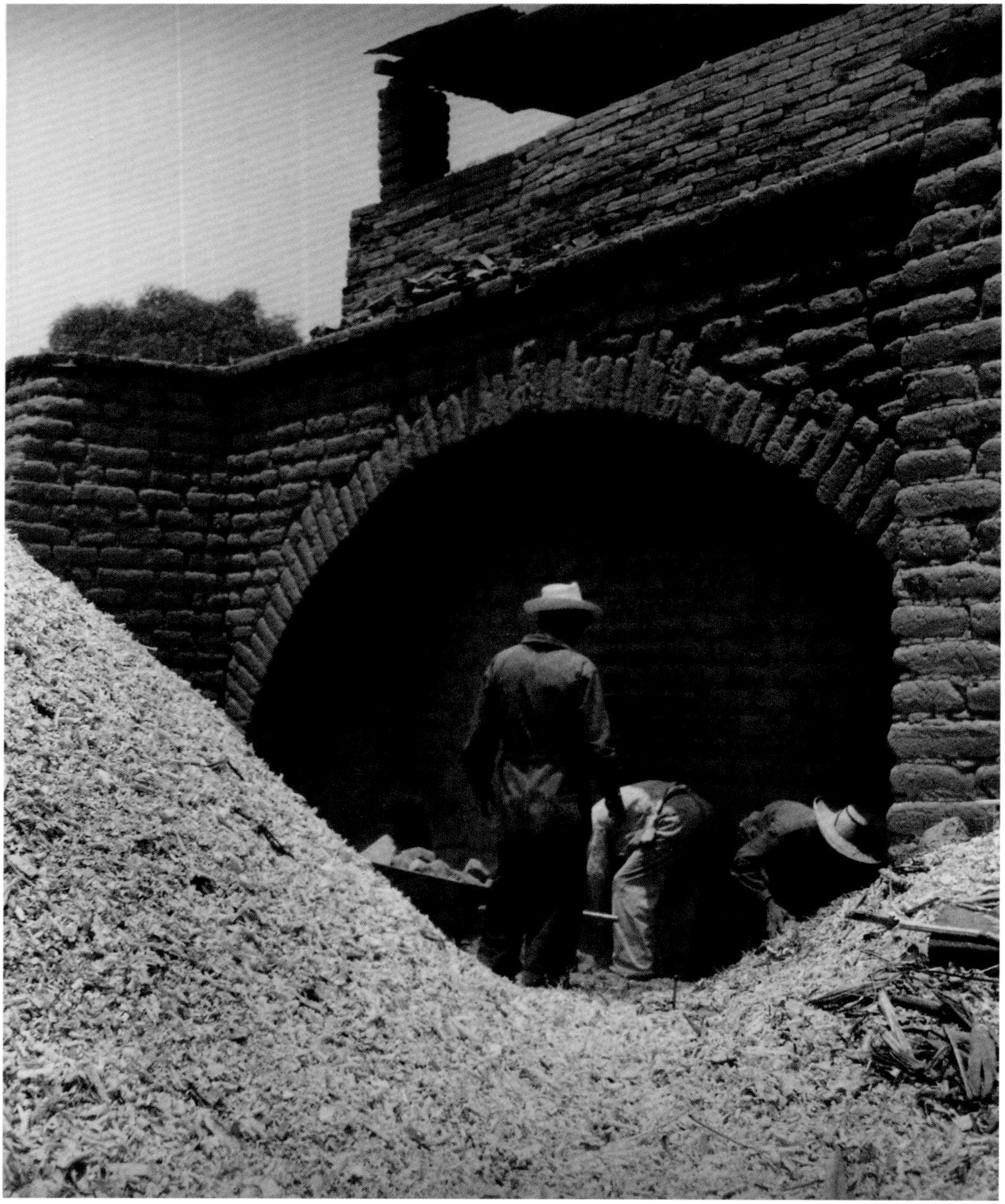

126

Lola Álvarez Bravo (1903–1993)

Hurry Up	*Apúrense*
ca. 1940s	ca. década de 1940
Gelatin silver print	Gelatina de plata

21.3 × 18 cm (8⅜ × 7 1/16 in.)
2023.127.19

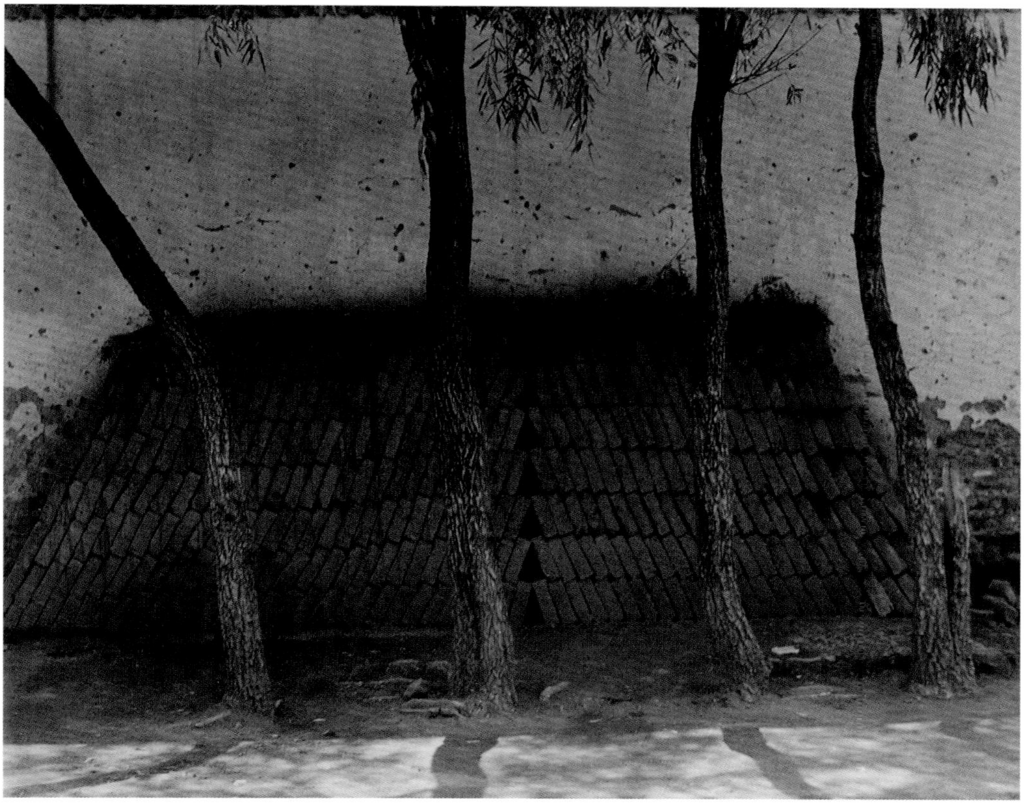

127

Manuel Álvarez Bravo (1902–2002)

Four Little Trees and Adobe Bricks	*Cuatro arbolitos y adobes*
1930	1930
Gelatin silver print	Gelatina de plata

18.7 × 24 cm (7 3/8 × 9 7/16 in.)
2003.507.6

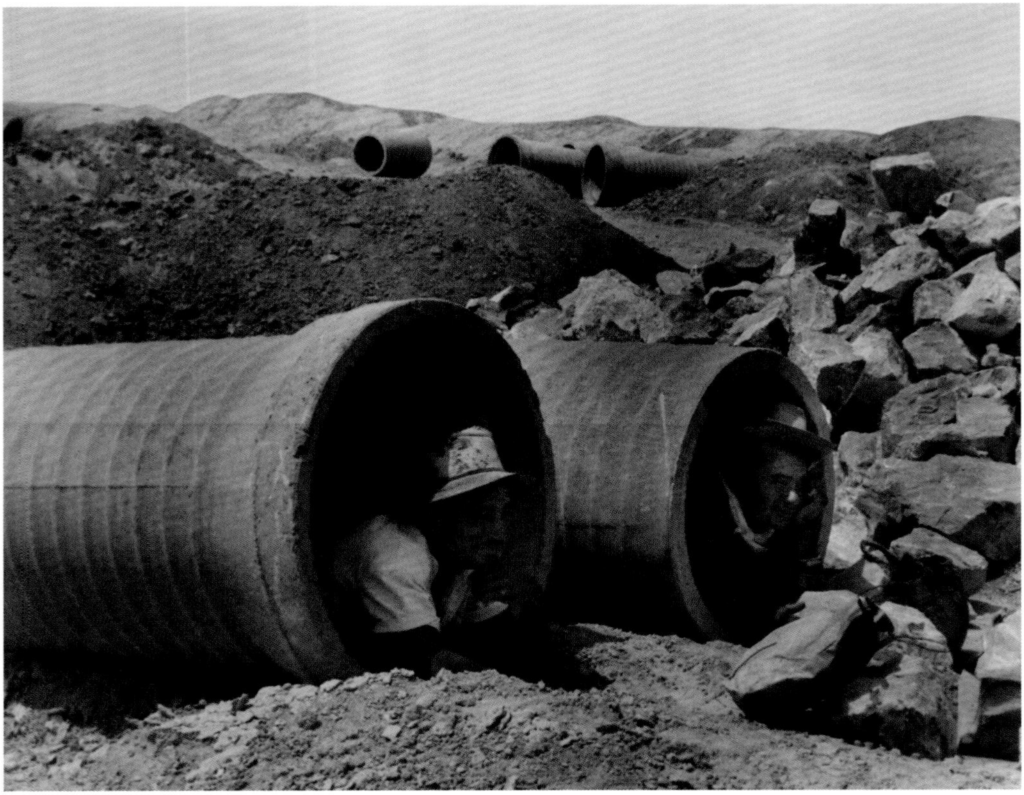

128

Lola Álvarez Bravo (1903–1993)

Resting	*Descansando*
Negative, ca. 1930; printed later	Negativo, ca. 1930; copia posterior
Gelatin silver print	Gelatina de plata

18.7 × 24.3 cm (7⅜ × 9 9/16 in.)
2023.127.2

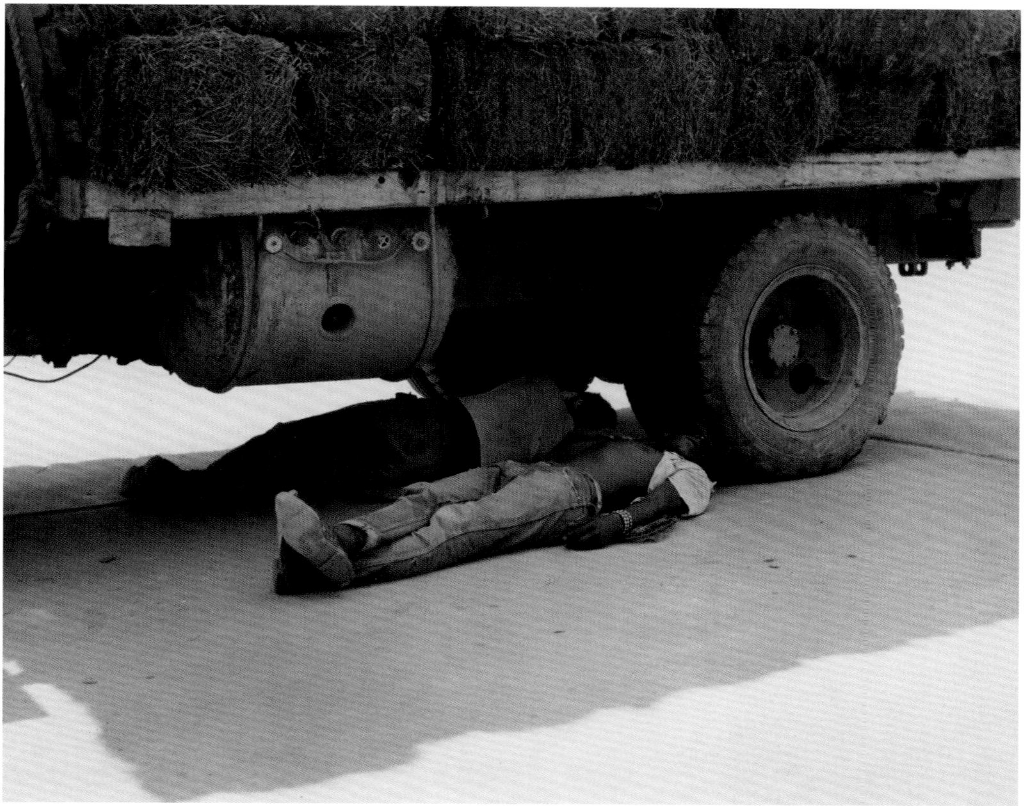

129

Lola Álvarez Bravo (1903–1993)

Nap	*Siesta*
Negative, ca. 1950s; print, 1981	Negativo, ca. década de 1950; copia, 1981
Gelatin silver print	Gelatina de plata

18.4 × 23.5 cm (7 ¼ × 9 ¼ in.)
2023.127.38

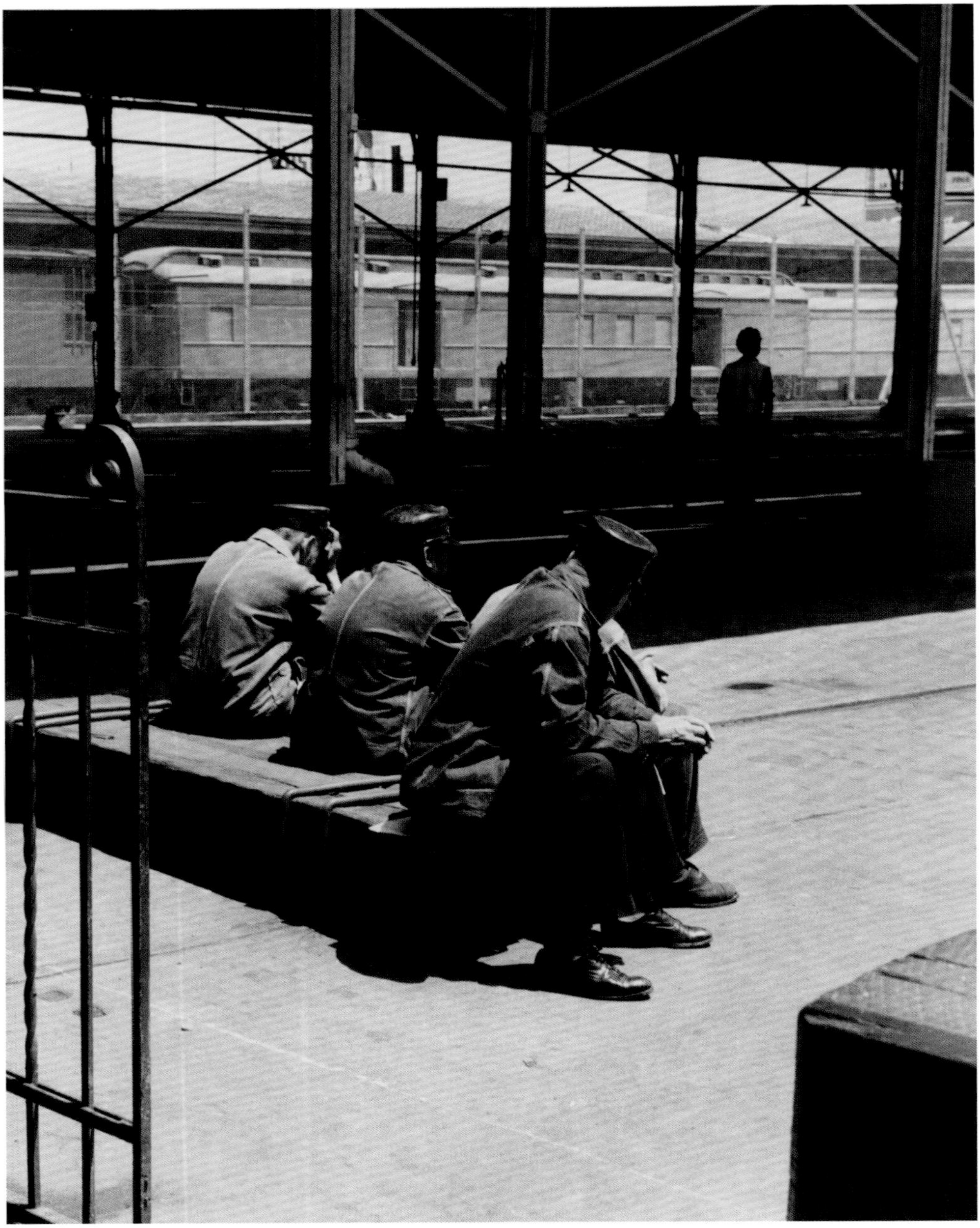

130

Lola Álvarez Bravo (1903–1993)

Bored	*Aburridos*
ca. 1940s	ca. década de 1940
Gelatin silver print	Gelatina de plata

22.5 × 18.2 cm (8⅞ × 7³⁄₁₆ in.)
2023.127.18

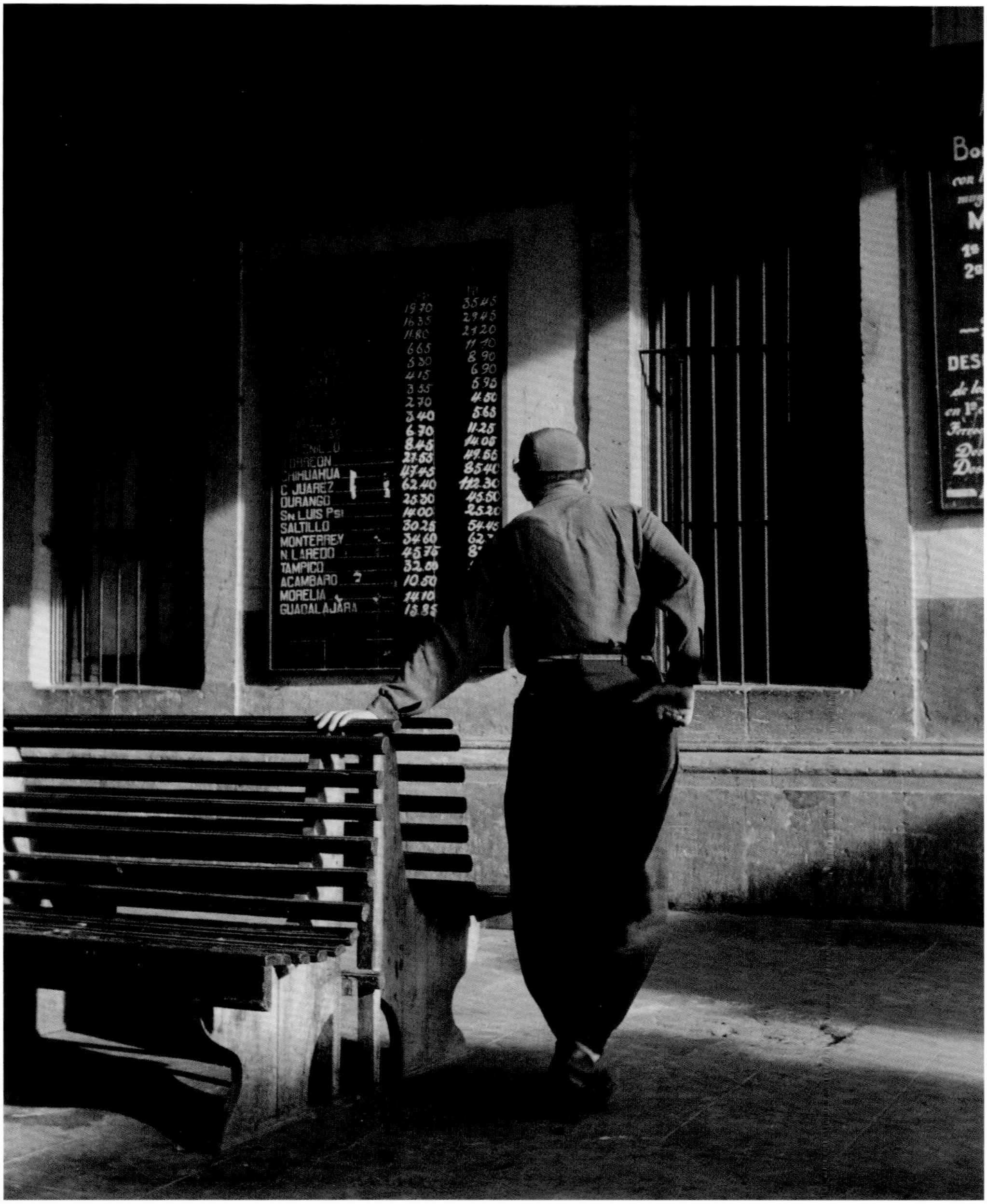

131

Lola Álvarez Bravo (1903–1993)

Add, Subtract, and Multiply	*Suma, resta y multiplica*
ca. 1938	ca. 1938
Gelatin silver print	Gelatina de plata

23.8 × 19.6 cm (9 3/8 × 7 11/16 in.)
2023.127.3

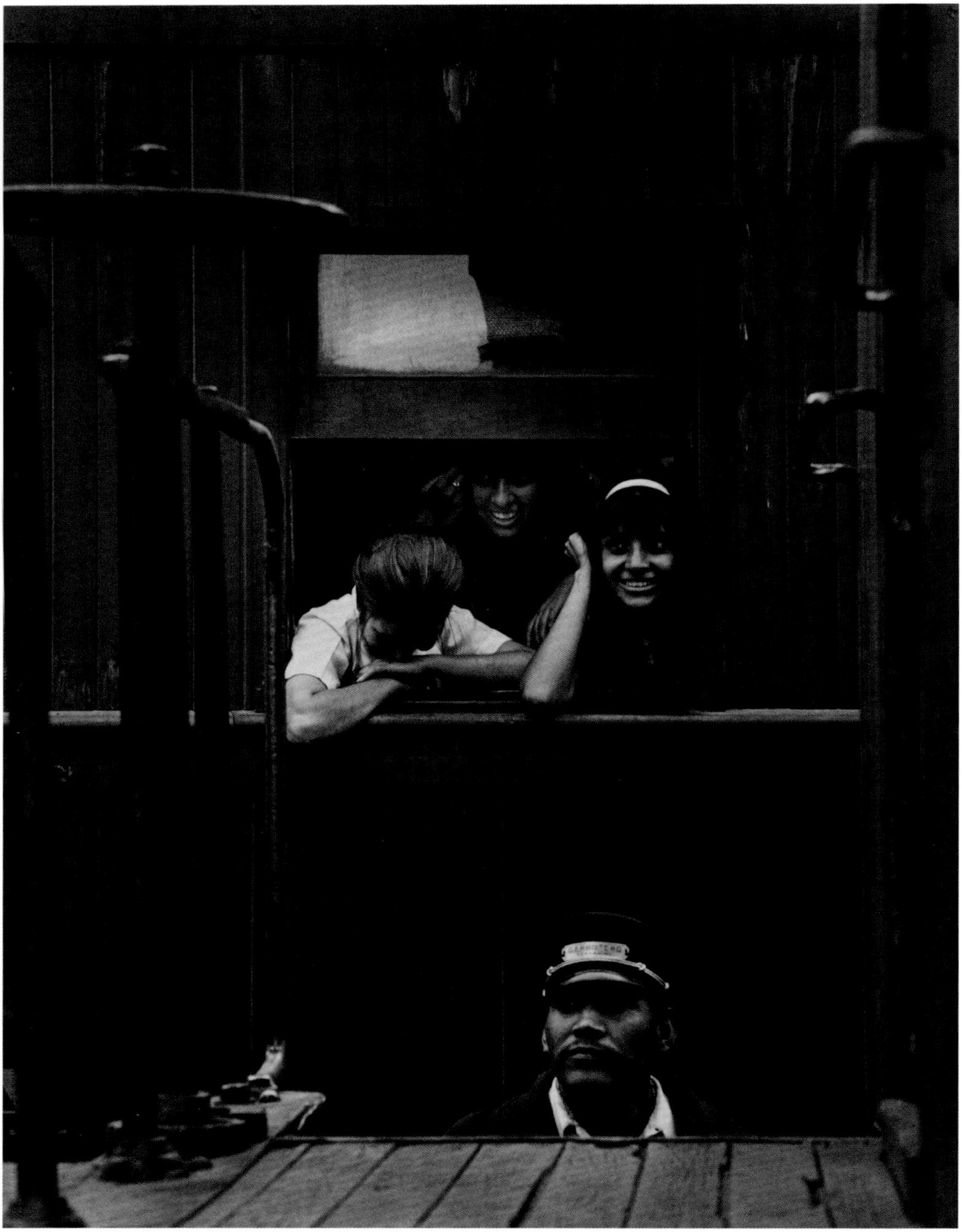

132

Rodrigo Moya (1934–2025)

The Brakeman, Old Railroad, Mexico–Cuautla	*El garrotero, ferrocarril viejo, México–Cuautla*
Negative, 1966; print, 2007	Negativo, 1966; copia, 2007
Gelatin silver print	Gelatina de plata

23.5 × 18.6 cm (9 1/4 × 7 15/16 in.)
2023.140.5

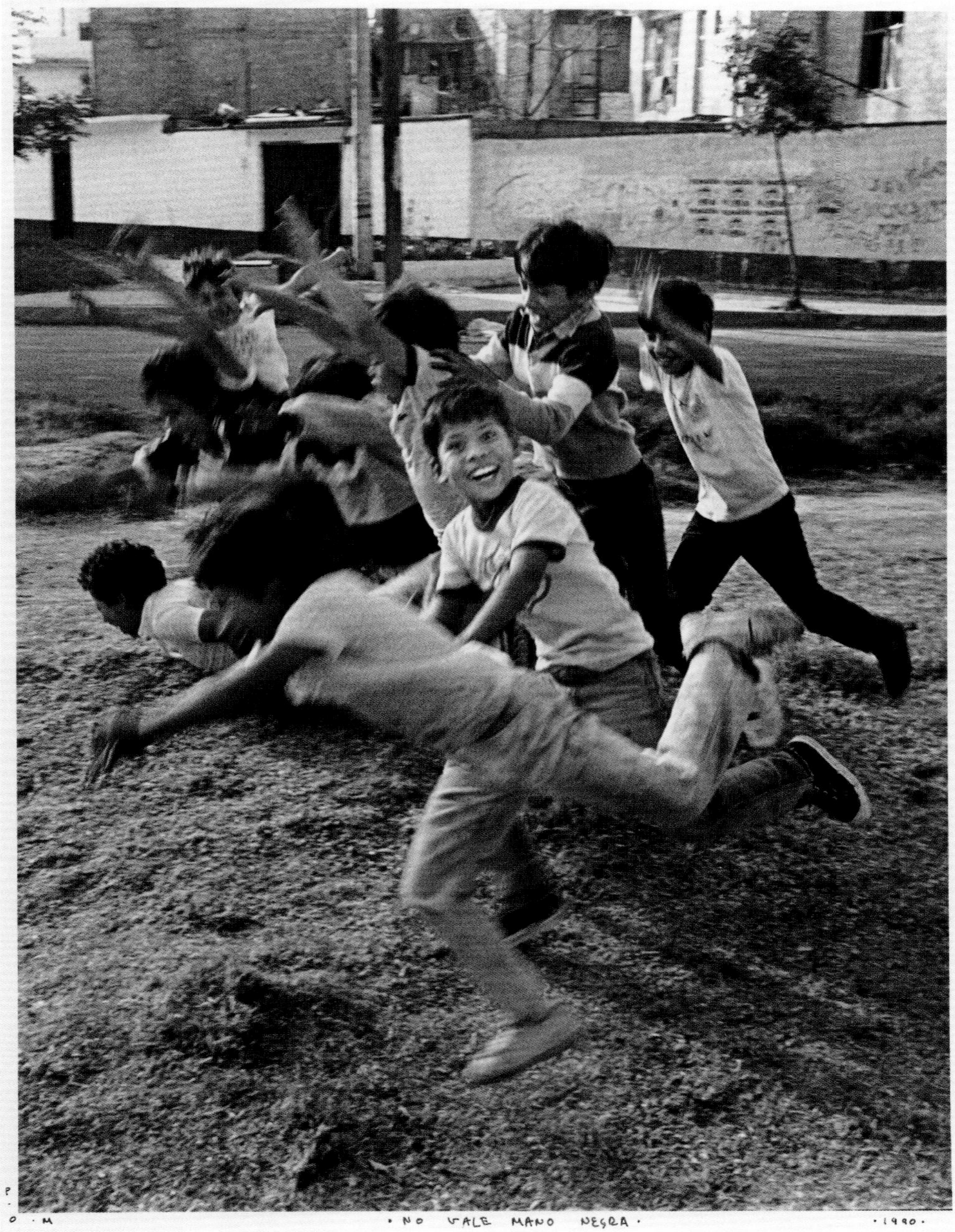

133

Pablo Ortiz Monasterio (1952–)

Cheating Is Not Allowed	*No vale mano negra*
1990	1990
The Last City series	*La última ciudad* serie
Gelatin silver print	Gelatina de plata

50.8 × 40.6 cm (20 × 16 in.)
2023.137.20

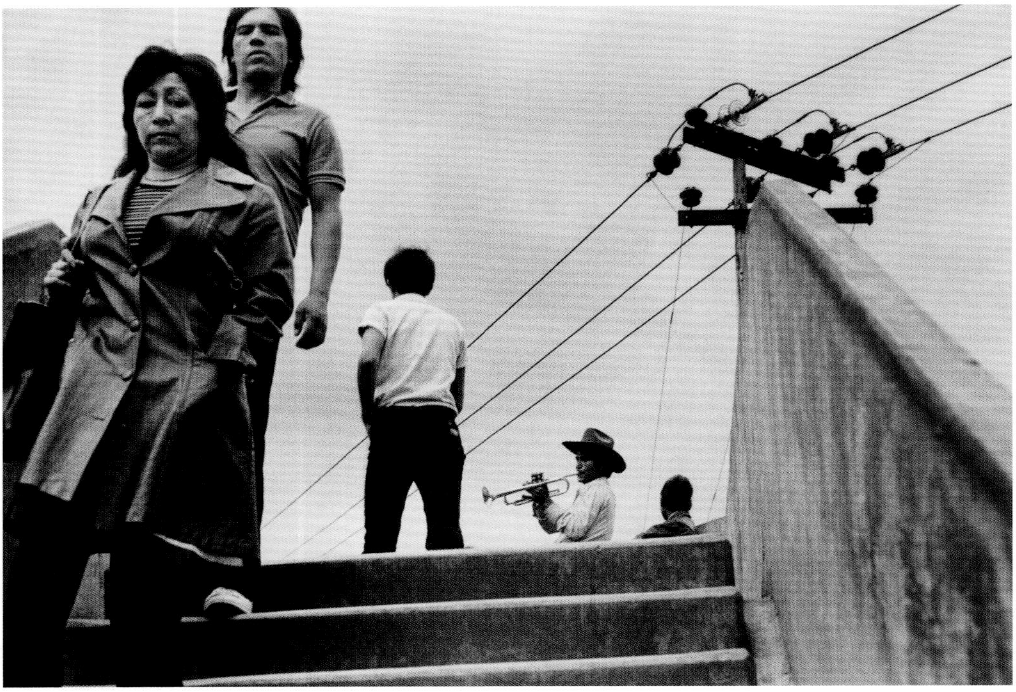

134

Pablo Ortiz Monasterio (1952–)

A Little Waltz	*Un valsecito*
1991	1991
The Last City series	*La última ciudad* serie
Gelatin silver print	Gelatina de plata

20.1 × 29.7 cm (7 15/16 × 11 11/16 in.)
2023.138.3

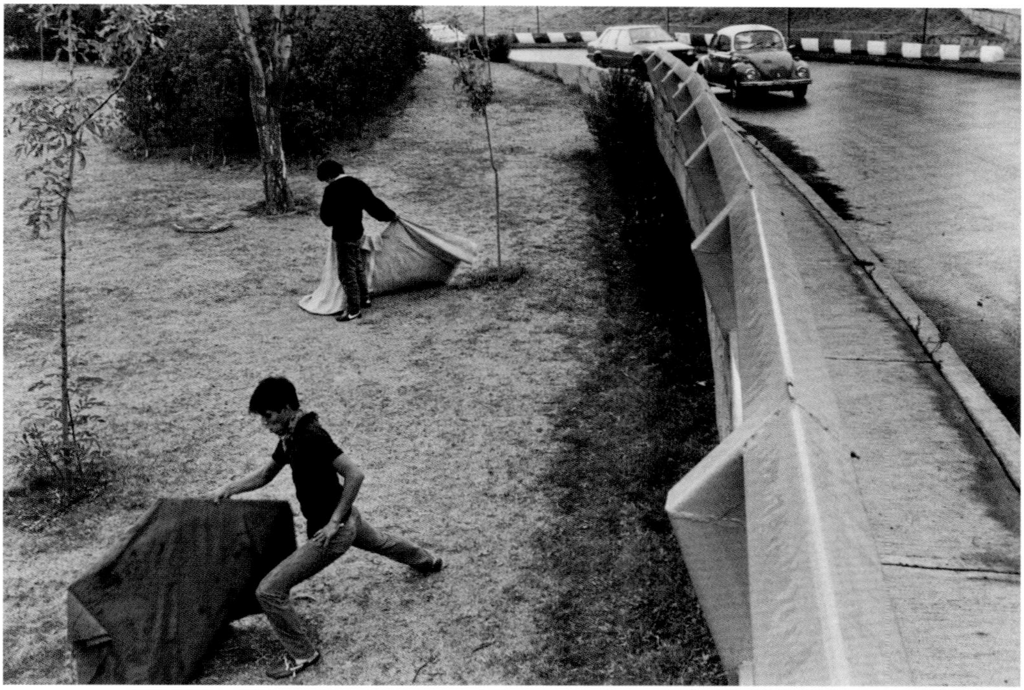

135

Pablo Ortiz Monasterio (1952–)

Silver, Concrete, and Gold	*Plata, cemento y oro*
1993	1993
The Last City series	*La última ciudad* serie
Gelatin silver print	Gelatina de plata

20 × 29.9 cm (7⅞ × 11¾ in.)
2023.138.5

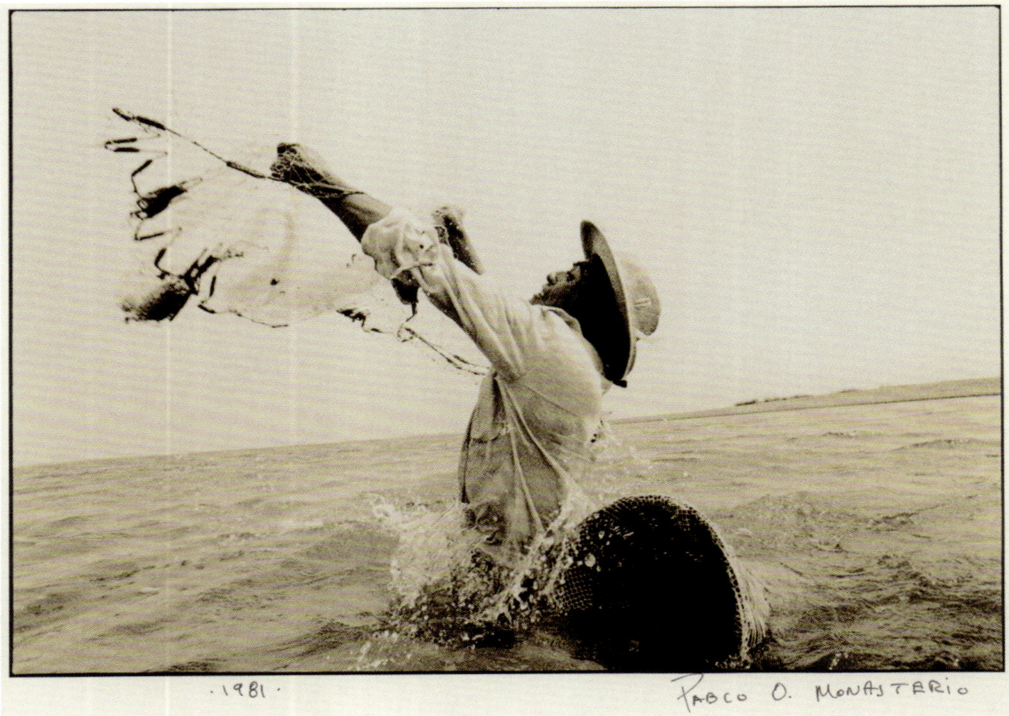

136

Pablo Ortiz Monasterio (1952–)

Untitled	Sin título
1981	1981
The People of the Wind series	*Los pueblos del viento* serie
Gold-toned gelatin silver print	Gelatina de plata virada al oro

21.1 × 31.4 cm ($8\frac{5}{16}$ × $12\frac{3}{8}$ in.)
2023.137.13

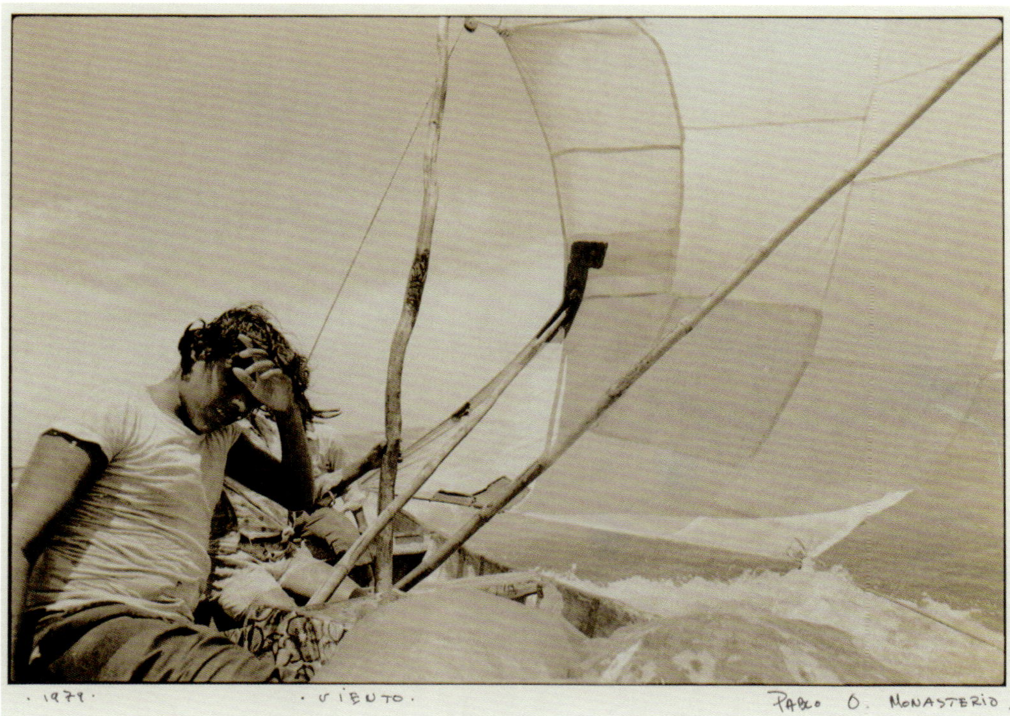

137

Pablo Ortiz Monasterio (1952–)

Wind	*Viento*
1979	1979
The People of the Wind series	*Los pueblos del viento* serie
Gold-toned gelatin silver print	Gelatina de plata virada al oro

21.7 × 32.3 cm (8 9/16 × 12 11/16 in.)
2023.137.1

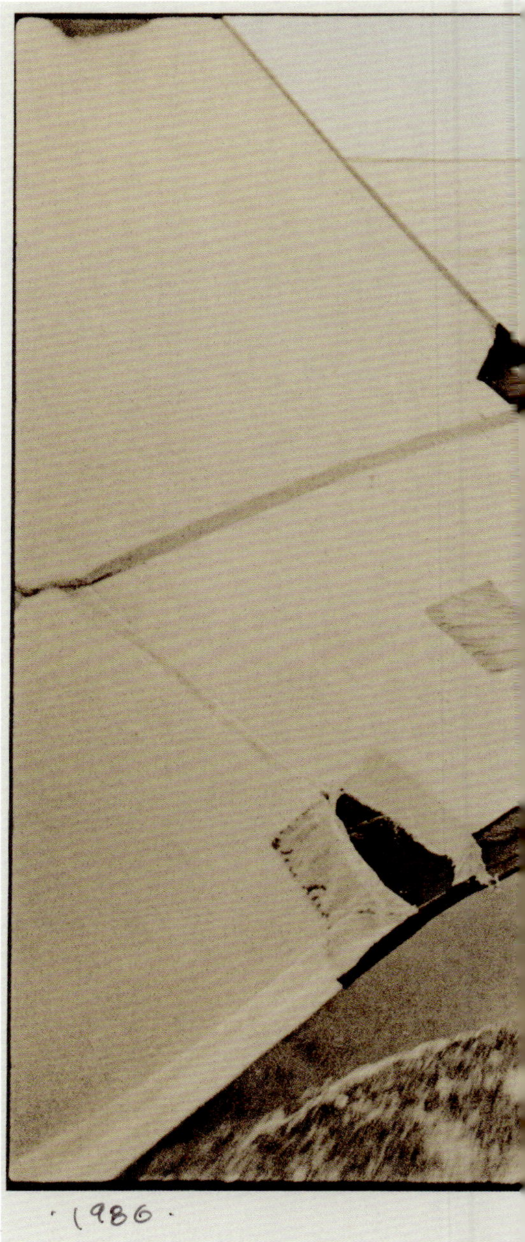

138

Pablo Ortiz Monasterio (1952–)

Marine Icarus	*Ícaro marino*
1980	1980
The People of the Wind series	*Los pueblos del viento* serie
Gold-toned gelatin silver print	Gelatina de plata virada al oro

21.8 × 32.3 cm (8 9⁄16 × 12 11⁄16 in.)
2023.137.8

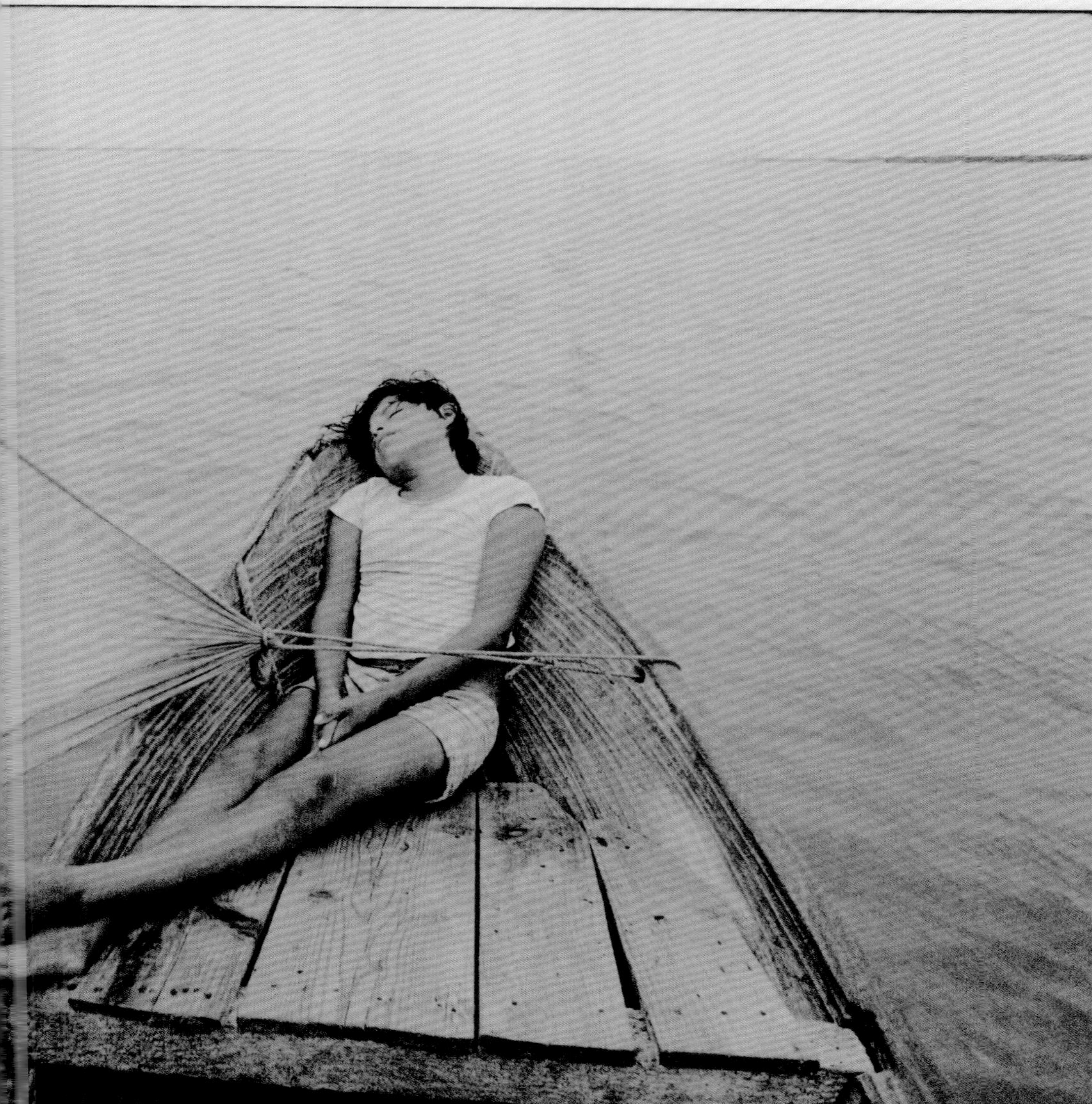

ICARO MARINO PABLO O. MONASTERIO

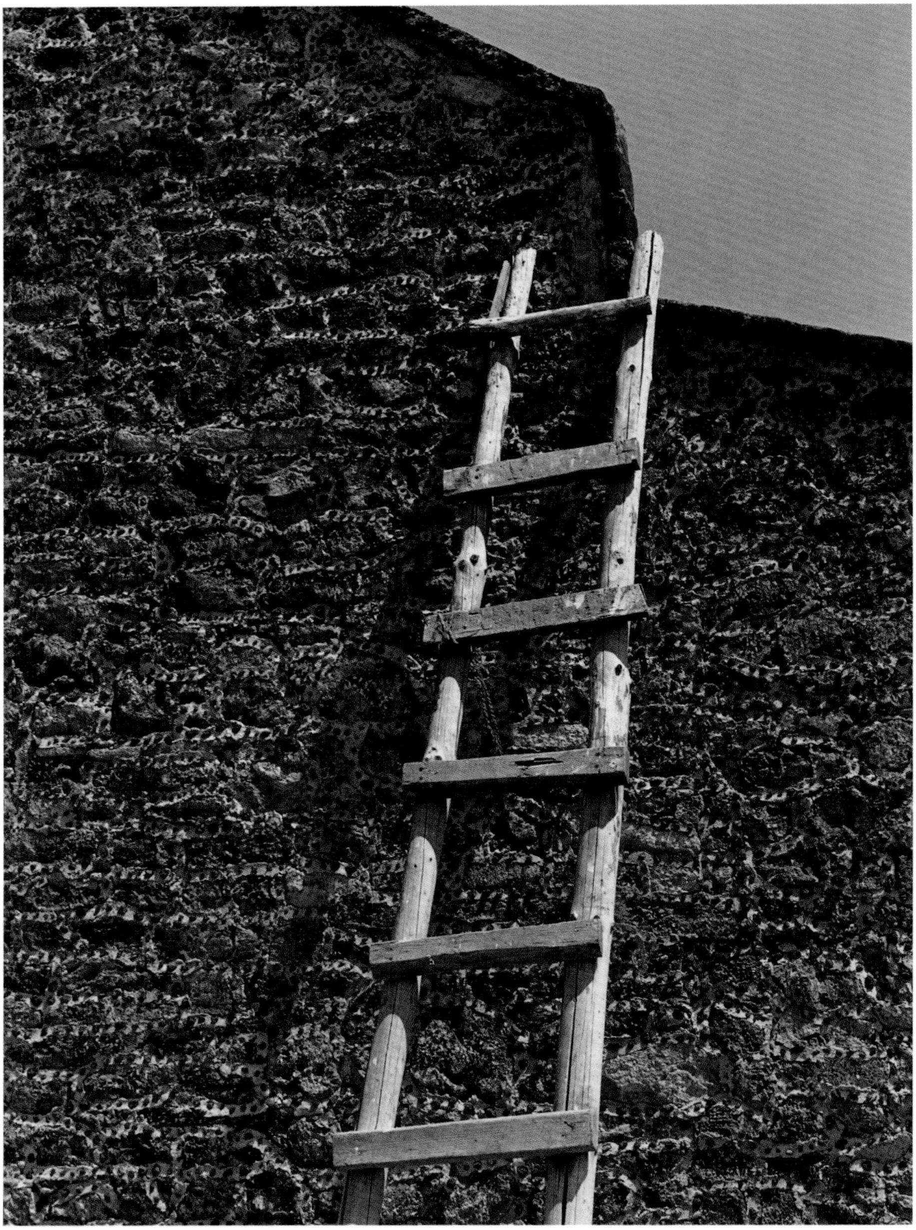

139

Manuel Álvarez Bravo (1902–2002)

To Ascend to Heaven	*Para subir al cielo*
1970–72	1970–72
Gelatin silver print	Gelatina de plata

24.3 × 18.2 cm (9 9/16 × 7 3/16 in.)
2003.507.10

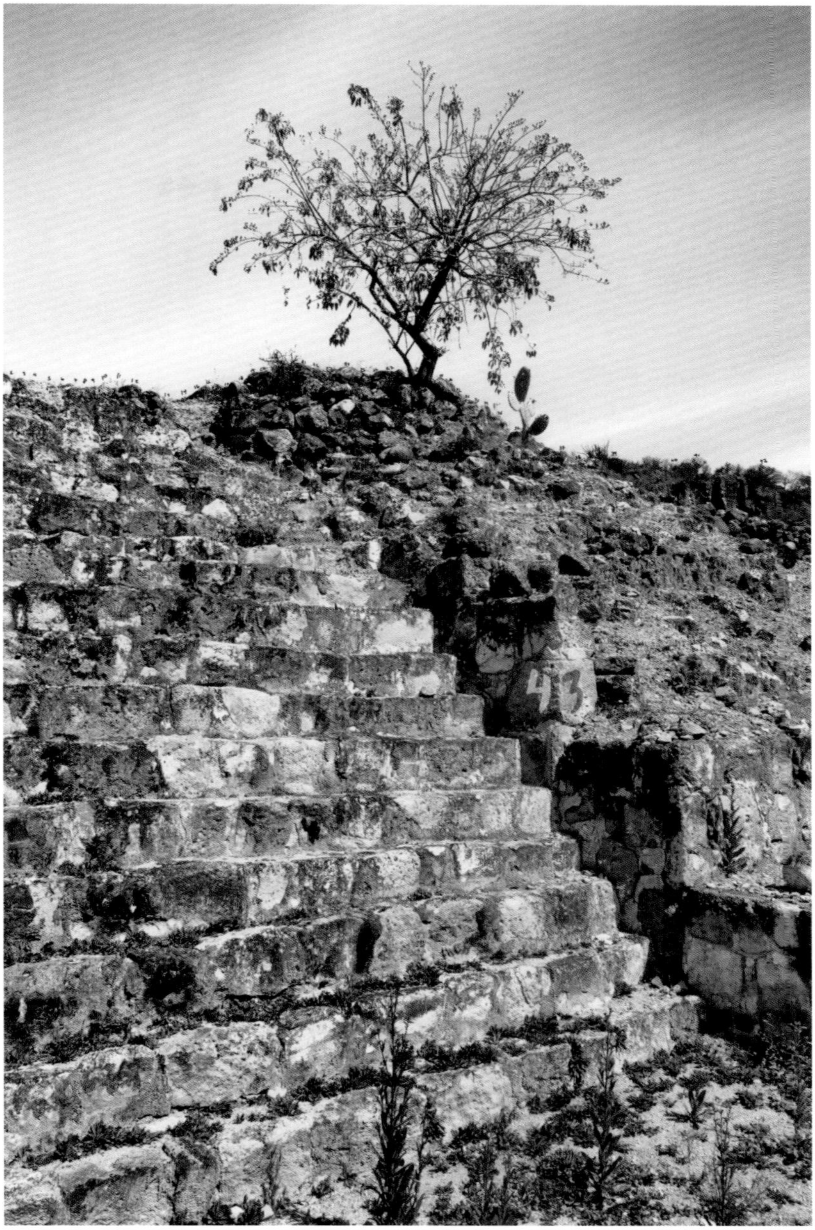

140

Pablo Ortiz Monasterio (1952–)

Untitled	Sin título
2017	2017
Do They Disappear? series	*Desaparecen?* serie
Inkjet print	Impresión inkjet

38.1 × 25.4 cm (15 × 10 in.)
2023.139.34

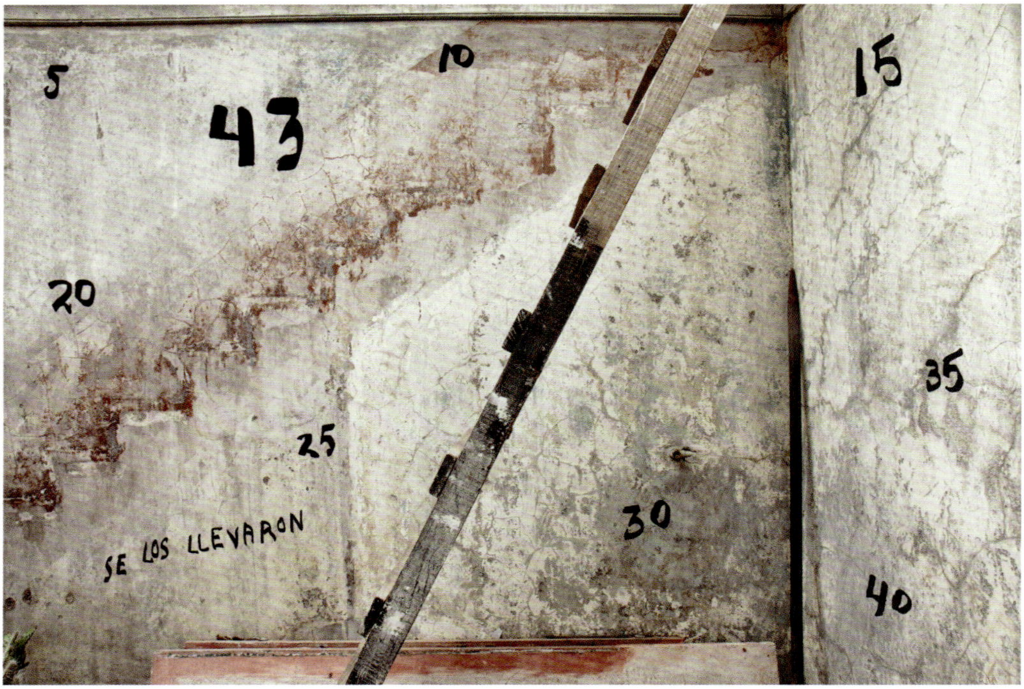

141

Pablo Ortiz Monasterio (1952–)

Untitled	Sin título
2017	2017
Do They Disappear? series	*Desaparecen?* serie
Inkjet print	Impresión inkjet

38.1 × 57 cm (15 × 22 7/16 in.)
2023.139.18

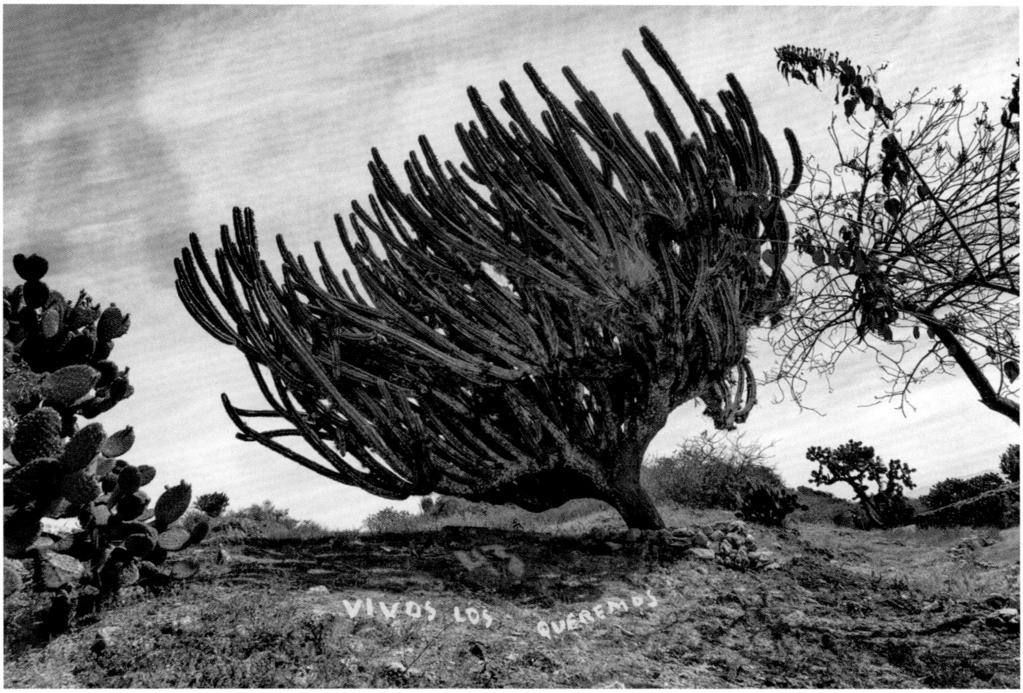

142

Pablo Ortiz Monasterio (1952–)

Untitled	Sin título
2017	2017
Do They Disappear? series	*Desaparecen?* serie
Inkjet print	Impresión inkjet

38.1 × 57 cm (15 × 22 7/16 in.)
2023.139.35

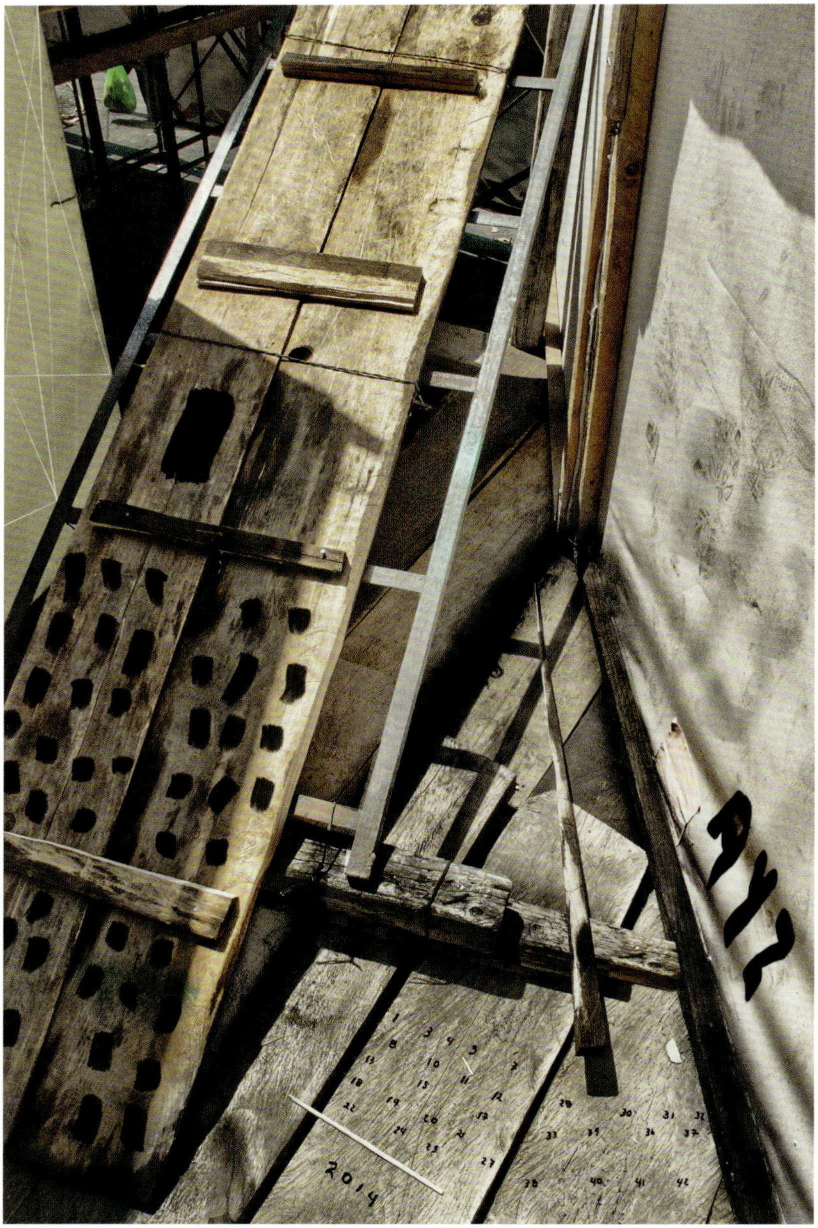

143

Pablo Ortiz Monasterio (1952–)

Untitled	Sin título
2017	2017
Do They Disappear? series	*Desaparecen?* serie
Inkjet print	Impresión inkjet

38.1 × 25.4 cm (15 × 10 in.)
2023.139.17

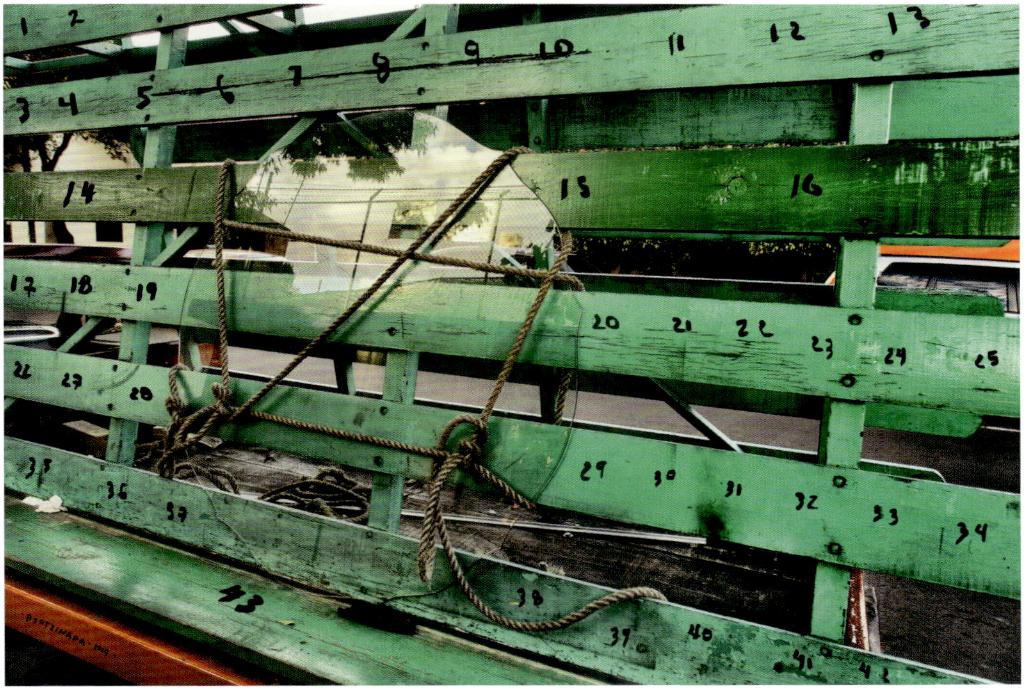

144

Pablo Ortiz Monasterio (1952–)

Untitled	Sin título
2017	2017
Do They Disappear? series	*Desaparecen?* serie
Inkjet print	Impresión inkjet

38.1 × 57.1 cm (15 × 22½ in.)
2023.139.7

PHOTOGRAPHER BIOGRAPHIES

MANUEL ÁLVAREZ BRAVO
(Mexico City, 1902–2002)

Considered one of the most prominent names in twentieth-century Latin American photography, Manuel Álvarez Bravo was a great exponent of global modernism. He worked as an accountant at the beginning of his adult life, studying painting at the Academy of San Carlos and learning photographic and graphic arts techniques on his own.

Álvarez Bravo worked as a photographer for the Mexican muralists, with whom he collaborated for many years. His photographs were published in Mexico's most prominent magazines, such as *Mexican Folkways*, *Mexican Art and Life*, and *Dyn*, as well as in international publications. He had a prolific career, reaching notable milestones quickly and winning awards that marked his professional development. He also exhibited alongside renowned artists, including the French photographer Henri Cartier-Bresson, and was invited by the French Surrealist poet André Breton to participate in various initiatives, such as the *International Exhibition of Surrealism* (Galería de Arte Mexicano, Mexico City, 1940).

Over the course of his career, Álvarez Bravo was the subject of more than 150 solo exhibitions. Between 1943 and 1959, he also worked in the film industry. He continued photographing tirelessly into the 1990s, leaving behind a vast archive of images that document much of twentieth-century Mexico. Today his photographs are included in prestigious art collections around the world. His personal archive is preserved at the Manuel Álvarez Bravo House Archive, which since 2017 has been a part of UNESCO's Memory of the World program.

LOLA ÁLVAREZ BRAVO
(Lagos de Moreno, Mexico, 1903–Mexico City, 1993)

Lola Álvarez Bravo got her start in photography by working as a lab assistant for her husband, Manuel Álvarez Bravo. After the couple divorced in 1934, photography became her primary means of earning a living. At the end of the 1930s, she worked for the magazine *El Maestro Rural* and subsequently for other illustrated periodicals, including *Hoy*, *Rotofoto*, and *Mexican Folkways*. In 1941 she was hired as head of photography at the National Institute of Fine Arts and Literature, a position she occupied for thirty years.

Concurrently, Álvarez Bravo also pursued a distinguished career as a teacher. Between 1937 and 1939, she worked in the art laboratory at the Institute of Aesthetic Research of the National Autonomous University of Mexico. In 1945 she began teaching

BIOGRAFÍAS DE LOS FOTÓGRAFOS

MANUEL ÁLVAREZ BRAVO

(Ciudad de México, 1902–2002)

Considerado como uno de los mayores representantes de la fotografía latinoamericana del siglo XX, Manuel Álvarez Bravo fue un destacado participante en el marco de la fotografía moderna mundial. Trabajador contable al inicio de su vida adulta, realizó estudios de pintura en la Academia de San Carlos y se interiorizó de forma autodidacta en procedimientos fotográficos, así como en técnicas gráficas.

Álvarez Bravo trabajó como fotógrafo para los muralistas mexicanos, con quienes colaboró de diversas maneras. Sus fotos fueron publicadas en las revistas más relevantes no solo de México, como *Mexican Folkways*, *Mexican Art and Life* y *Dyn*, sino también del extranjero. Tuvo una prolífica carrera con hitos notables, ganando desde sus inicios importantes premios que marcaron su desarrollo profesional. Asimismo, compartió exposiciones con reconocidos artistas, como el fotógrafo francés Henri Cartier-Bresson, y fue invitado por el poeta surrealista francés André Breton a participar en varias publicaciones e iniciativas, como la *Exposición internacional del surrealismo* (Galería de Arte Mexicano, Ciudad de México, 1940).

A lo largo de su vida presentó más de 150 exposiciones individuales. Entre 1943 y 1959 trabajó también en el ámbito cinematográfico. Tomó fotografías incansablemente hasta los años 90, dejando un extenso archivo de imágenes que abarcan gran parte del siglo XX de México. Sus fotos se incluyen en las principales colecciones de arte del mundo. Su archivo personal se encuentra resguardado en la Casa Archivo Manuel Álvarez Bravo, que desde 2017 forma parte del programa Memoria del Mundo de la UNESCO.

LOLA ÁLVAREZ BRAVO

(Lagos de Moreno, México, 1903–Ciudad de México, 1993)

Lola Álvarez Bravo se inició en la fotografía junto a su esposo, Manuel Álvarez Bravo, trabajando como asistente de su laboratorio. Luego de su divorcio en 1934, el oficio fotográfico se transformó en el principal medio económico para ganarse la vida. Hacia finales de la década de los 30 comenzó a trabajar como fotógrafa para la revista *El Maestro Rural* y luego para otros medios gráficos como *Hoy*, *Rotofoto* y *Mexican Folkways*, entre otros. Trabajó también como fotógrafa para otras esferas de la administración pública, entre las que se destaca su puesto como responsable de fotografía del Instituto Nacional de Bellas Artes y Literatura, posición que ocupó durante treinta años a partir de 1941.

Álvarez Bravo desarrolló de igual modo una valiosa labor docente. Entre 1937 y 1939 trabajó en el Laboratorio de Arte del

the Open Photography Workshop at the Academy of San Carlos. Through her many professional commissions, she developed an experimental use of photomontage and large-scale photo murals that distinguishes her work in the sphere of Mexican photography.

In the 1950s Álvarez Bravo opened the Galería de Arte Contemporáneo in Mexico City, where she organized exhibitions of Mexican artists. Her various awards included the Jalisciense Distinguido medal, which she received for her contributions to Jalisco's culture in 1983. Her work is held in the collections of the Museum of Fine Arts, Houston, and the Museum of Modern Art in New York, among others, and her photographic archive is conserved at the Center for Creative Photography at the University of Arizona in Tucson.

MANUEL CARRILLO
(Mexico City, 1906–1989)

Manuel Carrillo started his career as a photographer when he was forty-nine years old, after joining the Club Fotográfico de México, where he learned the basic technical skills of his craft and evolved his artistic vision. He was also an active member of the Photographic Society of America and the California-based group Friends of Photography, cofounded by Ansel Adams.

Carrillo portrayed everyday Mexican life from an intimate perspective with a special emphasis on peasants. In 1960 his images of rural Mexican life were the subject of a solo exhibition at the Chicago Public Library. Through the artist's connections with photographic societies and clubs around the world, his pictures were included in more than 250 photographic salons, won several international prizes, and were published in esteemed periodicals, such as the US weekly *Saturday Review* and the Hong Kong monthly magazine *Photo Pictorial*. His work is held in such leading museums as the San Francisco Museum of Modern Art and the Victoria and Albert Museum in London, among many others. In 1990 his photographic archive was acquired by the University of Texas at El Paso.

ANTONIO REYNOSO
(Toluca, Mexico, 1916–Mexico City, 1996)

Antonio Reynoso began his journey in the visual arts at the Academy of San Carlos, where he took courses in photography with Manuel Álvarez Bravo. His first years behind a camera focused on documentary photography, work that appeared in US exhibitions, including *Mexican Art Today* (Philadelphia Museum of Art, 1943) and *New Photographers* (Museum of Modern Art, New York, 1946).

During the 1950s Reynoso worked in independent and experimental Mexican cinema. He was director of photography for several short films, including *Una ventana a la vida* (A window to life, 1950), and directed the short *El despojo* (Dispossession, 1960), with a script by the writer Juan Rulfo. He also did the cinematography on various productions, including Alejandro Jodorowsky's *Fando y Lis* (1968).

In 1976 Reynoso took part in the exhibition *10 Photographers in the Fine Arts* (Salón de la Plástica Mexicana, Mexico City), which also featured Manuel Álvarez Bravo, Héctor García, and Graciela Iturbide. A major retrospective of Reynoso's work was held in 2016 at the Centro de la Imagen in Mexico City. Among the permanent collections that

Instituto de Investigaciones Estéticas de la Universidad Nacional Autónoma de México y en 1945 comenzó a impartir el Taller Libre de Fotografía en la Academia de San Carlos. Su trayectoria profesional es amplia, incluyendo varios encargos en los cuales su uso experimental del fotomontaje y la foto mural la distinguen dentro de la fotografía mexicana.

En la década de los 50 creó y dirigió la Galería de Arte Contemporáneo en Ciudad de México, en donde organizó exposiciones de destacados artistas mexicanos. Recibió diversos reconocimientos en vida, como la medalla de Jalisciense Distinguido en 1983. Su obra forma parte de colecciones de museos como el Museum of Fine Arts, Houston, y el Museum of Modern Art en Nueva York, entre otros, y su archivo fotográfico se encuentra en el Center for Creative Photography de la Universidad de Arizona en Tucson, en Estados Unidos.

MANUEL CARRILLO
(Ciudad de México, 1906–1989)

Manuel Carrillo inició su trayectoria fotográfica a los cuarenta y nueve años tras afiliarse al Club Fotográfico de México, entidad en donde adquirió las bases técnicas de su oficio y desarrolló su visión artística. También fue miembro activo de la Photographic Society of America y del grupo californiano Friends of Photography, cofundado por Ansel Adams.

Carrillo retrató la vida cotidiana mexicana desde una perspectiva íntima, con un énfasis especial en los campesinos. En 1960, sus imágenes de la vida rural mexicana fueron el tema de su exposición individual en la Biblioteca Pública de Chicago. Gracias a sus vínculos con sociedades y clubes fotográficos del extranjero, sus fotografías fueron incluidas en más de 250 salones fotográficos, ganaron varios premios internacionales y aparecieron en publicaciones prestigiosas, como el semanario estadounidense *Saturday Review* y la revista mensual de Hong Kong *Photo Pictorial*. Su obra se encuentra en grandes museos, como el San Francisco Museum of Modern Art y el Victoria and Albert Museum en Londres, entre muchos otros. En 1990, la Universidad de Texas en El Paso adquirió su archivo fotográfico.

ANTONIO REYNOSO
(Toluca, México, 1916–Ciudad de México, 1996)

Antonio Reynoso se inició en el campo de las artes visuales en la Academia de San Carlos, donde tomó clases de fotografía con Manuel Álvarez Bravo. Sus primeros años detrás de una cámara se concentraron en la fotografía documental; estas obras fueron incluidas en exposiciones en Estados Unidos, como *El arte mexicano de hoy* (Philadelphia Museum of Art, 1943) y *Fotógrafos nuevos* (Museum of Modern Art, Nueva York, 1946).

A partir de los años 50 comenzó a trabajar en la producción audiovisual independiente y experimental mexicana. Fue encargado de fotografía en cortometrajes como *Una ventana a la vida* (1950) y dirigió el corto *El despojo* (1960), con guion del escritor Juan Rulfo. También trabajó como cámara y director de fotografía en diversas producciones, entre ellas *Fando y Lis* (1968) de Alejandro Jodorowsky.

En 1976 participó en la exposición de fotografía mexicana *10 fotógrafos en la plástica* (Salón de la Plástica Mexicana, Ciudad de México) junto a Manuel Álvarez Bravo, Héctor García, Graciela Iturbide y otros destacados autores. Una importante retrospectiva de su obra fue realizada en

include his pictures are the Wittliff Collections (San Marcos, Texas) and the Museum of Modern Art in New York.

HÉCTOR GARCÍA

(Mexico City, 1923–2012)

Starting in 1945 Héctor García worked as a photojournalist with a critical approach, documenting everyday life, social movements, and inequities in twentieth-century Mexican society. He contributed to national and international illustrated periodicals such as *Siempre!*, *Mañana*, *Life*, and *Time*. In 1950 he founded his own press agency, Foto Press, and from 1958 to 1960 he published the column "F 2.8: La vida en el instante" in the newspaper *Excélsior*. His images also graced the pages of books, including Salvador Novo's *New Mexican Grandeur* (1967) and Fernando Benítez's *Los indios de México* (The Indians of Mexico, 1970).

García won the Mexican National Journalism Prize three times, earning it for his outstanding photographic work, such as his coverage of the Mexican Student Movement of 1968, and was awarded the National Prize of Sciences and Arts in 2002. In 2005 he became a member of the Academy of Arts. His work is found in such prominent collections as the Museum of Modern Art in New York and the Bibliothèque nationale de France. Since 2008 his archive—together with that of his wife, the photographer María Sánchez—has been safeguarded at the María and Héctor García Foundation in Mexico City.

MARIANA YAMPOLSKY

(Chicago, 1925–Mexico City, 2002)

In 1945, shortly after concluding her studies at the University of Chicago, Mariana Yampolsky arrived in Mexico City to attend the National School of Painting, Sculpture, and Printmaking, becoming a Mexican citizen in 1958. She began her career as a printmaker and was the first woman to be a member of the People's Graphic Workshop, a collective dedicated to art with an anti-fascist stance.

Yampolsky started taking photographs at the end of the 1940s, attending Lola Álvarez Bravo's classes at her Open Photography Workshop at the Academy of San Carlos. She dedicated herself to documenting Mexican culture by traveling around the country, shooting its diverse landscapes, vernacular architecture, and popular art. For many years she worked as an editor of books with reproductions of artworks, a task that permitted her to combine her knowledge as a printmaker, intellectual background, and language skills.

During the 1980s and '90s, Yampolsky concentrated on producing her own photobooks, many in collaboration with the writer Elena Poniatowska, such as *La casa que canta* (The house that sings, 1982) and *Haciendas poblanas* (Haciendas of Puebla, 1992), among others. Her photographs have been shown in international and solo exhibitions across the world and are included in the holdings of numerous public and private collections.

2016 en el Centro de la Imagen en Ciudad de México. Sus fotos forman parte de varias colecciones en Estados Unidos, como las Wittliff Collections (San Marcos, Texas) y el Museum of Modern Art en Nueva York.

HÉCTOR GARCÍA

(Ciudad de México, 1923–2012)

Desde 1945 Héctor García ejerció el fotoperiodismo con un enfoque social y crítico, documentando la vida cotidiana, los movimientos sociales y los contrastes de la sociedad mexicana del siglo XX. Trabajó para numerosos medios gráficos nacionales e internacionales, como *Siempre!*, *Mañana*, *Life* y *Time*. En 1950 fundó su propia agencia, Foto Press, y entre 1958 y 1960 fue autor de la columna "F 2.8: La vida en el instante" en el periódico *Excélsior*. Con sus fotos ilustró varios libros, como *New Mexican Grandeur* (1967) de Salvador Novo y *Los indios de México* (1970) de Fernando Benítez.

Ganó tres veces el Premio Nacional de Periodismo por algunas de sus coberturas fotográficas más destacadas, como la del movimiento estudiantil de 1968, y recibió el Premio Nacional de Ciencias y Artes en 2002. Fue miembro de la Academia de Artes desde 2005. Su obra figura en colecciones prominentes, como la del Museum of Modern Art en Nueva York y la Bibliothèque nationale de France. Su archivo fotográfico —junto al de su esposa, la fotógrafa María Sánchez— se encuentra resguardado desde 2008 en la Fundación María y Héctor García.

MARIANA YAMPOLSKY

(Chicago, 1925–Ciudad de México, 2002)

En 1945, poco tiempo después de haber concluido sus estudios en la Universidad de Chicago, Mariana Yampolsky llegó a Ciudad de México para estudiar en la Escuela Nacional de Pintura, Escultura y Grabado, obteniendo la nacionalidad mexicana en 1958. Empezó su carrera artística como grabadora y fue la primer miembro mujer del Taller de Gráfica Popular, una cooperativa artística con una fuerte impronta antifascista.

Yampolsky comenzó a fotografiar hacia finales de los años 40, tomando clases con Lola Álvarez Bravo en su Taller Libre en la Academia de San Carlos. A través de viajes alrededor del país, se dedicó a documentar la complejidad de la cultura mexicana, incluida la diversidad de sus paisajes, la arquitectura vernácula y el arte popular. Durante varias décadas trabajó como editora de artes gráficas para libros con reproducciones de obras de arte, oficio que le permitió conjugar sus conocimientos como grabadora, su formación intelectual y sus habilidades lingüísticas.

Durante las décadas de 1980 y 1990 se concentró en sus propios libros fotográficos, muchos de ellos producidos en cooperación con la escritora Elena Poniatowska, como *La casa que canta* (1982) o *Haciendas poblanas* (1992), entre otros. Sus fotos han sido incluidas en una gran cantidad de exposiciones internacionales e individuales en diferentes países y se encuentran en numerosas colecciones públicas y privadas.

RODRIGO MOYA
(Medellín, Colombia, 1934–Cuernavaca, Mexico, 2025)

Rodrigo Moya arrived in Mexico City as a toddler, when his parents moved there for work in 1936. Early on he studied civil engineering but soon began to work as a technician in television. In the 1950s he launched his career as a professional photographer, contributing to illustrated Mexican magazines such as *Impacto*, *Siempre!*, and *Nocturno*, among others. For more than two decades, he created photoreports on political and social issues in Mexico and other Latin American countries, in line with his political commitment and activism. His notable photoreporting included documenting post-revolution Cuba in 1964, as well as covering guerrilla movements in Guatemala, Panama, and Venezuela for the Mexican magazine *Sucesos para Todos*.

In 1968 Moya retired from photojournalism and founded the magazine *Técnica Pesquera*, which he directed for twenty-two years. Today his photographs are in the collections of various museums, such as the San Francisco Museum of Modern Art and the Museo Amparo in Puebla. He received Cuba's Distinction for National Culture award in 1996 and Mexico's Medal of Photographic Merit in 2007.

PEDRO MEYER
(Madrid, 1935–)

Arriving in Mexico with his parents when he was two years old, Pedro Meyer acquired citizenship shortly thereafter, in 1942. He learned photography on his own, taking part in the Club Fotográfico de México and cofounding the Grupo Arte Fotográfico in 1963. His work in the promotion of Latin American photography has been crucial, particularly his role in organizing the Latin American Seminars on Photography in 1978, 1981, and 1984. In addition, he cofounded national projects with the aim of institutionalizing and promoting photography in Mexico, such as the Mexican Council of Photography in 1976, and the House of Photography in 1980.

Meyer's body of work focuses on the culture and society of Mexico, approaching social and political subjects with a critical gaze. His photographs have been featured in solo and group exhibitions around the world and belong to renowned collections in Europe and North America. He has received numerous grants and recognitions, including a Guggenheim Fellowship in 1987. In 2007 he founded the Pedro Meyer Foundation, and in 2015, the Foto Museo Cuatro Caminos, initiatives created to promote visual literacy and support photographic creation in Mexico.

GRACIELA ITURBIDE
(Mexico City, 1942–)

Although she began by studying cinematography at the National Autonomous University of Mexico in 1969 with the goal of becoming a film director, Graciela Iturbide discovered a passion for photography during her classes with Manuel Álvarez Bravo. From 1970 to 1971, she worked as Álvarez Bravo's assistant, accompanying him on trips through Mexico—a practice she later extended to her own personal process, taking journeys to other countries in Latin America.

RODRIGO MOYA
(Medellín, Colombia, 1934–
Cuernavaca, México, 2025)

Rodrigo Moya llegó a Ciudad de México de pequeño, en 1936, cuando sus padres se trasladaron allí por trabajo. Inició estudios de ingeniería civil, pero pronto empezó a trabajar como técnico en televisión. A partir de la década de 1950 comenzó su carrera fotográfica profesional en revistas ilustradas mexicanas como *Impacto*, *Siempre!* y *Nocturno*, entre otras. Durante dos décadas desarrolló fotorreportajes sobre los procesos políticos y sociales en México y otros países de Latinoamérica, en línea con su compromiso y activismo político. Sus reportajes fotográficos más renombrados incluyen una serie de 1964 sobre la Cuba posrevolucionaria, así como sus trabajos sobre el movimiento de guerrillas de Guatemala, Panamá y Venezuela para la revista mexicana *Sucesos para Todos*.

En 1968 se retiró del periodismo y fundó la revista *Técnica Pesquera*, que dirigió durante veintidós años. En la actualidad sus fotos forman parte de colecciones de varios museos, como el San Francisco Museum of Modern Art y el Museo Amparo de Puebla. Fue reconocido con la Distinción por la Cultura Nacional de Cuba (1996) y la Medalla del Mérito Fotográfico de México (2007).

PEDRO MEYER
(Madrid, 1935–)

Pedro Meyer llegó con sus padres a México cuando solo tenía dos años y adoptó la nacionalidad mexicana en 1942. Inició su trayectoria fotográfica de forma autodidacta, participando en el Club Fotográfico de México y cofundando el Grupo Arte Fotográfico en 1963. Su labor ha sido clave en la promoción de la fotografía latinoamericana, destacándose la organización de los Coloquios Latinoamericanos de Fotografía en 1978, 1981 y 1984. Asimismo, fue cofundador de importantes proyectos a nivel nacional, como el Consejo Mexicano de Fotografía en 1976 y la Casa de la Fotografía en 1980.

Su trabajo fotográfico se enfoca en la cultura y sociedad mexicana, abordando temas sociales y políticos con una mirada crítica. Sus fotos se han presentado en exposiciones individuales y colectivas alrededor del mundo y figuran en colecciones de renombre en Europa y América del Norte. Recibió varias becas y reconocimientos, incluida la Beca Guggenheim en 1987. En 2007 creó la Fundación Pedro Meyer y en 2015 el Foto Museo Cuatro Caminos, iniciativas surgidas para promover la alfabetización visual y apoyar la creación fotográfica en México.

GRACIELA ITURBIDE
(Ciudad de México, 1942–)

Aunque comenzó sus estudios cinematográficos en la Universidad Nacional Autónoma de México en 1969 con el objetivo de convertirse en directora de cine, Graciela Iturbide descubrió su pasión por la fotografía durante sus clases con Manuel Álvarez Bravo. Entre 1970 y 1971 trabajó como su asistente, acompañándolo en viajes a través de México, una dinámica que luego ella extendió en su práctica personal a otros países de Latinoamérica.

En la actualidad es mundialmente reconocida por sus trabajos fotográficos sobre comunidades autóctonas de México, como aquellos que desarrolló en el desierto de Sonora y en Juchitán de Zaragoza, a partir de los cuales publicó

Today Iturbide is world-famous for her photographs of Indigenous communities in Mexico, such as those she made in the Sonoran Desert and in the town of Juchitán de Zaragoza, which led to the photobooks *Los que viven en la arena* (Those who live in the sand, 1981) and *Juchitán de las mujeres* (Women of Juchitán, 1989), respectively. She has been the subject of numerous publications and solo exhibitions, including at the Centre Pompidou in Paris (1982), the J. Paul Getty Museum in Los Angeles (2007), and the Kyotographie International Photography Festival (2025). Her photographs are included in major collections around the world. Among her many awards are a Guggenheim Fellowship (1988), Mexico's National Prize for Arts and Sciences (2008), the Order of Arts and Letters of the French Republic (2024), and Spain's Princess of Asturias Award for the Arts (2025).

YOLANDA ANDRADE
(Villahermosa, Mexico, 1950–)

Yolanda Andrade studied photography at the Visual Studies Workshop in Rochester, New York, between 1976 and 1977. For the next several decades she devoted herself exclusively to working in black and white, developing an extensive project on Mexico City for which she received a Guggenheim Fellowship in 1994. Her photographs primarily explore aspects of urban dynamics and city life.

Andrade has worked as a freelancer for various magazines and books. In 2003 she began to take color photographs in digital format and extended her projects to other countries. Editorial production is an important facet of her work. She has published a number of photobooks, including *Los velos transparentes, las transparencias veladas* (The transparent veils, the veiled transparencies, 1988) and *A través del cristal* (Through the glass, 2008) as well as limited-edition, self-published books, such as *Wandering Alone* (2023) and *Fragmentos* (Fragments, 2024). She has participated in exhibitions in Mexico and other countries, and was the subject of the solo exhibition *Imperfect Matter* (Museo de Arte Moderno, Mexico City, 2025). Her work has been acquired by several US collections, including the California Museum of Photography in Riverside, El Museo del Barrio in New York, and the Hammer Museum in Los Angeles.

PABLO ORTIZ MONASTERIO
(Mexico City, 1952–)

In the 1970s, after studying economics in Mexico, Pablo Ortiz Monasterio moved to London to study photography. Since 1978, after returning to Mexico, he has maintained a career as a photographer and editor. He has managed four important editorial collections: *México Indígena*, *Río de Luz*, *Luna Córnea*, and *Círculo del Arte*, comprising more than fifty publications in collaboration with key figures in Latin American photography. In 1994 he cofounded the photography institution Centro de la Imagen in Mexico City.

Ortiz Monasterio has published more than twenty photobooks, including *Los pueblos del viento* (The people of the wind, 1981), *La última ciudad* (*The Last City*, 1995), and *Akadem Gorodok* (2014). He has had solo exhibitions in various Latin American countries, the United States, and Europe. He has also taught workshops on photography and editorial

los libros fotográficos *Los que viven en la arena* (1981) y *Juchitán de las mujeres* (1989), respectivamente. Su obra ha sido objeto de numerosas publicaciones y exposiciones individuales, como en el Centre Pompidou en París (1982), el J. Paul Getty Museum en Los Ángeles (2007) y el Festival Internacional de Fotografía Kyotographie en Kyoto (2025), entre muchos otros. Sus fotos forman parte de las principales colecciones fotográficas del mundo. Ha recibido algunos de los más distinguidos premios, entre otros la Beca Guggenheim (1988), el Premio Nacional de Ciencias y Artes de México (2008), la Orden de las Artes y las Letras en Francia (2024) y el Premio Princesa de Asturias de las Artes en España (2025).

YOLANDA ANDRADE
(Villahermosa, México, 1950–)

Yolanda Andrade estudió fotografía en el Taller de Estudios Visuales en Rochester, Nueva York, entre 1976 y 1977. Durante varias décadas se dedicó exclusivamente a la fotografía en blanco y negro, desarrollando un extenso proyecto sobre Ciudad de México por el cual recibió en 1994 la Beca Guggenheim. Sus fotografías exploran principalmente la dinámica urbana y la vida en la ciudad.

Andrade trabajó como fotógrafa independiente para revistas y medios gráficos. A partir de 2003 comenzó a realizar fotografías color en formato digital y extendió sus proyectos a otros países. La producción editorial ha sido una faceta importante de su trabajo como fotógrafa; ha publicado varios fotolibros como *Los velos transparentes, las transparencias veladas* (1988) y *A través del cristal* (2008), junto a otros autoeditados de edición limitada como *Caminando en Londres* (2019), *Wandering Alone* (2023) y *Fragmentos* (2024). Sus fotos han sido mostradas en diversas exposiciones colectivas en México y otros países, como así también individuales, entre las que se destaca *Materia imperfecta* (Museo de Arte Moderno, Ciudad de México, 2025). Su obra se encuentra en colecciones en Estados Unidos, entre otras en el California Museum of Photography en Riverside, el Museo del Barrio en Nueva York y el Hammer Museum en Los Ángeles.

PABLO ORTIZ MONASTERIO
(Ciudad de México, 1952–)

Pablo Ortiz Monasterio estudió economía en México y se especializó en fotografía en Londres durante la década de 1970. Desde 1978 ha sostenido una carrera como fotógrafo y editor en múltiples plataformas e iniciativas culturales. Estuvo al frente de cuatro importantes colecciones editoriales: *México Indígena*, *Río de Luz*, *Luna Córnea* y *Círculo del Arte*, a través de las cuales ha lanzado más de cincuenta publicaciones, colaborando con figuras clave del ámbito fotográfico en América Latina. En 1994 cofundó la institución fotográfica Centro de la Imagen en Ciudad de México.

Ortiz Monasterio ha publicado más de veinte fotolibros, entre los que sobresalen *Los pueblos del viento* (1981), *La última ciudad* (1995) y *Akadem Gorodok* (2014). Realizó exposiciones individuales en diversos países de Latinoamérica, Estados Unidos y Europa. Asimismo, ha impartido talleres sobre fotografía y procesos editoriales y sido jurado en múltiples festivales alrededor del mundo. Sus fotos forman parte de múltiples colecciones en México y otros países. Su trabajo fotográfico y su trayectoria profesional han sido

processes, and been a jury member at multiple festivals around the world. His photos are included in multiple art collections in Mexico and abroad, and he has been honored with such prestigious Mexican awards as the Photography Biennial (1980), the Medal of Photographic Merit (2014), and the Fine Arts Medal issued by the National Institute of Fine Arts and Literature (2019).

FLOR GARDUÑO

(Mexico City, 1957–)

Flor Garduño studied visual arts at the Academy of San Carlos, where she took classes with the Hungarian-born Mexican photographer Kati Horna. Later she worked as a laboratory assistant for Manuel Álvarez Bravo, mastering several printing techniques. In 1981 Garduño worked at Mexico's Secretary of Public Education under the direction of Mariana Yampolsky, documenting rural and Indigenous communities, an experience that profoundly marked her visual style. Her work is characterized by black-and-white portraits, landscapes, nudes, and still lifes that explore the mythical and the dreamlike.

Garduño has published many books, including *Magia del juego eterno* (Magic of the eternal game, 1985), *Testigos del tiempo* (Witnesses of time, 1992), *Trilogía* (Trilogy, 2010), and *Senderos de vida* (Paths of life, 2024). Her work has been shown in such prominent institutions as the Museum of Modern Art in New York and the Museo de Arte Moderno in Mexico City. In 2024 the Palacio de Bellas Artes in Mexico City presented the retrospective *Paths of Life*, exhibiting more than one hundred of Garduño's photographs and jewelry designed by her.

CECILIA SALCEDO MÉNDEZ

(Mexico City, 1957–)

Cecilia Salcedo Méndez earned a degree in communication and specialized in photography and art history. In 1996 she cofounded the photographic group Luz 96 in Oaxaca, where she lives. She was director of the Manuel Álvarez Bravo Photography Center from its founding in 1997 until 2004.

Throughout her career Salcedo Méndez has received grants to develop her photographic work from the states of Oaxaca and Jalisco as well as from Mexico's National Fund for Culture and Arts. A large part of her oeuvre is dedicated to the plant world and Mexican biodiversity. Her photographs, which have been presented in more than thirty-five group and twenty-two solo exhibitions, are included in various collections in Mexico, such as at the Museo de Arte Contemporáneo de Oaxaca, the Fototeca in Jalisco, and the Museo de Arte de Zapopan.

reconocidas con galardones de la Bienal de Fotografía de México (1980), la Medalla al Mérito Fotográfico (2014) y la Medalla Bellas Artes que otorga el Instituto Nacional de Bellas Artes y Literatura de México (2019).

FLOR GARDUÑO
(Ciudad de México, 1957–)

Flor Garduño estudió artes visuales en la Academia de San Carlos, en donde asistió al taller abierto de la fotógrafa húngara Kati Horna. Posteriormente trabajó como asistente de laboratorio con Manuel Álvarez Bravo, en donde se perfeccionó en técnicas de copiado fotográfico. En 1981 trabajó para la Secretaría de Educación Pública bajo la dirección de Mariana Yampolsky documentando comunidades rurales e indígenas, experiencia que marcó profundamente su estilo visual. Su obra se caracteriza por retratos, paisajes, desnudos y naturalezas muertas en blanco y negro que exploran lo mítico y lo onírico.

Ha publicado libros como *Magia del juego eterno* (1985), *Testigos del tiempo* (1992), *Trilogía* (2010) y *Senderos de vida* (2024), entre muchos otros. Su obra ha sido expuesta en destacadas instituciones como el Museum of Modern Art en Nueva York y el Museo de Arte Moderno en Ciudad de México. En 2024, el Palacio de Bellas Artes en Ciudad de México presentó la retrospectiva *Senderos de vida*, exhibiendo más de cien fotografías de Garduño y joyas diseñadas por ella.

CECILIA SALCEDO MÉNDEZ
(Ciudad de México, 1957–)

Cecilia Salcedo Méndez obtuvo una licenciatura en comunicación y se especializó en fotografía e historia del arte. En 1996 cofundó el grupo fotográfico Luz 96 en Oaxaca, ciudad en donde reside. Allí fue directora del Centro Fotográfico Manuel Álvarez Bravo desde su fundación en 1997 hasta 2004.

A lo largo de su carrera recibió becas para desarrollar su producción fotográfica del Fondo Estatal para la Cultura y las Artes del Estado de Oaxaca y del Estado de Jalisco, así como del Fondo Nacional para la Cultura y las Artes de México. Gran parte de su obra se vincula con el mundo vegetal y la riqueza de la biodiversidad mexicana. Sus fotos, que se han presentado en más de treinta y cinco exposiciones colectivas y veintidós exposiciones individuales, forman parte de colecciones en México como el Museo de Arte Contemporáneo de Oaxaca, la Fototeca de Jalisco, el Museo de Arte de Zapopan y varias colecciones particulares.

ACKNOWLEDGMENTS

The process of making a book always involves many more hands than one might imagine. I first want to extend thanks to three people who made it possible for me to work on this publication: To Jim Ganz, senior curator and director of the Department of Photographs, for entrusting me with the enormous task of putting together this publication and exhibition about the Mexican photographs that Daniel Greenberg and Susan Steinhauser donated to the Getty Museum. To Virginia Heckert, curator in the Department of Photographs, for acting as a mentor in my journey through this incredible institution and spending countless hours explaining the process. And, finally, to Idurre Alonso, curator of Latin American Art at the Getty Research Institute, for encouraging me to apply for my position at the museum; without her none of this would have been possible. Thank you also to Timothy Potts, Maria Hummer-Tuttle and Robert Tuttle Director, J. Paul Getty Museum, and to Richard Rand, associate director for collections at the Museum, for giving me the opportunity to curate this exhibition on Latin American photography.

I thank Daniel and Susan for their genuine interest in Mexican photography, and for generously donating a trove of works so valuable that it merited its own exhibition and publication. I am especially grateful to Susan for sharing her memories of how they acquired these photographs and details about Daniel's personal connection to them. I would also like to thank Justin Fiset and Rose Shoshana for answering all my questions as I tried to better understand how this collection came together.

Special mention must go to the artists featured in this publication who kindly shared information with me: Yolanda Andrade, Flor Garduño, Graciela Iturbide, Pedro Meyer, Pablo Ortiz Monasterio, and Cecilia Salcedo Méndez. My gratitude also to Aurelia Álvarez Urbajtel, director of the Manuel Álvarez Bravo Association and daughter of the renowned photographer, for her guided tour and generous explanations.

My fellow curators in the Department of Photographs were indispensable to this project. Special thanks to Arpad Kovacs for his sincere recommendations and daily support. Carolyn Peter, Mazie Harris, and Paul Martineau offered advice and encouragement at crucial moments. Cynthia Aquino, Sharyne Nagy, and Olivia Chuba provided much-needed administrative assistance at various stages; Claire L'Heureux and Gabriela Macias navigated the work of cataloging the photographs under the watchful supervision of Miriam Katz; and graduate intern Jay Buchanan assisted in organizing the nearly 150 prints included in this book. In addition, Sarah Freeman and Jordan Megyery in the Paper Conservation Department ensured the conservation of these precious photos.

The resources of the Getty Research Institute and its interlibrary loan program helped me tremendously in my

AGRADECIMIENTOS

El proceso de hacer un libro siempre involucra muchas más manos de las que uno imaginaría. Para comenzar, quiero agradecer a tres personas que hicieron posible que yo trabajara en esta publicación. A Jim Ganz, curador senior y director del Departamento de Fotografías, por confiarme la enorme tarea de realizar una exposición y publicación sobre las fotografías mexicanas que Daniel Greenberg y Susan Steinhauser donaron al Getty Museum. A Virginia Heckert, curadora del Departamento de Fotografías, por actuar como mentora personal en mi aventura por esta increíble institución y explicarme innumerables veces cada paso del proceso. Finalmente, a Idurre Alonso, curadora de Arte Latinoamericano del Getty Research Institute, por alentarme a postular a mi posición actual en el museo; sin ella, nada de esto habría sido posible. Muchas gracias también a Timothy Potts, Maria Hummer-Tuttle and Robert Tuttle Director, J. Paul Getty Museum, y a Richard Rand, director asociado de colecciones del Museo, por la oportunidad para realizar esta exposición sobre fotografía latinoamericana.

Agradezco a Daniel y Susan por su genuino interés en la fotografía mexicana y por haber donado generosamente un conjunto de fotografías tan valioso que mereció tener su propia exposición y publicación. A Susan en especial le agradezco haberme compartido sus recuerdos sobre cómo adquirieron estas fotos y detalles de la conexión personal de Daniel con ellas. Quiero agradecer también a Justin Fiset y Rose Shoshana por responder todas mis preguntas mientras intentaba entender mejor cómo se formó este conjunto de fotos.

Una mención especial les debo a los artistas presentados en esta publicación quienes amablemente compartieron conmigo muchos datos: Yolanda Andrade, Flor Garduño, Graciela Iturbide, Pedro Meyer, Pablo Ortiz Monasterio y Cecilia Salcedo Méndez. Mi gratitud también a Aurelia Álvarez Urbajtel, directora de la Asociación Manuel Álvarez Bravo e hija del reconocido fotógrafo, por su visita guiada y sus generosas explicaciones.

Mis colegas curadores del Departamento de Fotografías fueron indispensables para este proyecto. Un agradecimiento especial a Arpad Kovacs por sus sinceras recomendaciones y su apoyo diario. Carolyn Peter, Mazie Harris y Paul Martineau ofrecieron consejos y ánimo en momentos cruciales. Cynthia Aquino, Sharyne Nagy y Olivia Chuba brindaron asistencia administrativa en distintas etapas; Claire L'Heureux y Gabriela Macias navegaron el trabajo de catalogar estas fotografías bajo la atenta supervisión de Miriam Katz; y Jay Buchanan, pasante graduado, colaboró en la organización de las casi 150 copias fotográficas que componen este libro. Además, Sarah Freeman y Jordan Megyery, del Departamento de Conservación de Papel, cuidaron de la preservación de estas valiosas fotos.

Los recursos del Getty Research Institute y su programa de préstamo interbibliotecario ayudaron enormemente en la investigación de este proyecto. Agradezco

research. I am grateful to the institute's staff for securing my appointments to visit Special Collections and for help with the loans. Thank you to the team at Getty Publications, especially Kara Kirk, publisher; Nina Wiener, editor in chief; and Elizabeth Nicholson, former acting editor in chief, for their enthusiasm for the project and their support for making this book bilingual in order to reach a wider audience; also to rights coordinator Nancy Rivera, designer Dani Grossman, production coordinator Molly McGeehan, and senior editor Linda Lee. Special thanks to Diana Murphy, former editor in chief, and Nikki Bazar, manuscript and project editor; as well as Rose Vekony, who edited the Spanish texts; David Sánchez Cano, who translated the original Spanish texts to English; and Anne Canright, who proofread the English texts.

I am grateful for my conversations with researchers Laura González Flores, Alejandra Uslenghi, Clementina Lisi Battcock, and Vanesa Magnetto, who offered me diverse perspectives and astute comments. Thank you also to Daniella Camarena, Eduardo Ramírez Bello, Claudia Pretelín, and my "sister in the classroom and in life" Julieta Mellano for their useful insights into Mexico, as well as Ana Di Franco for her attentive reading and detailed observations. The history of Latin American photography, a rich field with much work yet to be done, includes brilliant women with whom it is an honor to exchange ideas and share resources.

Last but not least, I would like to thank my family and friends, who provide support in countless ways despite the distance. I also want to thank my partner in life for his infinite love and for accompanying me on the adventure of moving to another country once again, so that I could develop this project.

Julieta Pestarino

a su personal por gestionar mis citas para visitar las Colecciones Especiales y por su ayuda con los préstamos. Gracias al equipo de Getty Publications, especialmente a Kara Kirk, editora general; Nina Wiener, editora en jefe; y Elizabeth Nicholson, exeditora en jefe interina, por su entusiasmo con el proyecto y su apoyo para hacer de este libro una publicación bilingüe con el fin de llegar a una audiencia más amplia; también a la coordinadora de derechos Nancy Rivera, la diseñadora Dani Grossman, la coordinadora de producción Molly McGeehan y la editora senior Linda Lee. Un agradecimiento especial a Diana Murphy, exeditora en jefe, y Nikki Bazar, editora del proyecto de este libro y de sus textos en inglés; así como a Rose Vekony, quien editó los textos en español; David Sánchez Cano, quien tradujo los textos originales del español al inglés; y Anne Canright, quien corrigió las pruebas en inglés.

Por aportar diversas perspectivas y agudos comentarios, agradezco a las investigadoras Laura González Flores, Alejandra Uslenghi, Clementina Lisi Battcock y Vanesa Magnetto. También, por las ideas compartidas sobre México, a Daniella Camarena, Eduardo Ramírez Bello, Claudia Pretelín y mi "hermana en el aula y en la vida" Julieta Mellano, así como a Ana Di Franco por su lectura atenta y sus observaciones precisas. La historia de la fotografía latinoamericana, un campo tan rico y con tanto trabajo por delante, cuenta con brillantes mujeres con quienes es un honor compartir pareceres y recursos.

Por último, pero no menos importante, quiero agradecer a mi familia y amigos, quienes brindan apoyo de innumerables maneras a pesar de la distancia, y a mi compañero de la vida, por su amor infinito y por acompañarme en la aventura de mudarnos de país, una vez más, para que yo pudiese desarrollar este proyecto.

Julieta Pestarino

NOTES

INTRODUCTION

1 Octavio Paz, *Instante y revelación* (Círculo, 1982), vii–viii. English translation by the author, in consultation with the English-language insert included in this edition.

2 Paz received the Nobel Prize in Literature in 1990.

3 "Because the photography of Manuel Álvarez Bravo is Mexican by origin, form, and content, anguish is omnipresent in it and the atmosphere is oversaturated with irony." Diego Rivera, "Manuel Álvarez Bravo," in *Manuel Álvarez Bravo: Fotografías* (Sociedad de Arte Moderno, 1945), 19.

4 For instance, the Russian filmmaker Sergei Eisenstein lived in Mexico from 1930 to 1932, as did the Russian revolutionary Leon Trotsky from 1937 until his assassination in 1940. Other notable figures from the art world who spent time in Mexico include the German artists Josef and Anni Albers, who visited the country fourteen times between 1935 and 1967, and the French Surrealist writer André Breton, who spent four months there in 1938.

5 See, for example, Horacio Fernández, *Mexicana* (IVAM Centre Julio González, 1998); Laura González Flores, "Tránsitos y mudanzas de la fotografía moderna en México," in *Territorios de diálogo: Entre los realismos y lo surreal; México, España y Argentina, 1930–1945*, ed. Sandra Benito Vélez, exh. cat. (Museo Nacional de Arte–Instituto Nacional de Bellas Artes, 2006); Esther Gabara, "Fotografía, vanguardia y modernidad," in *Lámparas de mil bujías: Fotografía y arte en América Latina desde 1839*, ed. Elena Rosauro and Juanita Solano (Editorial Foc, 2018).

6 Although Mariana Yampolsky, Pedro Meyer, and Rodrigo Moya were not born in Mexico, they adopted Mexican nationality. For more details, see "Photographer Biographies" in this volume.

7 Aurelia Álvarez Urbajtel, Manuel Álvarez Bravo's youngest daughter, confirmed this with me in a February 2025 interview conducted in Mexico City. The professional and personal ties between Álvarez Bravo and Reynoso were studied by Laura González Flores, "Afinidades electivas: Manuel Álvarez Bravo y Antonio Reynoso," in *Antonio Reynoso, cinefotógrafo*, ed. Elva Peniche and Israel Rodríguez (Centro de la Imagen, 2018).

8 García was a student of Manuel Álvarez Bravo at the Mexican Institute of Cinema, according to Antonio Rodríguez, "Fotógrafo y vagabundo por vocación," *Mañana*, no. 429 (November 17, 1951): 37, quoted in Rebeca Monroy Nasr, "Ases de la cámara," *Luna Córnea*, no. 26 (2003): 26. Iturbide studied with him at the University Center of Cinematographic Studies of the National Autonomous University of Mexico.

9 Iturbide confirms this in several interviews; see, for example, Ramón Reverté, "Graciela Iturbide's Dreams and Visions," *Aperture*, September 5, 2019, https://aperture.org/editorial/graciela-iturbide-dreams-visions.

10 Lola Álvarez Bravo taught the Open Photography Workshop at the Academy of San Carlos starting in 1945.

11 All three photographers worked for *Excélsior*, *El Universal Ilustrado*, and *Revista de Revistas*.

12 Álvarez Bravo also contributed photographs to other magazines, such as *Mexican Folkways*, and his work was featured in *Mexican Art and Life*, *Dyn*, and many other Mexican and international periodicals. Lola Álvarez Bravo worked for *El Maestro Rural* and *Frente a Frente*, among other publications.

13 Both photographic series were commissioned by the Audiovisual Ethnographic Archive at the National Indigenous Institute of Mexico—part of the Ollin Yoliztli Program of Cultural Rescue of Ethnic Groups.

14 For more on this, see Meyer's entry in "Photographer Biographies" in this volume.

15 Since the 1980s, Yampolsky has published thematic

NOTAS

INTRODUCCIÓN

1 Octavio Paz, *Instante y revelación* (Círculo, 1982), vii–viii.

2 Paz recibió el Premio Nobel de Literatura en 1990.

3 "Porque la fotografía de Manuel Álvarez Bravo es mexicana por causa, forma y contenido, en ella la angustia es omnipresente y la atmósfera está sobresaturada de ironía." Diego Rivera, "Manuel Álvarez Bravo," en *Manuel Álvarez Bravo: Fotografías* (Sociedad de Arte Moderno, 1945), 19.

4 Por ejemplo, el cineasta ruso Sergei Eisenstein vivió en México de 1930 a 1932, y el político y revolucionario ruso León Trotski residió allí desde 1937 hasta su asesinato en 1940. Otras figuras importantes del mundo del arte que pasaron temporadas en México fueron los artistas alemanes Josef y Anni Albers, que visitaron el país catorce veces entre 1935 y 1967, y el escritor surrealista francés André Breton, quien pasó allí cuatro meses en 1938.

5 Véase, por ejemplo, Horacio Fernández, *Mexicana* (IVAM Centro Julio González, 1998); Laura González Flores, "Tránsitos y mudanzas de la fotografía moderna en México," en *Territorios de diálogo: Entre los realismos y lo surreal; México, España y Argentina, 1930–1945*, ed. Sandra Benito Vélez, cat. exp. (Museo Nacional de Arte–Instituto Nacional de Bellas Artes, 2006); Esther Gabara, "Fotografía, vanguardia y modernidad," en *Lámparas de mil bujías: Fotografía y arte en América Latina desde 1839*, ed. Elena Rosauro y Juanita Solano (Editorial Foc, 2018).

6 Aunque Mariana Yampolsky, Pedro Meyer y Rodrigo Moya no nacieron en México, adoptaron la nacionalidad mexicana. Para más detalles, ver las "Biografías de los fotógrafos" en este volumen.

7 Aurelia Álvarez Urbajtel, la hija menor de Manuel Álvarez Bravo, me informó del padrinazgo en una entrevista realizada en febrero de 2025 en Ciudad de México. Los vínculos profesionales y personales entre Álvarez Bravo y Reynoso fueron estudiados por Laura González Flores, "Afinidades electivas: Manuel Álvarez Bravo y Antonio Reynoso," en *Antonio Reynoso, cinefotógrafo*, ed. Elva Peniche e Israel Rodríguez (Centro de la Imagen, 2018).

8 García fue alumno de Manuel Álvarez Bravo en el Instituto Cinematográfico Mexicano, según Antonio Rodríguez, "Fotógrafo y vagabundo por vocación," *Mañana*, n.º 429 (17 de noviembre de 1951): 37, citado en Rebeca Monroy Nasr, "Ases de la cámara," *Luna Córnea*, n.º 26 (2003): 26. Iturbide estudió con Álvarez Bravo en el Centro Universitario de Estudios Cinematográficos de la Universidad Nacional Autónoma de México.

9 Iturbide lo confirma en varias entrevistas; véase, por ejemplo, Ramón Reverté, "Graciela Iturbide's Dreams and Visions," *Aperture*, 5 de septiembre de 2019, https://aperture.org/editorial/graciela-iturbide-dreams-visions.

10 Lola Álvarez Bravo impartió el Taller Libre de Fotografía en la Academia de San Carlos a partir de 1945.

11 Los tres fotoperiodistas trabajaron para *Excélsior*, *El Universal Ilustrado* y *Revista de Revistas*.

12 Álvarez Bravo también colaboró con fotografías en otras revistas, como *Mexican Folkways*, y su trabajo fue incluido en *Mexican Art and Life*, *Dyn* y muchas otras publicaciones periódicas mexicanas e internacionales. Lola Álvarez Bravo trabajó para *El Maestro Rural* y *Frente a Frente*, entre otros medios gráficos.

13 Ambas series fotográficas fueron encargadas por el Archivo Etnográfico Audiovisual del Instituto Nacional Indigenista (INI) de México, en el marco del Programa Ollin Yoliztli de Rescate Cultural de los Grupos Étnicos.

14 Para más información al respecto, véase la entrada de Meyer en "Biografías de los fotógrafos" en este libro.

15 Desde la década de 1980, Yampolsky publicó libros fotográficos temáticos, a menudo en colaboración con la

photobooks of her work, often collaborating with the writer Elena Poniatowska. Examples include *La casa que canta* (The house that sings, 1982), *Estancias del olvido* (Ranches of oblivion, 1987), and *Mazahua* (1993). Yampolsky also had an extensive career as an editor of art and educational books for Mexico's Department of Public Education. Ortiz Monasterio carried out extensive work as a photobook editor, overseeing several collections, most notably the *Río de Luz* (River of light) collection, published in the 1980s and comprising more than twenty titles. These publications were dedicated to Manuel Álvarez Bravo, García, Meyer, Iturbide, and Yampolsky, among other names that include some of the most prominent photographers from Mexico and other Latin American countries.

16 Steinhauser was the first chair of the Getty Museum Photographs Council between 2007 and 2009; Greenberg held the position from 2016 to 2018. Over the course of several years, they donated important groups of works by artists such as Manuel Álvarez Bravo, Eliot Porter, Graciela Iturbide, Abelardo Morell, and Minor White that inspired exhibitions organized by the Museum. The couple also contributed to collections in other US institutions, including the Los Angeles County Museum of Art; the Museum of Fine Arts, Houston; the Museum of Fine Arts, Boston; the Museum of Modern Art in San Francisco; and the Honolulu Museum of Art. For more details on Greenberg and Steinhauser as philanthropists and collectors, see "Donor Profile: Susan Steinhauser and Daniel Greenberg," *Getty Magazine*, Autumn 2014, 35–37; "Major Gift of Photographs from the Collection of Daniel Greenberg and Susan Steinhauser," *Getty Magazine*, Spring 2017, 30–31; "Collecting Giacomelli: Daniel Greenberg and Susan Steinhauser in Conversation with Virginia Heckert," in Virginia Heckert, *Mario Giacomelli: Figure/Ground* (Getty Publications, 2021).

17 For the thirteen photographers featured in this volume, the total number of donated images is as follows: Yolanda Andrade: 1, Lola Álvarez Bravo: 39, Manuel Álvarez Bravo: 185, Manuel Carrillo: 50, Héctor García: 7, Flor Garduño: 2, Graciela Iturbide: 80, Cecilia Salcedo Méndez: 8, Pedro Meyer: 6, Rodrigo Moya: 6, Pablo Ortiz Monasterio: 72, Antonio Reynoso: 1, Mariana Yampolsky: 14. All of these photographs can be viewed on the Getty's website; visit https://www.getty.edu/art/collection.

18 The idea of understanding nations as "imagined communities" comes from Benedict Anderson, *Imagined Communities: Reflections on the Origin and Spread of Nationalism* (Verso, 1983).

19 "Donor Profile: Susan Steinhauser and Daniel Greenberg," 37.

PLATES

English translations of "Cara al tiempo" are from *The Collected Poems of Octavio Paz: 1957–1987*, trans. Eliot Weinberger (New Directions, 1991).

Notes on the images:
The images reproduced in the plates reflect the existing prints in the Getty Museum's collection. Elements such as inscriptions and marks from the photographic film that are part of the print have been retained. Borders are also retained when they contain historically meaningful material, such as artist notes or signatures, or help to preserve other aesthetic information, such as diffuse edges or that the images were originally printed on large sheets. In those cases, borders may also be kept for parity across spreads or series. Caption dimensions refer to image sizes.

IDENTICAL AND DIFFERENT

1 Octavio Paz, *Instante y revelación* (Círculo, 1982), viii. English translation by the author, in collaboration with David Sánchez Cano.

2 Pablo Ortiz Monasterio, interview with the author, Mexico City, February 2025.

3 Geoff Dyer, *The Ongoing Moment* (Pantheon, 2005).

escritora Elena Poniatowska. Algunos ejemplos son *La casa que canta* (1982), *Estancias del olvido* (1987) y *Mazahua* (1993). Yampolsky también desarrolló una extensa carrera como editora de libros de arte y educativos para la Secretaría de Educación Pública de México. Por su parte, Ortiz Monasterio ha realizado una amplia labor como editor de libros de fotografía, supervisando varias colecciones. Entre ellas sobresale la colección *Río de Luz*, publicada en la década de 1980 con más de veinte títulos monográficos sobre algunos de los fotógrafos más destacados de México y otros países latinoamericanos; varios de ellos, como Manuel Álvarez Bravo, García, Meyer, Iturbide y Yampolsky, están incluidos en este libro.

16 Steinhauser fue la primera presidente del Consejo de Fotografías del Getty Museum entre 2007 y 2009; Greenberg ocupó aquel cargo entre 2016 y 2018. A lo largo de varios años, donaron importantes conjuntos de obras de artistas como Manuel Álvarez Bravo, Eliot Porter, Graciela Iturbide, Abelardo Morell y Minor White, que inspiraron exposiciones organizadas por el museo. La pareja también contribuyó a las colecciones de otras instituciones estadounidenses, como a Los Angeles County Museum of Art; Museum of Fine Arts, Houston; Museum of Fine Arts, Boston; Museum of Modern Art of San Francisco y Honolulu Museum of Art. Para más detalles sobre Greenberg y Steinhauser como filántropos y coleccionistas, véase "Donor Profile: Susan Steinhauser and Daniel Greenberg," *Getty Magazine*, otoño de 2014, 35–37; "Major Gift of Photographs from the Collection of Daniel Greenberg and Susan Steinhauser," *Getty Magazine*, primavera de 2017, 30–31; "Collecting Giacomelli: Daniel Greenberg and Susan Steinhauser in Conversation with Virginia Heckert," en Virginia Heckert, *Mario Giacomelli: Figure/Ground* (Getty Publications, 2021).

17 De los trece autores abarcados por esta publicación, el número total de imágenes donadas de cada uno es: Yolanda Andrade: 1, Lola Álvarez Bravo: 39, Manuel Álvarez Bravo: 185, Manuel Carrillo: 50, Héctor García: 7, Flor Garduño: 2, Graciela Iturbide: 80, Cecilia Salcedo Méndez: 8, Pedro Meyer: 6, Rodrigo Moya: 6, Pablo Ortiz Monasterio: 72, Antonio Reynoso: 1, Mariana Yampolsky: 14. La totalidad de estas fotografías puede consultarse en la colección en línea del Getty Museum; consulten https://www.getty.edu/art/collection.

18 La idea de entender a las naciones como "comunidades imaginadas" proviene de Benedict Anderson, *Imagined Communities: Reflections on the Origin and Spread of Nationalism* (Verso, 1983).

19 "Donor Profile: Susan Steinhauser y Daniel Greenberg," 37.

LÁMINAS

Notas sobre las imágenes: Las imágenes reproducidas en las láminas reflejan las copias fotográficas existentes en la colección del Getty Museum. Se han conservado elementos que forman parte de la copia como inscripciones y marcas de la película fotográfica. Asimismo, se incluyeron bordes que conservan elementos de importancia histórica para la copia, como notas o firmas del artista. Ciertos bordes también fueron incluidos cuando ayudan a preservar otra información estética, como los contornos difusos o el hecho de que las imágenes se hayan impreso originalmente en hojas de gran tamaño. En esos casos, también pueden conservarse por motivos de paridad los bordes de las impresiones de páginas enfrentadas o aquellas pertenecientes a la misma serie. Las dimensiones de los pies de foto se refieren al tamaño de las fotografías sin bordes.

LO IDÉNTICO Y LO DIFERENTE

1 Octavio Paz, *Instante y revelación* (Círculo, 1982), viii.

2 Pablo Ortiz Monasterio, entrevista con la autora, Ciudad de México, febrero de 2025.

3 Geoff Dyer, *El momento interminable de la fotografía* (Ediciones Ve, 2010).

SENSATION AND PERCEPTION

1 The Oaxacan artist Francisco Toledo initiated this remarkable botanical garden, converted in the 1990s from a former military barracks that was supposed to become a private luxury hotel. The garden has grown into a space of great cultural, social, educational, and political significance. Toledo was close to many of the photographers featured here. This is evident in his portraits, including those in this volume: one taken by Manuel Álvarez Bravo in 1960 (plate 98) and the other by Lola Álvarez Bravo in 1970 (plate 100).

LENS OF REVELATIONS

1 Laura González Flores, "Tránsitos y mudanzas de la fotografía moderna en México," in *Territorios de diálogo: Entre los realismos y lo surreal; México, España y Argentina, 1930–1945*, ed. Sandra Benito Vélez, exh. cat. (Museo Nacional de Arte–Instituto Nacional de Bellas Artes, 2006), 25.

2 Diego Rivera, "Manuel Álvarez Bravo," in *Manuel Álvarez Bravo: Fotografías* (Sociedad de Arte Moderno, 1945), 18–19.

3 Álvarez Bravo distinguished between "obvious and immediate reality" and "invented reality" in an interview with Ángel Cosmos; see "Conversación con Manuel Álvarez Bravo," *Foto Zoom*, September 1984, 54.

4 Responding to the question of whether he was a Surrealist photographer, Álvarez Bravo said that "invented reality" was "conducive to Surrealism." He recognized as "typically surrealist" only his mythical picture *La buena fama durmiendo* (*The Good Reputation, Sleeping*, J. Paul Getty Museum, 92.XM.23.37), commissioned in 1938 by the French writer André Breton for the *International Exhibition of Surrealism* (Galería de Arte Mexicano, Mexico City, 1940). See Cosmos, "Conversación con Manuel Álvarez Bravo," 54. Greenberg and Steinhauser donated another image from that same session, *The Unbandaged Woman* (plate 61).

5 The literature on this phenomenon is very extensive. On the specific case of Mexican photography, see Juanita Solano, "*Souvenir du Mexique*: Manuel Álvarez Bravo y la invención de la fotografía surrealista-documental," in *Lámparas de mil bujías: Fotografía y arte en América Latina desde 1839*, ed. Elena Rosauro and Juanita Solano (Editorial Foc, 2018).

6 After his visit to Mexico, André Breton organized the 1939 exhibition *Mexique* at the Galerie Renou et Colle in Paris. In the show he juxtaposed works by Frida Kahlo, Diego Rivera, and Manuel Álvarez Bravo, together with a variety of Mexican souvenirs he had brought back from his trip, including ex-votos, toys, and pre-Columbian objects. For an illustrated list of these objects, visit https://www.andrebreton.fr/en/series/187. The Surrealist and other avant-garde movements often appropriated elements from non-Western cultures as crucial references for their own evolution, maintaining a complex relationship that in many cases operated in complicity with colonial power. As Inés Ferrero Cándenas states, "Orthodox Surrealism was not conscious that when 'discovering' these cultures, it was creating a new exotic causality"; "México y el surrealismo: La dimensión etnográfica," *Valenciana*, no. 12 (July–December 2013): 125, https://doi.org/10.15174/rv.v0i12.7.

7 These two photographs as well as plates 67–69 and 73, belong to the now well-known series *Women of Juchitán*, developed by Iturbide between 1979 and 1988. For more information about these photos, see Judith Keller, "'This World of Women': Graciela Iturbide in Juchitán," in *Graciela Iturbide: Juchitán*, exh. cat. (J. Paul Getty Museum, 2007).

8 Flor Garduño, virtual interview with the author, November 2024.

THE EYE THINKS, THOUGHT SEES

1 Alfredo Nisse, "Una exposición digna de encomio," *Alquimia* 7, no. 19 (2003): 20. First published in *Revista de Revistas*, March 22, 1931.

2 As announced in the publicity for the gallery, published in the journal *Contemporáneos* 33 (February 1931), the same issue that reproduced the three Manuel Álvarez Bravo photographs pictured in this volume's introduction (see figs. 1–3). Keeping in mind that Lola assisted Manuel in the darkroom, apparently developing the copies herself, we can assume this exhibition was a joint undertaking. In fact,

LA SENSACIÓN Y LA PERCEPCIÓN

1 El artista oaxaqueño Francisco Toledo fue el propulsor de este jardín botánico, como nuevo destino para un sitio en donde había funcionado un cuartel militar y en donde, a principios de los años 90, se pretendía construir un hotel de lujo privado. El jardín botánico se ha convertido en un espacio de gran importancia cultural, social, educativa y política. Toledo era amigo de muchos de los fotógrafos incluidos aquí. Esto se hace evidente en sus retratos incluidos en este libro, uno tomado por Manuel Álvarez Bravo en 1960 (lámina 98) y el otro por Lola Álvarez Bravo en 1970 (lámina 100).

LENTE DE REVELACIONES

1 Laura González Flores, "Tránsitos y mudanzas de la fotografía moderna en México," en *Territorios de diálogo: Entre los realismos y lo surreal; México, España y Argentina, 1930–1945*, ed. Sandra Benito Vélez, cat. exp. (Museo Nacional de Arte–Instituto Nacional de Bellas Artes, 2006), 25.

2 Diego Rivera, "Manuel Álvarez Bravo," en *Manuel Álvarez Bravo: Fotografías* (Sociedad de Arte Moderno, 1945), 18–19.

3 Álvarez Bravo estableció una diferenciación entre "realidad obvia e inmediata" y "realidad inventada" en una entrevista con Ángel Cosmos, "Conversación con Manuel Álvarez Bravo," *Foto Zoom*, septiembre de 1984, 54.

4 En respuesta a la pregunta de si era un fotógrafo surrealista, Álvarez Bravo dijo que la "realidad inventada" era "propicia al surrealismo." Reconoció como "típicamente surrealista" únicamente a su mítica fotografía *La buena fama durmiendo* (J. Paul Getty Museum, 92.XM.23.37), realizada en 1938 ante el encargo del escritor francés André Breton para la *Exposición internacional de surrealismo* (Galería de Arte Mexicano, Ciudad de México, 1940). Véase Cosmos, "Conversación con Manuel Álvarez Bravo," 54. Greenberg y Steinhauser donaron otra toma de aquella misma secuencia que forma parte de este libro, *La desvendada* (lámina 61).

5 La bibliografía sobre este fenómeno es muy extensa. Para el caso específico de la fotografía mexicana, ver Juanita Solano, "*Souvenir du Mexique*: Manuel Álvarez Bravo y la invención de la fotografía surrealista-documental," en *Lámparas de mil bujías: Fotografía y arte en América Latina desde 1839*, ed. Elena Rosauro y Juanita Solano (Editorial Foc, 2018).

6 Después de pasar una estadía en México, André Breton organizó en 1939 la exposición *Mexique* en la Galerie Renou et Colle de París. Allí combinó obras de Frida Kahlo, Diego Rivera y Manuel Álvarez Bravo, junto a diversos souvenirs mexicanos que había traído de su viaje, como exvotos, juguetes y objetos precolombinos. Para una lista ilustrada de estos objetos, ver https://www.andrebreton.fr/en/series/187. El surrealismo, y otros movimientos de vanguardia, a menudo se apropiaban de elementos de culturas no occidentales como referencias cruciales para su propia evolución, manteniendo un vínculo complejo que en muchos casos operó de forma cómplice al poder colonial. Como afirma Inés Ferrero Cándenas, "El surrealismo ortodoxo no fue consciente de que al 'descubrir' estas culturas, estaban creando una nueva causalidad exótica"; "México y el surrealismo: La dimensión etnográfica," *Valenciana*, n.º 12 (julio–diciembre de 2013): 125, https://doi.org/10.15174/rv.v0i12.7.

7 Estas dos fotografías, y las láminas 67–69 y 73, pertenecen a la reconocida serie *Juchitán de las mujeres*, desarrollada por Iturbide entre 1979 y 1988. Para más información sobre estas fotos, véase Judith Keller, "'This World of Women': Graciela Iturbide in Juchitán," en *Graciela Iturbide: Juchitán*, cat. exp. (J. Paul Getty Museum, 2007).

8 Flor Garduño, entrevista virtual realizada con la autora, noviembre de 2024.

EL OJO PIENSA, EL PENSAMIENTO VE

1 Alfredo Nisse, "Una exposición digna de encomio," *Alquimia* 7, n.º 19 (2003): 20. Publicado originalmente en *Revista de Revistas*, 22 de marzo de 1931.

2 Así lo afirma la publicidad de la galería en la revista *Contemporáneos*, n.º 33 (febrero de 1931), el mismo número que reproducía las tres fotografías de Manuel Álvarez Bravo que aparecen en la introducción

the couple jointly operated the Álvarez Bravo Photography Workshop until their separation a few years later.

3 In the 1940s a complex system to supply Mexico City with drinking water from the Lerma River was installed, in which scientists and engineers participated. The supply system terminated at a hydraulic station in the Chapultepec Forest known as the Cárcamo de Dolores, designed by the architect Ricardo Rivas. He commissioned two monumental works from Diego Rivera: an exterior fountain with a gigantic sculpture of Tláloc, the Aztec god of water, and an interior mural partially submerged under the water. The building was finished in 1951. The Spanish word *Mexica* translates in English to "Aztec."

4 According to the Mexican National Commission on Human Rights, in 1960 Siqueiros, together with Filomeno Mata Jr., was accused of "social dissolution" and sentenced to eight years in prison. Intellectual, artistic, and activist circles mobilized and pressured the Mexican government to release them, but in spite of this Siqueiros spent four years in prison. Previously he had gone into exile several times due to his brushes with the law caused by his activism for the Communist Party. For more details, see Alicia Azuela de la Cueva, "Militancia política y labor artística de David Alfaro Siqueiros: De Olvera Street a Río de la Plata," *Estudios de Historia Moderna y Contemporánea de México* 35 (January–June 2008): 109–44.

5 On the friendship between these two artists, see Lola Álvarez Bravo's reflections published in Salomón Grimberg, *Lola Álvarez Bravo: The Frida Kahlo Photographs*, exh. cat. (Society of Friends of the Mexican Culture, 1991), 7–11.

6 After Kahlo's death in 1954, her husband, Diego Rivera, sealed off two bathrooms with her belongings, with the condition that they should not be opened until at least fifteen years after his death. Although Rivera died in 1957, the bathrooms were not opened until much later, in 2005. For more information see Paola Cortes Rocca, "La insoportable levedad del yo: Iturbide y Bellatin en *El baño de Frida Kahlo*," *Filología* 44, no. 1 (2012): 121–38.

TIME NEVER STOPS FLOWING

1 This process was part of the developmentalism (*desarrollismo*) implemented in Latin America, a school of thought and economic policy that emerged in the second half of the twentieth century, mainly between the 1950s and 1970s. It was characterized by the promotion of industrialization as an engine of development, through import substitution and state intervention in the economy. This model sought to overcome "underdevelopment" and achieve levels of well-being similar to those of "developed" countries. However, it often failed to result in an equitable distribution of wealth, generating social inequalities.

2 For a more in-depth study of García's photographs, see Raquel Navarro Castillo, "Modernización e industrialización," in *Héctor García en Ojo! Una revista que ve* (Centro de la Imagen, 2012). According to Navarro Castillo (p. 44), in these photographs García "took note and left a record of the contradictions that society in the Mexican capital experienced in relation to the existing economic growth."

3 Lola Álvarez Bravo worked as a photographer for *El Maestro Rural* at least between 1935 and 1937. The exact years are difficult to determine because the magazine did not list the names of its photographers. Published by the Secretary of Public Education of the postrevolutionary government, *El Maestro Rural* was an educational magazine meant to support teachers but that also addressed the rural population in general, with a pronounced visual and photographic impact. For more information on this magazine, see Verónica Ruiz Lagier, "*El Maestro Rural* y la *Revista de Educación*: El sueño de transformar al país desde la editorial," *Signos Históricos* 15, no. 29 (2013): 36–63. On Lola Álvarez Bravo's photographic collaborations, see Deborah Dorotinsky, "Lola Álvarez Bravo: La fotografía y el proyecto educativo en México, 1934–1937," in *Mulheres fotógrafas / mulheres fotografadas: Fotografia e gênero na América Latina*, ed. Erika Zerwes and Helouise Costa (Intermeios, 2021), 71–96.

4 Scholarly studies on Novo's book include Roxanne Dávila, "Mexico City as Urban Palimpsest in Salvador Novo's *Nueva grandeza mexicana*," *Studies in the Literary Imagination* 33, no. 1 (2000): 107–23; and Monika Kaup, "Mexico

de este volumen (véanse las figs. 1–3). Teniendo en cuenta que Lola ayudaba a Manuel en el laboratorio, aparentemente realizando ella misma las copias fotográficas, podemos suponer que esta empresa fue una iniciativa conjunta. De hecho, la pareja dirigió conjuntamente el Taller de Fotografía Álvarez Bravo hasta su separación unos años más tarde.

3 En la década de 1940 se instaló un complejo sistema de aprovisionamiento de agua potable para Ciudad de México desde el río Lerma en el que participaron científicos e ingenieros. El sistema de abastecimiento terminaba en una estación hidráulica situada en el Bosque de Chapultepec conocida como el Cárcamo de Dolores. Su arquitecto, Ricardo Rivas, le encomendó a Diego Rivera dos obras monumentales: una fuente exterior con una gigantesca escultura de Tláloc —dios mexica del agua— y un mural interior parcialmente sumergido bajo el agua. El Cárcamo fue concluido en 1951.

4 De acuerdo con la Comisión Nacional de Derechos Humanos de México, Siqueiros y Filomeno Mata hijo fueron acusados en 1960 de "disolución social" y condenados a ocho años en prisión. Los círculos intelectuales, artísticos y activistas se movilizaron y presionaron al Gobierno mexicano para que los liberara, pero a pesar de ello, Siqueiros pasó cuatro años en prisión. Previamente se había exiliado varias veces debido a diversos problemas con la justicia a raíz de su activismo en el Partido Comunista. Para más detalles, véase Alicia Azuela de la Cueva, "Militancia política y labor artística de David Alfaro Siqueiros: De Olvera Street a Río de la Plata," *Estudios de Historia Moderna y Contemporánea de México* 35 (enero–junio 2008): 109–44.

5 Sobre la amistad entre ambas artistas, ver el relato de Lola Álvarez Bravo publicado en Salomón Grimberg, *Lola Álvarez Bravo: The Frida Kahlo Photographs*, cat. exp. (Society of Friends of the Mexican Culture, 1991), 7–11.

6 Tras la muerte de Kahlo en 1954, su marido, Diego Rivera, cerró dos cuartos de baño con sus pertenencias, con la condición de que no se abrieran hasta al menos quince años después de la muerte de él. Aunque Rivera falleció en 1957, los cuartos de baño no se abrieron hasta mucho más tarde, en 2005. Para más información, véase Paola Cortes Rocca, "La insoportable levedad del yo: Iturbide y Bellatin en *El baño de Frida Kahlo*," *Filología* 44, n.º 1 (2012): 121–38.

EL TIEMPO NO CESA DE FLUIR

1 Este proceso se enmarcó dentro del *desarrollismo* implementado en América Latina, una escuela económica que surgió en la segunda mitad del siglo XX, principalmente entre los años 1950 y 1970. Se caracterizó por la promoción de la industrialización como motor del desarrollo, a través de la sustitución de importaciones y la intervención estatal en la economía. Este modelo buscaba superar el "subdesarrollo" y alcanzar niveles de bienestar similares a los de los países "desarrollados." No obstante, en gran parte de los casos no logró una distribución equitativa de la riqueza, generando marcadas desigualdades sociales.

2 Para un estudio más profundo sobre las fotografías de García, ver Raquel Navarro Castillo, "Modernización e industrialización," en *Héctor García en Ojo! Una revista que ve* (Centro de la Imagen, 2012). Según Navarro Castillo (p. 44), en estas fotografías García "tomó nota y dejó constancia de las contradicciones que vivía la sociedad capitalina en relación al auge económico existente."

3 Lola Álvarez Bravo trabajó como fotógrafa para *El Maestro Rural* al menos entre 1935 y 1937, aunque es difícil determinar los años exactos porque la revista no incluía los nombres de sus fotógrafos. Publicada por la Secretaría de Educación Pública del gobierno posrevolucionario, *El Maestro Rural* fue una revista educativa destinada a apoyar a los maestros rurales, pero que también se dirigía a la población rural en general, con un marcado énfasis visual y fotográfico. Para más información sobre esta revista, ver Verónica Ruiz Lagier, "*El Maestro Rural* y la *Revista de Educación*: El sueño de transformar al país desde la editorial," *Signos Históricos* 15, n.º 29 (2013): 36–63. Sobre las colaboraciones fotográficas de Lola Álvarez Bravo para esta revista, ver Deborah Dorotinsky, "Lola Álvarez Bravo: La fotografía y el proyecto educativo en México, 1934–1937," en *Mulheres fotógrafas / mulheres fotografadas: Fotografia e gênero na América Latina*, ed. Erika Zerwes y Helouise Costa (Intermeios, 2021), 71–96.

City's Dissonant Modernity and the Marketplace Baroque: Salvador Novo's *Nueva grandeza mexicana* and Bernardo de Balbuena's *La grandeza mexicana*," in *Neo-Baroques: From Latin America to the Hollywood Blockbuster*, ed. Walter Moser, Angela Ndalianis, and Peter Krieger (Brill, 2017).

5 After five reprints in Spanish, Novo's book was selected by the oil company Petróleos Mexicanos (PEMEX) to be translated into English and published as a gift for the delegates to the 7th World Petroleum Congress, held in Mexico City in 1967. Raquel Navarro Castillo, "La producción más significativa de Héctor García," in *Héctor García en Ojo!*, 36.

6 By the 1950s the automobile began to be regarded as a major problem in modern Mexico City, which was experiencing the effects of urban explosion.

7 Based on this series, Ortiz Monasterio published the photobook *La última ciudad* (*The Last City*, 1995).

8 The forty-three students were preparing to become teachers in rural areas. On the night of September 26, 2014, they were traveling by bus to Mexico City to participate in events commemorating the repression against students that took place in 1968—known as the Tlatelolco massacre—when they disappeared in the city of Iguala. The circumstances surrounding their disappearance and the identity of those responsible remain unclear to this day.

4 Entre los investigaciones académicas sobre el libro de Novo se encuentran Roxanne Dávila, "Mexico City as Urban Palimpsest in Salvador Novo's *Nueva grandeza mexicana*," *Studies in the Literary Imagination* 33, no. 1 (2000): 107–23; y Monika Kaup, "Mexico City's Dissonant Modernity and the Marketplace Baroque: Salvador Novo's *Nueva grandeza mexicana* and Bernardo de Balbuena's *La grandeza mexicana*," en *Neo-Baroques: From Latin America to the Hollywood Blockbuster*, ed. Walter Moser, Angela Ndalianis, and Peter Krieger (Brill, 2017).

5 Después de haber sido republicado cinco veces en español, el libro de Novo fue seleccionado por la empresa Petróleos Mexicanos (PEMEX) para ser traducido al inglés y publicado en una nueva versión ilustrada como regalo para los delegados del VII Congreso Mundial del Petróleo, celebrado en Ciudad de México en 1967. Raquel Navarro Castillo, "La producción más significativa de Héctor García," en *Héctor García en Ojo!*, 36.

6 En los años 50, los automóviles comenzaron a considerarse un importante problema en la moderna Ciudad de México, la cual comenzaba a sufrir los efectos de la explosión urbana.

7 Basándose en esta serie, Ortiz Monasterio publicó el fotolibro *La última ciudad* (1995).

8 Los cuarenta y tres estudiantes se preparaban para convertirse en maestros de zonas rurales. La noche del 26 de septiembre de 2014 viajaban en autobús a Ciudad de México para participar en los actos conmemorativos por la represión contra estudiantes que tuvo lugar en 1968 —conocida como la masacre de Tlatelolco—, cuando desaparecieron en la ciudad de Iguala. Hasta la actualidad, las circunstancias de su desaparición y la identidad de los responsables siguen sin haber sido esclarecidas.

ILLUSTRATION CREDITS / CRÉDITOS DE LAS ILUSTRACIONES

Figs. 1–3: Cover and illustrations from *Contemporáneos* 33 (Feb. 1931) by Manuel Álvarez Bravo, public domain

Fig. 4: Image courtesy UNAM – Biblioteca Nacional de México

Fig. 5: © 2026 Artists Rights Society (ARS), New York / SOMAAP, Mexico City / Getty Research Institute, Los Angeles (2609-604)

Fig. 6: © Fundación María y Héctor García / Getty Research Institute, Los Angeles (91-B22204)

Fig. 7: © Graciela Iturbide / Image courtesy Instituto Nacional de los Pueblos Indígenas, Archivo Etnográfico Audiovisual del Instituto Nacional Indigenista

Fig. 8: © Pablo Ortiz Monasterio / Image courtesy Instituto Nacional de los Pueblos Indígenas, Archivo Etnográfico Audiovisual del Instituto Nacional Indigenista

Plates 1, 6, 133–38, 140–44: © Pablo Ortiz Monasterio

Plates 2, 3, 13, 16–26, 46–65, 88, 89, 91, 94, 98, 102, 103, 117–21, 123, 127, 139: © Archivo Manuel Álvarez Bravo, S.C.

Plates 4, 97, 132: © Rodrigo Moya, Courtesy of Etherton Gallery

Plates 5, 27, 75–81, 90, 92, 93, 96, 100, 122, 126, 128–31: © Center for Creative Photography, The University of Arizona Foundation

Plates 7, 11, 41–45, 67–74, 104–13: © Graciela Iturbide

Plate 8: © Estate of Antonio Reynoso

Plates 9, 86, 124: © Archivo Fotográfico Mariana Yampolsky / Biblioteca Francisco Xavier Clavigero / Universidad Iberoamericana, Ciudad de México

Plates 10, 82, 83, 125: © University of Texas at El Paso Library, Special Collection Library, MS288 Manuel Carrillo Papers

Plates 12, 87: © Flor Garduño

Plates 14, 34–40: © Cecilia Salcedo Méndez

Plates 15, 84, 85: © Archivo Fotográfico de Mariana Yampolsky / Consejo Mexicano de Fotografía / Centro de la Imagen, Secretaría de Cultura*

Plates 28–33: © Pedro Meyer

Plate 66: © Yolanda Andrade

Plates 95, 99, 101, 114–16: © Fundación María y Héctor García

EXTENDED CAPTIONS

Fig. 7: Portada del libro *Los que viven en la arena*, texto de Luis Barjau, fotografías de Graciela Iturbide, México, Instituto Nacional Indigenista, Fondo Nacional para las Actividades Sociales, 1981. D.R. Biblioteca Juan Rulfo, Instituto Nacional de los Pueblos Indígenas, México

Fig. 8: Portada del libro *Los pueblos del viento*, texto de José Manuel Pintado, fotografías de Pablo Ortiz Monasterio, México, Instituto Nacional Indigenista, Fondo Nacional para las Actividades Sociales, 1981. D.R. Biblioteca Juan Rulfo, Instituto Nacional de los Pueblos Indígenas, México

* The Mariana Yampolsky Photographic Archive / Mexican Council of Photography has received the distinction of UNESCO's Memory of the World Register of Mexico.

unesco Memory of the World

This publication is issued on the occasion of the exhibition *Instante/revelación: Moments in Mexican Photography*, on view at the J. Paul Getty Museum at the Getty Center, Los Angeles, from September 1, 2026, to January 3, 2027.

This exhibition is made possible through gifts from Daniel Greenberg and Susan Steinhauser.

Published by the J. Paul Getty Museum, Los Angeles
Getty Publications
1200 Getty Center Drive, Suite 500
Los Angeles, California 90049-1682
getty.edu/publications

Nikki Bazar and Linda Lee, *Project Editors*
Nikki Bazar, *Manuscript Editor*
Dani Grossman, *Designer*
Molly McGeehan, *Production*
Nancy Rivera, *Image and Rights Acquisition*
David Sánchez Cano, *Translation*
Rose Vekony, *Spanish Copyediting*

Distributed in the United States and Canada by the University of Chicago Press

Distributed outside the United States and Canada by Yale University Press, London

Printed in China

LCCN: 2026016455

MIXTO
Papel | Apoyando la silvicultura responsable
FSC® C008047

Front cover: Manuel Álvarez Bravo, Sin título (Maguey cortado) (plate/lámina 22), detail/detalle

Back cover: Manuel Álvarez Bravo, *Juego de papel* (plate/lámina 19), detail/detalle

Page 1: Manuel Álvarez Bravo, *Andamios I* (plate/lámina 16), detail/detalle

Page 2: Lola Álvarez Bravo, *En su propia cárcel* (plate/lámina 78), detail/detalle

Pages 22–23: Mariana Yampolsky, *Adorno colgante, Santa Rosa de Lima, Estado de México* (plate/lámina 85), detail/detalle

Page 215: Manuel Álvarez Bravo, *Libros* (plate/lámina 21), detail/detalle

Authorized Product Safety Representative in the European Union: Easy Access System Europe, Mustamäe tee 50, 10621 Tallinn, Estonia, gpsr.requests@easproject.com

Illustration Credits
Every effort has been made to contact the owners and photographers of illustrations reproduced here whose names do not appear in the captions or in the illustration credits listed on page 214. Anyone having further information concerning copyright holders is asked to contact Getty Publications so this information can be included in future printings.